人身伤害的法医学鉴定（第二版）

主　编　沈忆文
副主编　薛爱民
编　委（以姓氏笔画为序）
　　　　李备栩　沈忆文　张明昌　贺　盟　薛爱民

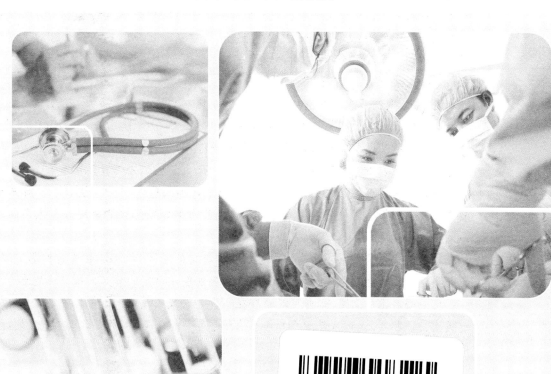

復旦大學出版社

前 言

  随着社会的发展,法律及各种法制、法规的健全,公民对人身安全和权益保护也愈加关注。作为社会活动的参与者,公民有时也无法避免地受到人身伤害,就可能涉及刑事、民事或其他类型的纠纷。为了在大学生中普及有关活体人身伤害法医学鉴定知识,编者自2003年起向复旦大学非临床医学学生开设"人身伤害的法医学鉴定"选修课程并编制讲义。经过数年教学实践,该课程深受学生欢迎。2008年9月编著教材《人身伤害的法医学鉴定》(第一版),由复旦大学出版社出版。该教材在课程讲义的基础上增加了解剖学基础知识、讨论习题和案例,并附录人身伤害法医学鉴定相关的鉴定标准以方便读者学习和讨论。该课程于2014年获复旦大学校级精品课程,2015年获上海市教委重点建设立项,2017年获上海市精品课程。

  近年来,我国多个涉及人身伤害法医学鉴定的相关标准更替,本书第二版在第一版的基础上引用现行有效相关标准,并对第一章内容进行较大幅度改动,增加了第十三章"医疗损害有关的法医学鉴定",以期更加适应当前人身伤害的法医学鉴定现状。同时,由于本课程的网站发布相关习题和案例,第二版中删去了该部分内容。

  在本课程建设的过程中,吸收多位年轻教师加入教学团队。他们不但有多年法医学教学、科研经历,同时也是具有丰富人身伤害法医学鉴定经验的鉴定人。他们的加入为本书的再版添光增彩!

  本书较为系统地阐述了人身伤害法医学鉴定的基础知识、专业技能和鉴定程序等,对于初学者可作为教辅用书,对于从事人身伤害法医学鉴定的鉴定人也有一定参考作用。

  由于编者水平有限,本书可能还存在不少欠缺或不足之处,敬请使用本书的师生和同道提出批评和指正,也希望对人身伤害法医学鉴定感兴趣的读者提出宝贵意见,使本书的质量不断提高。

沈忆文
2017年12月

目 录

第一章 ··· 1
绪论

第一节 司法鉴定概述 / 1
　一、司法鉴定的概念及分类 / 1
　二、司法鉴定人 / 1
　三、司法鉴定原则 / 3
　四、司法鉴定程序 / 3
　五、司法鉴定文书 / 4
第二节 法医学基础知识 / 5
　一、法医学及其主要分支学科的概念及研究内容 / 5
　二、法医学鉴定及法医学鉴定人 / 6
　三、人身伤害的法医学鉴定 / 7

第二章 ··· 10
损伤概述

第一节 机械性损伤 / 10
　一、机械性损伤的概念 / 10
　二、机械性损伤的分类 / 10
　三、机械性损伤形成的方式 / 11
　四、机械性损伤的基本类型与表现 / 11
　五、机械性损伤的检查 / 16
第二节 非机械性损伤 / 17
　一、高温损伤 / 17
　二、低温损伤 / 18
第三节 机体对损伤的反应及常见并发症 / 18
　一、机体对损伤的反应 / 19
　二、损伤的愈合及皮肤瘢痕 / 20
　三、损伤的常见并发症 / 21

第三章
人身伤害的法医学鉴定须解决的问题 22

 一、有无损伤及损伤部位鉴定 / 22

 二、损伤时间推断 / 23

 三、确定损伤类型 / 24

 四、致伤物推断 / 25

 五、损伤程度鉴定 / 26

 六、损伤后功能障碍及伤残等级评定 / 27

 七、伤害性质的判定 / 27

 八、损伤与疾病的关系 / 27

 九、医疗对伤情的影响 / 29

 十、损害赔偿 / 29

 十一、医疗终结时间的判定 / 31

第四章 32
损伤程度鉴定概述

 第一节　概述 / 32

  一、损伤程度的概念及分类 / 32

  二、损伤程度与法律责任 / 37

  三、损伤程度鉴定的原则 / 37

 第二节　损伤程度鉴定的程序 / 38

  一、案件受理 / 38

  二、案情了解 / 38

  三、检查 / 38

  四、制作鉴定文书 / 38

第五章 40
伤残等级评定概述

 第一节　概述 / 40

  一、劳动能力和劳动能力丧失的概念 / 40

  二、劳动能力丧失的分类 / 40

  三、残疾的概念 / 41

 第二节　劳动能力鉴定现状 / 42

  一、劳动能力鉴定 / 42

  二、残疾程度鉴定 / 43

第六章 46

颅脑损伤

第一节 概述 / 46
　　一、颅脑解剖学基础 / 46
　　二、颅脑损伤的分类 / 49
　　三、颅脑损伤的常见临床表现 / 50
　　四、颅脑损伤的检查 / 50
第二节 头皮损伤 / 51
　　一、皮内出血 / 51
　　二、皮下出血 / 51
　　三、头皮挫裂创 / 51
　　四、头皮损伤的法医学鉴定 / 52
第三节 颅骨损伤 / 52
　　一、颅盖骨骨折 / 52
　　二、颅底骨折 / 53
　　三、颅骨骨折的诊断 / 53
　　四、颅骨骨折的法医学鉴定 / 53
第四节 颅内出血 / 53
　　一、硬脑膜外血肿 / 53
　　二、硬脑膜下血肿 / 54
　　三、蛛网膜下隙出血 / 55
　　四、颅内出血的法医学鉴定要点 / 55
第五节 脑损伤 / 56
　　一、脑震荡 / 57
　　二、弥漫性轴索损伤 / 57
　　三、脑挫伤(挫裂伤) / 57
　　四、脑内血肿 / 59
　　五、外伤性脑水肿 / 59
　　六、外伤性脑梗死 / 59
　　七、脑损伤的法医学鉴定要点 / 60
第六节 颅脑损伤的并发症和后遗症 / 60
　　一、脑神经损伤 / 61
　　二、外伤性癫痫 / 61
　　三、其他后遗症、并发症 / 61
　　四、颅脑损伤并发症和后遗症的法医学鉴定要点 / 62

第七章 ... 64
脊髓与周围神经损伤

第一节 脊髓损伤 / 64
一、脊髓解剖学基础 / 64
二、脊髓的功能 / 65
三、脊髓损伤的原因及分类 / 65
四、脊髓损伤的表现 / 66
五、脊髓损伤的检查 / 67

第二节 周围神经损伤 / 68
一、周围神经解剖学基础 / 68
二、周围神经损伤机制 / 70
三、周围神经损伤分类 / 71
四、周围神经损伤的表现 / 71
五、周围神经损伤的检查 / 71
六、常见周围神经损伤的表现及检查 / 73

第三节 脊髓与周围神经损伤的法医学鉴定 / 76
一、诊断与鉴别诊断 / 76
二、鉴定时限 / 76
三、损伤程度鉴定 / 77

第八章 ... 78
骨、关节损伤

第一节 概述 / 78
一、概念及分类 / 78
二、骨折的发生机制 / 78
三、骨折的临床表现 / 79
四、骨折的诊断 / 79

第二节 常见骨折的法医学鉴定 / 79
一、颅骨骨折 / 79
二、脊柱骨折 / 79
三、骨盆骨折 / 81
四、锁骨骨折 / 82
五、四肢骨关节损伤 / 82

第九章 ... 85
口腔颌面部损伤

第一节 概述 / 85

一、颌面部解剖生理学特点 / 85
二、口腔颌面部神经 / 85
三、牙与正中咬合 / 86

第二节 口腔颌面部检查 / 86
一、颌面部检查 / 86
二、口腔检查 / 87
三、颞下颌关节及张口运动检查 / 87
四、其他辅助检查 / 87

第三节 牙与牙槽骨损伤 / 88
一、牙损伤 / 88
二、牙槽骨损伤 / 89

第四节 颌面骨骨折 / 89
一、上颌骨骨折 / 89
二、下颌骨骨折 / 89
三、颧骨与颧弓骨折 / 89

第五节 口腔颌面部损伤的法医学鉴定 / 90
一、损伤的认定 / 90
二、损伤程度鉴定 / 90
三、法医学鉴定需注意的问题 / 91

第十章 ········ 92
眼、耳、鼻损伤

第一节 眼损伤 / 92
一、眼的结构和功能 / 92
二、眼损伤机制 / 93
三、眼损伤表现 / 94
四、眼损伤的检查 / 95
五、眼损伤的法医学鉴定 / 96

第二节 耳损伤 / 98
一、耳的结构和功能 / 98
二、耳损伤的机制及表现 / 99
三、耳损伤的检查 / 100
四、耳损伤的法医学鉴定 / 101

第三节 鼻损伤 / 102
一、鼻的结构和功能 / 102
二、鼻损伤的机制 / 102

三、鼻损伤的表现 / 102

四、鼻损伤的检查 / 103

五、鼻损伤的法医学鉴定 / 103

第十一章 颈、胸、腹部损伤 104

第一节 颈部损伤 / 104

一、颈部解剖学基础 / 104

二、损伤原因 / 104

三、损伤类型及表现 / 104

四、颈部损伤的法医学鉴定 / 105

第二节 胸部损伤 / 105

一、胸部解剖学基础 / 105

二、胸部软组织损伤 / 105

三、肋骨骨折 / 106

四、胸骨骨折 / 108

五、肺损伤 / 108

六、心损伤 / 109

第三节 腹部损伤 / 111

一、腹部解剖学基础 / 111

二、腹部软组织损伤 / 111

三、胃肠损伤 / 111

四、肝损伤 / 112

五、脾损伤 / 113

六、胰损伤 / 114

七、腹部损伤的法医学鉴定 / 115

第十二章 泌尿生殖器及会阴部损伤 117

第一节 解剖学基础 / 117

一、泌尿系统 / 117

二、生殖系统 / 118

第二节 泌尿系统损伤 / 120

一、肾损伤 / 120

二、膀胱损伤 / 122

第三节 生殖器官损伤 / 122

一、男性生殖器官损伤 / 122
二、女性生殖器官损伤 / 123
三、生殖器官损伤的法医学鉴定 / 123

第十三章
与医疗损害有关的法医学鉴定

一、医疗损害及医疗损害司法鉴定的概念 / 125
二、医疗过错的形式及医疗损害的内容与后果 / 126
三、医疗损害的司法鉴定 / 127

第十四章
诈病（伤）、造作伤

第一节 诈病（伤） / 130
一、概念 / 130
二、诈病的特点 / 130
三、常见诈病及其法医学鉴定 / 131
四、鉴定时应注意的问题 / 133

第二节 造作伤 / 134
一、概念 / 134
二、造作伤的共同特点 / 134
三、造作伤的特征 / 135
四、造作伤的法医学鉴定 / 136

主要参考文献及网址 138

中英文索引 141

附录
附录1 全国人民代表大会常务委员会关于司法鉴定管理问题的决定 / 142
附录2 司法鉴定程序通则 / 144
附录3 人体损伤程度鉴定标准 / 149
附录4 人体损伤致残程度分级 / 177
附录5 《侵权责任法》第七章医疗损害责任 / 205

第一章

绪 论

刑事或民事诉讼中,凡涉及人身伤害、有无生理和病理或精神障碍的案件,为判罪量刑、民事赔偿等,司法机关都要求对被害人等进行法医学鉴定。同时,随着人们法制观念的加强,在人身遭受意外或故意伤害后,无论是否进入司法诉讼程序,当事人(主要是被害人)要求进行法医学鉴定的案例也越来越多。

本书主要针对常见人身伤害的法医学鉴定进行介绍,旨在让公众对人身伤害的法医学鉴定有初步的了解,加强自我保护。

第一节 司法鉴定概述

一、司法鉴定的概念及分类

根据2005年2月28日第十届全国人民代表大会常务委员会第十四次会议通过的《全国人民代表大会常务委员会关于司法鉴定管理问题的决定》第一条规定,司法鉴定是指在诉讼活动中鉴定人运用科学技术或者专门知识对诉讼涉及的专门性问题进行鉴别和判断并提供鉴定意见的活动。第二条规定,国家对从事下列司法鉴定业务的鉴定人和鉴定机构实行登记管理制度:①法医类鉴定;②物证类鉴定;③声像资料鉴定;④根据诉讼需要由国务院司法行政部门最高人民法院、最高人民检察院确定的其他应当对鉴定人和鉴定机构实行登记管理的鉴定事项。

二、司法鉴定人

根据司法部2015年5月5日颁布的《司法鉴定人登记管理办法》第三条规定,司法鉴定人是指运用科学技术或者专门知识对诉讼涉及的专门性问题进行鉴别和判断并提出鉴定意见的人员。

1. **司法鉴定人的准入** 根据《司法鉴定人登记管理办法》第十二条规定,个人申请从事司法鉴定业务,应当具备下列条件:①拥护中华人民共和国宪法,遵守法律、法规和社会公德,品行良好的公民;②具有相关的高级专业技术职称,或者具有相关的行业执业资格或高等院校相关专业本科以上学历,从事相关工作5年以上;③申请从事经验鉴定型或者技能鉴定型司法鉴定业务的,应当具备相关专业工作10年以上经历和较强的专业技能;④所申请从事的司法鉴定业务,行业有特殊规定的,应当符合行业规定;⑤拟执业机构已经取得或者正在申请《司法鉴定许可证》;⑥身体健康,能够适应司法鉴定工作需要。

同时根据《司法鉴定人登记管理办法》第十三条规定,有下列情形之一的个人,不得申请从事司法鉴定业务:①因故意犯罪或者职务过失犯罪受过刑事处罚的;②受过开除公职处分的;③被司法行政机关撤销司法鉴定人登记的;④所在的司法鉴定机构受到停业处罚,处罚期未满的;⑤无民事行为能力或者限制行为能力的;⑥法律、法规和规章规定的其他情形。

《司法鉴定人登记管理办法》同时还规定,司法鉴定人应当具备上述规定的条件,经省级司法行政机关审核登记,取得《司法鉴定人执业证》,按照登记的司法鉴定执业类别,从事司法鉴定业务。司法鉴定人应当在一个司法鉴定机构中执业。

2. 司法鉴定人的义务　根据《司法鉴定人登记管理办法》第二十二条规定,司法鉴定人应当履行下列义务。

(1) 受所在司法鉴定机构指派按照规定时限独立完成鉴定工作,并出具鉴定意见。

(2) 对鉴定意见负责。

(3) 依法回避。司法鉴定人具有下列情形之一的,应当自行回避;不自行回避的,委托人、当事人及利害关系人有权要求其回避:①司法鉴定人本人或者近亲属与诉讼当事人、鉴定事项涉及的案件有利害关系,可能影响其独立、客观、公正进行鉴定的;②司法鉴定人曾经参加过同一鉴定事项鉴定的,或者曾经作为专家提供过咨询意见的,或者曾被聘请为有专门知识的人参与过同一鉴定事项法庭质证的。

(4) 妥善保管送鉴的鉴材、样本和资料。

(5) 保守在执业活动中知悉的国家秘密、商业秘密和个人隐私。

(6) 依法出庭作证,回答与鉴定有关的询问。

(7) 自觉接受司法行政机关的管理和监督、检查。

(8) 参加司法鉴定岗前培训和继续教育。

(9) 法律、法规规定的其他义务。

3. 司法鉴定人的权利　根据《司法鉴定人登记管理办法》第二十一条规定,司法鉴定人享有下列权利。

(1) 了解、查阅与鉴定事项有关的情况和资料,询问与鉴定事项有关的当事人、证人等。

(2) 要求鉴定委托人无偿提供鉴定所需要的鉴材、样本。

(3) 进行鉴定所必需的检验、检查和模拟实验。

(4) 拒绝接受不合法、不具备鉴定条件或者超出登记的执业类别的鉴定委托。

(5) 拒绝解决、回答与鉴定无关的问题。

(6) 鉴定意见不一致时,保留不同意见。

(7) 接受岗前培训和继续教育。
(8) 获得合法报酬。
(9) 法律、法规规定的其他权利。

三、司法鉴定原则

(一) 依法鉴定原则
司法鉴定活动必须依法进行,应当遵守法律、法规、规章,遵守职业道德和执业纪律,尊重科学,遵守技术操作规范。属于刑事案件的,一般应由案件的受理机关,如公安局、检察院、法院委托;民事或行政诉讼案件,由法院、企/事业单位或个人委托。

(二) 客观性原则
鉴定人应保证鉴定意见的科学性和公正性,必须尊重客观事实,坚持实事求是的原则,廉洁奉公。鉴定过程中不应受外界因素的干扰。鉴定的手段和方法必须规范、标准,符合科学原理。鉴定意见要有充分的科学依据。

(三) 独立性原则
司法鉴定实行鉴定人负责制度。司法鉴定人应当依法独立、客观、公正地进行鉴定。鉴定人得出的鉴定意见,不受任何部门、团体或上级机关(机构)的约束、影响,并对自己作出的鉴定意见负责。当多人进行的鉴定出现鉴定意见不一致时,鉴定人有权保留自己的意见。

(四) 保密原则
鉴定人不能泄露执业活动中知悉的国家秘密、商业秘密及有关人员的个人隐私,无权将鉴定结果告知委托方以外的任何部门和个人。鉴定人不得违反规定会见诉讼当事人及其委托人。

(五) 回避原则
鉴定人在执业活动中应当依照有关诉讼法律实行回避。

四、司法鉴定程序

(一) 鉴定的委托与受理
根据《中华人民共和国刑事诉讼法》第一百一十九条规定,人身伤害的法医学鉴定应由公安局、检察院和法院等司法机关提出委托,出具鉴定委托书或委托合同(协议书),明确委托的目的和鉴定要求,受理机构审查送检资料后决定接受委托的,与委托方签订委托合同或协议,注明鉴定费用、鉴定期限等事项。鉴定机构决定受理的,委派鉴定人受理鉴定。

(二) 了解案情
鉴定人明确鉴定委托事由后,阅读委托方提供的有关材料(案情、伤者的病史资料、影像学胶片等),听取委托方介绍。如果需要,可要求询问当事人,详细了解案件发生的经过,了解损伤部位及严重程度、伤后治疗情况,了解致伤工具等,做到检查时心中有数。

(三) 检查/检测

按临床常规检查方法和要求对被鉴定人进行细致的体格检查。检查时做到全面、细致,注意损伤部位、性质、形状、数目、大小等情况,同时做记录或照相、绘图。对正在进行临床治疗的伤者的检查,应先征得临床主治医生的同意。

在实际鉴定工作中,临床医学的一般体格检查有时不能满足鉴定工作的需要,而需进行实验室检查和其他特殊检查。如形态学方面,常见的有X线、计算机体层扫描(CT)、磁共振成像(MRI)、B超检查等;功能检查方面,有各种电生理检查(如性功能检查、肌电图、心电图、脑电图、视觉或听觉脑干诱发电位等)、智商测定、记忆力测定等。通过综合分析一般检查和特殊检查结果,可以明确损伤的部位、类型及程度;同时,还可动态判断伤情的发展及预后,作为得出科学、正确鉴定意见的依据。

(四) 现场勘查

很少需要现场勘查。实际鉴定中,对一些损伤机制或损伤性质进行判断时,可能会遇到困难,此时有必要与委托方共同进行现场勘查,或在现场进行案件的"重建",有助于做出正确的鉴定意见。

(五) 制作鉴定文书

根据委托方提供的材料,结合检查结果,针对委托要求进行分析说明并最后做出鉴定意见,以鉴定文书的形式提交委托方。

五、司法鉴定文书

鉴定人根据委托方的鉴定委托要求和送检材料,经过检查/检测,完成司法鉴定文书(司法鉴定意见书)。司法鉴定意见书的格式统一,但根据实际情况及委托要求不同,部分内容稍有差异。一般来说,司法鉴定意见书的内容应包括:①一般情况;②简要案情;③送检资料摘抄;④检查/检测;⑤分析说明;⑥鉴定意见/检测结果;⑦附件(图谱、照片等)。

根据委托方提供的有关材料,针对委托要求,对被鉴定人/送检材料进行检查/检测,得出的鉴定意见/检测报告是初次鉴定。

除了初次鉴定,还有以下鉴定。

(一) 补充鉴定

对于案件处理过程中发现新问题、委托方提供了新材料,或被鉴定人的伤(病)情出现了变化,要求原鉴定人对原鉴定进行复验、修正内容、回答新问题或补充鉴定意见者,称为补充鉴定。补充鉴定是原委托鉴定的组成部分,应当由原司法鉴定人进行。

根据2016年颁布的中华人民共和国司法部令第一百三十二号令《司法鉴定程序通则

（修订版）》第三十条规定，下列情况鉴定机构可以根据委托人的要求进行补充鉴定：①原委托鉴定事项有遗漏的；②委托人就原委托鉴定事项提供新鉴定材料的；③其他需要补充鉴定的情形。

（二）重新鉴定

委托方、案件当事人或辩护人对原鉴定意见或补充鉴定意见不满意，或出现结果不同的鉴定意见时，将原案材料及被鉴定人另行委托其他鉴定人进行的鉴定，称为重新鉴定。重新鉴定可由其他鉴定机构完成，也可由原鉴定机构的其他鉴定人担当。

根据《司法鉴定程序通则（修订版）》第三十一条规定，有下列情况时，鉴定机构可以接受办案机关委托进行重新鉴定：①原司法鉴定人不具有从事委托鉴定事项鉴定执业资格的；②原司法鉴定机构超出登记的业务范围组织鉴定的；③原司法鉴定人应当回避而没有回避的；④办案机关认为需要重新鉴定的；⑤法律规定的其他情形。

实际鉴定工作中，有时会遇到所要鉴定的问题涉及面广、难度大或引用的法规条款不完善，或涉及重大案件，或遇有特别复杂、疑难、特殊技术问题的鉴定事项，使做出准确的鉴定意见有困难时，鉴定机构可邀请有关专家进行会鉴，提供专家意见。

根据《全国人民代表大会常务委员会关于司法鉴定管理问题的决定》第八条规定，各鉴定机构之间没有隶属关系；鉴定机构接受委托从事司法鉴定业务，不受地域范围的限制。

第二节　法医学基础知识

一、法医学及其主要分支学科的概念及研究内容

（一）法医学的概念

法医学（forensic medicine，legal medicine），是研究和解决法律及其实施过程中涉及医学专门问题的学科，是一门独立的应用性很强的医学学科。法医学鉴定是法医应用法医学理论与技术，以人体及来源于人体的生物性检材等为鉴定对象，对与法律有关的人身伤亡、生理病理状态及其他专门性问题做出判断性意见的科学活动。

（二）法医学主要分支

法医学根据研究的对象、内容不同，分为多个分支学科。

1. **法医病理学**　法医病理学（forensic pathology）是研究与法律有关的人身伤亡的发生发展规律的法医学分支学科。法医病理学工作者运用其理论和技术对案件中有关伤亡的专门性问题进行检验、分析并做出鉴定意见，称法医病理学鉴定。其主要研究的内容及解决的问题有：死亡的发生及发展规律、死亡原因及机制、死亡方式、死亡时间推断、损伤时间推断、致伤物推断、尸体个人识别、涉及死亡的医疗事故鉴定等。法医病理学鉴定检验的对象是尸体。

2. 法医临床学　法医临床学(forensic clinical medicine)是应用临床医学、法医学等学科的理论和技术,研究并解决与法律有关的人体伤、残及其他生理病理状态等问题的学科,也称临床法医学(clinic forensic medicine)。根据司法机关、企/事业单位或个人提出的委托事由,法医临床学鉴定人运用临床医学、法医学及其他学科的理论、技术,对被鉴定人进行检查,结合委托方提供的材料,综合分析做出鉴定意见,为司法机关处理案件提供医学证据,称为法医临床学鉴定。法医临床学鉴定检验的对象是活体。主要解决的问题有:损伤程度(轻微伤、轻伤、重伤)、伤残等级、损伤方式推断(他杀伤、自杀伤、意外伤、造作伤)、损伤经历时间推断、致伤工具推断、性问题、医疗终结时间、损伤与疾病的关系分析、医疗损害鉴定等。

3. 法医毒理学　法医毒理学(forensic toxicology)是研究与法律有关的由毒物所致机体生理、病理损害过程的法医学分支学科,其研究、检验的对象是人体,主要研究毒物在体内的代谢过程,对组织器官的毒理作用、作用机制、病理改变、临床表现等,以及是否中毒、是否中毒致死、毒物进入体内的途径等做出鉴定。

4. 法医毒物分析　法医毒物分析(forensic toxicological analysis)是运用现代分析方法和技术,研究与法律有关的毒物的分离、定性、定量的法医学分支学科。法医毒物分析研究、检验的对象是人体生物学检材,如血液、尿液、胃内容物、胆汁、脑脊液、毛发、器官组织等。法医毒物分析对生物性检材中各种化学物质进行定性与定量分析。

5. 法医物证学　法医物证学(science of medico-legal physical evidence)是通过对涉及法律问题的生物性检材的检验,解决个人识别和亲权鉴定问题的法医学分支学科。法医物证学研究、检验的对象是人体生物性检材,如血液(血痕)、精液(斑)、唾液(斑)、阴道液(斑)、毛发、牙齿及骨骼等。

其他法医学分支学科还有法医人类学(forensic anthropology)、法医精神病学(forensic psychiatry)、法医牙科学(forensic dentistry)、法医昆虫学(forensic entomology)等。

二、法医学鉴定及法医学鉴定人

法医学鉴定是法医根据委托方的鉴定委托要求和送检材料,经过检查/检测,完成司法鉴定文书(司法鉴定意见书)的过程。法医学鉴定的对象是人体或来源于人体组织、体液等的生物性检材。《全国人民代表大会常务委员会关于司法鉴定管理问题的决定》第十七条内容对涉及法医类鉴定做出了明确界定,即法医类鉴定包括法医病理鉴定、法医临床鉴定、法医精神病鉴定、法医物证鉴定和法医毒物鉴定。从国家法律、法规方面规定了人身伤害进行法医学鉴定(法医临床鉴定)的必要性。

法医学鉴定人是具备法医学理论和技术的人,受司法机关、企/事业单位、个人、律师等委托,根据委托方提供的材料,解决一些人身伤害的专业性问题。作为一名自然人,不管是否被要求出庭作证,法医学鉴定人在诉讼过程中都是诉讼的参与者。

目前,我国司法实践中,承担法医学鉴定的人员有:①司法机关法医技术部门的法医;②经省级司法行政机关审核登记,取得《司法鉴定人执业证》(法医类鉴定执业类别),在司法鉴定机构执业的司法鉴定人。

三、人身伤害的法医学鉴定

人身伤害的法医学鉴定（forensic identification to human injury）是法医临床学鉴定的部分内容，主要解决人身伤害案件处理过程中有关损伤程度、伤残等级鉴定、损伤时间推断、致伤物推断、致伤方式推断、损伤与疾病的关系等问题，为法律实施中判罪量刑、民事赔偿等提供科学依据。法医学鉴定人根据委托方（公检法司机构或企/事业单位及个人等）提供的有关材料，针对委托要求，运用临床医学、法医学和其他学科的理论和技术，对人身伤害案件的被害人（被鉴定人）进行检查，全面分析研究，得出鉴定意见的过程，称为人身伤害的法医学鉴定，是法医学鉴定的重要组成部分。

人身伤害的法医学鉴定作为法医临床学鉴定的一部分内容，其工作性质、对鉴定人的要求与法医学临床鉴定的要求是一致的，其鉴定文书要素符合司法鉴定文书要求，包含司法鉴定文书的基本信息及符合其专业特点的内容。

（一）一般情况

一般情况包括委托机关的名称、委托人的姓名、委托日期、委托要求；被鉴定人的姓名、性别、年龄、籍贯、工种、住址、工作单位等；检查地点；在场人员；送检材料等。

（二）案情摘要

根据委托方提供的材料，摘录案件发生的时间、地点、案件相关人员情况，以及案件发生经过等情况。

（三）临床资料摘录

临床资料摘录也称病史摘录，根据送检临床病史、出院小结等材料进行摘录。摘抄内容主要包括受伤当时的症状和体征、临床检查和辅助检查结果、临床诊断、治疗经过、随访状况等情况。

（四）法医鉴定检查记录

对被鉴定人进行体格检查，详细记录检查所见，对损伤的部位、大小、形状等准确、详细记录；若有辅助检查和特殊检查补充内容，可一并摘录。

（五）分析说明

根据委托方提供的案情，结合临床资料、检查所见，围绕鉴定委托要求，进行言简意赅的分析说明，提出拟做的鉴定意见的依据。

（六）鉴定意见

根据检查结果和分析说明，做出鉴定意见。

（七）结尾

鉴定人签名，所在鉴定机构盖章及写明鉴定完成日期。

以下是某鉴定机构出具的一份鉴定文书：

×××司法鉴定中心
司法鉴定意见书

编号：_____

一、基本情况

委托单位：**市**区公安局刑侦大队

委托日期：2017年5月**日

委托要求：损伤程度鉴定

被鉴定人：盛**　性别：男　出生年月：19**年**月**日

提供材料：盛**手术记录1份（复印件）

鉴定地点：**市**医院外科病房

二、基本案情

2017年5月**日夜晚，盛**等4人与他人因故发生争执，后对方5人持刀将盛**捅伤。

三、资料摘要

据**市**医院手术记录（住院号：******）2017年5月**日记载。手术前、后诊断：腹部、右肩部、背部、臀部、左前臂刀伤，腹部贯穿伤，左肝外侧叶及三角韧带刺伤。手术名称：剖腹探查，左肝及三角韧带裂口缝合术，右肩部、背部、臀部、左前臂刀伤缝合术。术中见：左肝外侧叶有一长4 cm裂口，整齐，浅，有渗血；左三角韧带处有一1.5 cm长裂口，有渗血；腹腔内积血约1 000 ml。

四、鉴定过程

按照《*****检验规范》（********）对被鉴定人盛**进行检验。

主诉：多处伤口疼痛，呼吸不畅。

查体：平卧病床，神清，反应可，对答切题，检查合作，呼吸平稳。上腹部纵向手术缝合创，长10 cm；左肩胛骨处缝合创，长6 cm，创周无擦伤、挫伤；背部2处缝合创，长度均为1 cm，创周无擦伤、挫伤。左臀部表皮剥脱一处，范围1 cm×1 cm；左前臂缝合创，长2 cm，创周无擦伤、挫伤。

五、分析说明

根据案情、现有病史资料及检查结果，2017年5月**日，盛**被他人持刀捅伤，致左肝外侧叶裂伤，左三角韧带裂伤，腹腔积血，左肩胛骨、背部及左前臂皮肤裂创（累计长10 cm），左臀部表皮剥脱。已予剖腹探查、肝破裂修补术等治疗，目前住院继续治疗中，生命体征平稳。

根据《人体损伤程度鉴定标准》第5.7.2c项之规定，盛**之左肝破裂修补术后已构成重伤二级。根据第5.11.3b项之规定，其左肩胛骨处、背部及左前臂皮肤裂创均已构成轻微伤。

第一章 绪 论

六、鉴定意见

盛××腹部刀刺创致左肝破裂修补已构成重伤。

七、附件

鉴定人：×××（证号：×××××××××）

　　　　× ×（证号：×××××××××）

签发人：×××（证号：×××××××××）

2017年6月××日

讨 论 题

1. 学习《全国人民代表大会常务委员会关于司法鉴定管理问题的决定》第四条规定，谈谈该规定的社会意义。

2. 学习《司法鉴定程序通则》，谈谈司法鉴定的种类及鉴定机构、鉴定人在鉴定过程中应注意哪些问题。

（沈忆文）

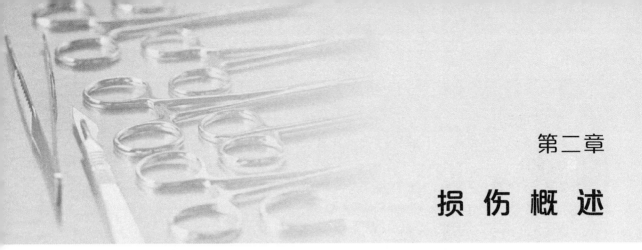

第二章

损 伤 概 述

各种外界因素作用于人体,造成组织、器官结构破坏、功能障碍或代谢障碍,称为损伤(injury)。损伤是机体对外界刺激做出的反应。广义的损伤还包括机体自身对疾病做出的反应。外界因素可以是理化因素,如机械性损伤(mechanical injury)、物理性损伤、化学性损伤;也可以是生物学性因素,如感染等。

第一节 机械性损伤

一、机械性损伤的概念

机械性损伤是致伤物通过机械性暴力作用于机体造成的组织、器官结构破坏和(或)功能障碍。需满足3个条件:致伤物、机械性暴力和人体。机械性损伤在人身伤害的法医学鉴定中占有非常重要的地位,是最常见的暴力性伤害。

二、机械性损伤的分类

法医学鉴定实践中,一般按4种方法进行机械性损伤的分类。

(一)按致伤物分类

按致伤物的性质、作用机制分为钝器伤、锐器伤和火器伤。

1. 钝器伤 包括徒手伤、咬伤、棍棒伤、砖石伤、挤压伤和高坠伤(injury due to fall from height)等。
2. 锐器伤 包括切创、砍创、刺创、剪创。
3. 火器伤 包括枪弹创、散弹创、爆炸伤等。

(二)按损伤部位分类

按损伤部位分为颅脑损伤、胸腹部损伤、口腔颌面部损伤、四肢和脊柱损伤、泌尿生殖系统损伤、脊髓和周围神经损伤。本节将按损伤部位依序介绍各部位损伤的特点及法医学鉴定方法。

(三) 按损伤严重程度分类

按损伤严重程度分为致命性损伤和非致命性损伤。本节涉及的非致命性损伤按损伤严重程度分为重伤(含重伤一级、重伤二级)、轻伤(含轻伤一级、轻伤二级)和轻微伤。

(四) 按损伤性质分类

按损伤如何造成的分为以下几种。

1. 自伤　受伤者自己采用机械性暴力加害自身引起的损伤,在人身伤害的法医学鉴定中见于当事人为达到某种目的故意伤害自己造成的损伤。

2. 他伤　受伤者被他人采用机械性暴力加害引起的损伤,在人身伤害的法医学鉴定中最常见。

3. 意外或灾害伤　非故意的人为暴力或自然灾害引起的损伤,如工伤意外、交通意外等意外事件造成的机械性损伤;或地震、泥石流等造成的损伤。

三、 机械性损伤形成的方式

暴力所致的机械性损伤,其形成方式有以下几种。

(一) 运动的致伤物作用于静止的人体

如用棍棒或斧锤打击处于相对静止状态的人体,使人体由静止状态发生局部或全身的体位移动。

(二) 运动的人体撞击于静止的物体

如人体自高空坠落撞击地面或以一定速度碰撞墙壁、电线杆等静止物体,人体由原来活动状态发生减速运动或直至静止状态。

(三) 运动的致伤物与运动的人体相撞

如运行中的机动车撞击行人。双方都处于运动状态,此时引起的损伤较为复杂。

四、 机械性损伤的基本类型与表现

机械性损伤包括组织结构破坏和功能障碍,前者包括肉眼可见的或通过影像学技术观察到的损伤改变,后者可伴有可见的组织结构破坏,但也无明显形态改变而只有功能障碍。人身伤害的法医学鉴定中以前者为主,以下介绍以形态改变为主要表现的损伤。

机械性损伤引起的组织器官基本形态改变有:擦伤、挫伤、创、骨折、器官破裂、肢体断离等。

(一) 擦伤

擦伤(abrasion)是指表面粗糙的物体沿切线方向擦过皮肤表面,破坏皮肤表层的完整性,露出真皮。通常由于钝器摩擦体表形成,损伤限于表皮,但也有深达真皮层,可与其他损伤并存。

1. 擦伤的表现　单纯擦伤仅有表皮脱离或缺损,常不伴出血,仅见淋巴液渗出,表面湿润,伤及真皮时可有出血及痂皮形成。典型的擦伤呈条状、片状或梳状(见书后彩图1),大小不一,形态各异,其形态常反映出致伤物表面特征。

2. 擦伤的类型　根据致伤物运动方向及其作用机制不同,将擦伤分为4种类型:擦痕、抓痕、撞痕和压擦痕。

(1)擦痕:是指由粗糙物体或地面与体表相摩擦而形成的损伤,作用力沿切线方向擦过皮肤,致表皮缺失。多分布在体表突出的部位,如鼻尖、额面部等,面积较大,呈片状、条状或片状中带有细条状,表面可附有沙砾、泥沙等异物。擦痕的起始端较深,末端浅,据此可推断暴力作用方向。擦痕有时残留有表皮碎屑或游离皮瓣,可凭借此推断暴力作用方向:游离缘为力的起始端,附着缘为终止端。

(2)抓痕:是指由指甲等尖状物抓擦或划过皮肤表面形成的擦伤。性犯罪案例抓痕常分布在被害人的外阴、乳房或大腿内侧等部位;被虐待儿童的抓痕多见于上肢前臂。根据抓痕分布情况可推断犯罪嫌疑人的犯罪动机。

(3)撞痕:致伤物以几乎垂直于体表的方向撞击体表,形成的表皮剥脱常伴有组织深部的损伤。多见于车辆撞击或高坠伤。

(4)压擦痕:表面粗糙的物体压迫皮肤的同时,与皮肤表面相摩擦而形成的损伤。如绳索或其他编织物绞勒皮肤,或咬伤等,常反映出接触物的表面形态特征。

3. 擦伤的法医学意义　擦伤虽然较轻微,但在法医眼里可看到以下信息。

(1)擦伤所在部位,标志暴力作用点。

(2)根据表皮剥脱的位置、分布范围,反映犯罪嫌疑人犯罪意图,揭示事件的性质。

(3)表皮剥脱的皮瓣翻卷方向,提示暴力作用方向,有时并能反映出致伤物的外形特征。

(4)表皮剥脱愈合过程,有助于推断损伤时间。

(二)挫伤

挫伤(contusion)是指钝器打击机体造成血管破裂出血而皮肤、黏膜或被膜未发生破损的闭合性损伤。包括皮下出血(subcutaneous hemorrhage)、皮内出血(intradermal hemorrhage),以及内脏器官的被膜下出血等。挫伤可伴有擦伤(见书后彩图2)。

1. 挫伤的表现　挫伤的大小、形态及出血程度,因致伤物接触面不同、作用力大小及局部组织的特点而异。出血仅限于真皮内的挫伤称为皮内出血,皮内出血不易扩散,能较准确地反映出致伤物的形态。皮下出血则可沿皮下疏松的组织间隙向四周扩散,如额部外伤引起的"熊猫眼"(black eye)。皮下出血的程度不仅与所受暴力的大小有关,还与皮下组织的致密程度、血管是否丰富相关。致密程度低、血管丰富的部位比较容易形成皮下出血且较严重。眼眶周围、面颊部、乳房、股内侧、会阴等处由于皮下组织疏松,血管丰富,受力后血管易发生破裂出血,出血量多、范围广。而手掌和足掌等部位,皮下组织致密,组织间隙小,受力后皮下出血量少。皮下组织出血量大时,血液积聚于局部组织内形成血肿。皮下出血的形态多种多样,并随着时间的推移会发生大小、形状和颜色的变化,其中颜色的变化有一定的规律性,可以帮助推断损伤时间。

挫伤也可发生在内部器官,如脑、心、脾、肺、肝、肾、肠系膜或肌肉,损伤常见于钝器打击、坠落伤、交通损伤等。

2. 挫伤的法医学意义　挫伤只在生前形成,是生前伤。

(1) 挫伤所在部位,标志暴力作用点。

(2) 挫伤部位的颜色改变有助于推断损伤时间。随着受伤后时间的延长,皮内及皮下出血在组织酶作用下崩解,红细胞膜破裂,血红蛋白经过化学变化发生颜色的改变。如血红蛋白分解物质包括含铁血黄素、胆红素和胆绿素,使挫伤部位颜色由暗紫红色变为蓝褐色、绿褐色、绿色和黄色,颜色由深到浅,最后消退。该过程与损伤后经过的时间有一定的变化规律,据此可推断损伤时间。一般来说,青壮年约 2 周挫伤完全消失,但也有个别例外。

(3) 皮内出血形态反映出致伤物形态特点,有利于推断致伤物。

(4) 根据皮下出血的分布、数量和形状,可推测犯罪嫌疑人的意图和作案过程中的某些活动。

(三) 创

创(wound)是指较强大的暴力作用造成的人体皮肤全层组织结构连续性、完整性破坏的开放性损伤。

1. 创的表现　创一般由 6 个部分组成,从平面看有创口、创缘、创角;从剖面看有创壁、创腔和创底。组织破裂形成的皮肤及深部组织裂口称创口,创口周边皮肤的边缘称为创缘,因组织收缩在创口下形成的空腔称为创腔,创腔周围的组织断面称为创壁,创腔深部未破裂的组织称为创底,创缘皮肤交界形成的夹角称为创角。不同致伤物形成的创的形态不同。

2. 创的类型　各种致伤物形态千差万别,其作用机制也不同,所造成创的形态差别较大。总体来说,创的类型按致伤物可分为钝器创、锐器创和火器创。

(1) 钝器创:由粗钝的致伤物通过撞击、挤压、砸压、撕裂等作用于组织,造成的创称为挫裂创(laceration);过度牵扯皮肤造成的皮肤与皮下组织剥脱称为撕裂创(tearing wound)。钝器创表现为皮肤、皮下组织、肌肉、肌腱、血管和神经断裂或部分断裂。由于神经、血管和肌腱的弹性较好,部分没有完全断离而存在于创壁、创腔内,就像创壁之间架设的桥梁,故称之为组织间桥(tissue bridge)。形成挫裂创的部位一般多见于头部、眼眶、前臂和小腿胫前区。这些部位皮下组织比较薄,缓冲外力的能力较弱,而皮下又有坚硬的骨质衬垫,一旦外有较硬的钝器打击,内有骨质衬垫,皮肤及皮下组织夹在当中,就形成挫裂创,国外称之为"三明治伤"。挫裂创多由棍棒、砖石打击、压砸或车辆碾压形成,形态呈不规则形、星芒形、"X"或"Y"形,有些则能反映出致伤工具的形态。创缘常不整齐(见书后彩图 3),可伴有擦伤、挫伤,创壁凹凸不平,创角多而钝,创腔内除有组织间桥,还可有其他异物,如毛发、泥沙、木屑等。

(2) 锐器创:由有锐利尖端或刃缘的致伤物通过切、砍、刺、剪等方式造成的创称为锐器创,其中又可细分为刺创、切创(或割创)、砍创、剪创等。锐器大多是金属质地,但也有玻璃片、竹片、木刺、骨刺等。锐器创的共同特点是:创口规则,呈梭形、菱形,创角较锐,创缘齐整,创壁光滑平整,创腔内无组织间桥,创腔较深而窄,创缘伴或不伴有擦伤、挫伤(见书后彩图 4)。

1) 刺创:由有尖端的锐器沿其纵轴方向刺入人体所形成的管状创称为刺创(stab

wound)。形成刺创的刺器按有无刃边分为有刃刺器和无刃刺器。有刃刺器按刃边的多少分为：①单刃刺器，如水果刀；②双刃刺器，如匕首；③多刃刺器，如三角刮刀。无刃刺器种类比较多，如铁钉、尖竹竿、针头、伞尖、破损的酒瓶等。刺创多见于故意伤害及他杀，少见于自杀和意外事故。刺创多分布于胸、腹部，四肢和头部比较少见。刺入口形状反映出刺器的截面特征及形态，由于皮肤组织收缩，刺入口直径一般小于刺器截面直径。刺创中，既有刺入口，又有刺出口的称为贯通性刺创；只有刺入口没有刺出口的称为盲管性刺创。虽然刺创的体表创口比较小，但刺创往往比较深，常导致内部器官破损、大血管破裂而造成严重的后果，甚至危及生命。

2）切创：由有刃锐器压迫皮肤并沿其刃缘的长轴方向推拉形成的创称为切创(incised wound)或切割创。切器一般比较轻、薄，常见的有：菜刀、匕首、玻璃片、刀片和金属片等。切创多见于自杀，他杀比较少见。切创多为长梭形、纺锤形或不规则形，创比较长（可超出刃口的长度）。自杀形成的切创多分布于动脉比较表浅、自杀者的利手容易达到的部位，如腕屈侧、颈部、腹股沟部等，由于自杀者在怕疼痛、犹豫的心态等因素作用下，产生的分布于这些部位的比较浅表的、没有严重伤及血管的多条平行切创，称为试切创(tentative cut)或犹豫伤(hesitation mark)。

3）砍创：挥舞有一定重量的砍器，以其刃边砍击人体形成的创称为砍创(chop wound)。砍创多见于他杀，自杀少见，损伤多见于头面部和四肢。砍器均较笨重，一面有较锋利的刃，另一面较为宽厚。常见的砍器有：菜刀、西瓜刀、柴刀、斧、锄头、镐等。各种砍器形成砍创的共同特征有：①创缘规则，可伴（或不伴）有轻微的表皮剥脱和皮下出血；②创口较短，裂开明显；③创腔较深，常在骨质上留下砍痕，甚至砍断骨质，形成离断伤。部分略轻薄的砍器砍到骨质内容易被卡住，拔刀时易造成部分刃边离断、遗留于砍缝中，此创内异物有利于致伤物推断和认定。

故意伤害案件中，当被害人抓住凶器试图夺取凶器时，犯罪嫌疑人抽刀或挣扎时容易在被害人的手掌手指部或虎口处形成切割创，或被害人用前臂抵挡时，在前臂外侧形成抵抗伤(defense wound)。损伤分布较凌乱，形态不规则，较严重，甚至伴有神经和肌腱断裂、骨质砍痕，甚至离断。

4）剪创：用剪刀形成的创称为剪创(scissoring wound)。相对切创、砍创而言，剪创要少见得多。剪刀夹击人体可以形成夹剪创或剪断创，前者多见于体表平坦的部位，形成"八"字形，中间带有皮瓣的夹剪创；后者多见于夹剪人体比较细小突出的部位，如手指、耳郭、鼻尖、阴茎、乳头等。剪断创导致局部组织的离断。剪刀还可以作为刺器，用其尖端刺击人体形成剪刺创，剪刺创的形态取决于刺击时剪刀的两叶是否张开和刺入人体的深度。剪创多见于女性防卫伤和他杀，也可见于男性的自残。

(3) 火器创：各种枪弹和炸药爆炸对人体造成的损伤统称为火器伤(firearm injury)，包括枪弹创、爆炸伤。

1）枪弹创：高速飞行的弹头击中人体造成的损伤称为枪弹创(bullet wound)。在我国，枪支管理比较严格，枪弹伤比较少见。近年来，由于走私及私自制造枪支的情况增多，枪弹伤的发生率也有上升趋势。枪弹伤主要见于他杀和自杀，意外事故少见。弹头对人体的损伤主要是穿透、戳破和撕裂作用。按弹头穿过人体组织情况的不同而形成不同的创伤,如贯通枪弹伤、盲管枪弹伤、擦过枪弹伤等。典型的枪弹创为弹头穿透人体后飞出体外,形成贯通性枪弹创,即既有射入口和射创管,又有射出口。

射入口(entrance bullet wound):弹头穿入人体后形成的皮肤创口,为射入口,其大小和形态决定于弹头的最大横截面的形态和射击方向。垂直射击的多为圆形(见书后彩图5),而斜向射击则为椭圆形。射入口中心皮肤缺损,周边内翻,由于皮肤回缩,射入口直径一般小于弹头直径。接触性射击时,由于高压气体窜入皮下形成爆裂使射入口呈星芒形。远距离射击(一般 1 m 以外)形成的射入口周围可见挫伤轮(abrasion collar)、污垢轮(grease collar)。近距离射击的射入口除了有挫伤轮和污垢轮外,还有火药烟晕(soot)、火药颗粒(smudging)、烧灼痕和枪口印痕。

射创管(bullet wound track):弹头穿过人体组织后形成的组织缺损性损伤,一般呈直线形,少数会改变方向,甚至是弧线形。一个弹头形成的损伤可以出现多个射创管,这是因为弹头击碎骨骼等较硬的组织,使这些组织碎片散射出去而形成多个射创管。

射出口(exit bullet wound):弹头穿出人体在皮肤上形成的损伤,一般比较大,多无组织缺损,创口的皮肤撕裂外翻,无挫伤轮、污垢轮、火药颗粒或烟晕等。

2) 爆炸伤:由爆炸物爆炸形成的复合性损伤称为爆炸伤(explosion injuries)。常见的爆炸物有:炸药、爆竹、瓦斯、煤气、化学品等。爆炸伤多见于生产事故和恐怖破坏,也可见于自杀和他杀。爆炸时,瞬间的剧烈化学反应所产生的高温、高压气体向四周扩散,毁坏和击伤人体及周围的物品。爆炸损伤的严重程度与人体距离爆炸中心的远近相关,距离越近,损伤越严重。爆炸可对人体造成多种损伤,常见的有:①炸点伤,处在爆炸中心或接近中心的人体被炸碎,面目全非,组织、器官可被抛射到远处;②抛射物伤,爆炸物的金属外壳或爆炸中心周围的物体随冲击波被抛出,击伤人体;③冲击波伤,爆炸时产生高压气浪,巨大的气流可将人体抛起摔伤,造成外轻内重的损伤;④烧灼伤,爆炸现场的高温气体或高温引燃周围物品形成的火焰对人体造成不同程度的烧伤;⑤其他损伤,如爆炸导致房屋倒塌造成的各种机械性损伤(如砸伤、挤压伤等)、机械性窒息等。

3. 创的法医学意义

(1) 根据创的分布、数目、严重程度及有无抵抗伤存在,可推测损伤性质,是他杀、自杀或意外事故。

(2) 判断暴力的作用方向及致伤方式。

(3) 根据创的形态特征,有助于推断致伤物的类型,如是钝器、锐器,还是火器。一般来说比较容易辨别。

(4) 根据挫裂创的大小和形态,有时可推断致伤物与身体接触面的形状特征,进而推断致伤物。

(四) 骨折

骨组织解剖学结构的连续性和完整性发生破坏称为骨折(fracture)。组成关节各骨的关节面失去正常对合关系,称为关节脱位(dislocation of joint)或脱臼。外伤性脱位常合并骨折。伤害案中,常见颅骨骨折和四肢骨折。骨折的形成可以是骨折处受到了直接暴力,也可以是他处间接暴力传导的结果。前者称为直接骨折,后者称为间接骨折。

1. **骨折的表现及分类** 按是否伴有软组织破损,外伤性骨折分为开放性骨折和闭合性骨折。其中,骨折的断端通过创口与外界相通的称为开放性骨折;反之则称闭合性骨折。

根据骨折的严重程度和形态改变分为青枝骨折、缝隙骨折、线性骨折、凹陷性骨折、孔状骨折(见书后彩图6)、粉碎性骨折和压缩性骨折等。

2. **骨折的法医学意义** 根据骨折形态,可推断致伤物、外力作用方向、打击次数和打击的先后顺序。

(五)器官破裂

外界暴力致内脏器官解剖学结构完整性的破坏称为内脏破裂(rupture of viscera),见于实质器官或空腔器官的严重损伤。实质器官破裂是指器官被膜和实质部分被破坏(见书后彩图7),常见于肝、脾及肾,可有真性破裂和被膜下血肿破裂两种形式。前者是指外界暴力作用于人体,造成器官实质和被膜的破裂,伴体腔内出血。而后者又称迟发性破裂,是指外伤当时造成器官实质的挫伤出血,而被膜没有破裂,出血积聚在被膜内形成血肿。随着时间延长,血肿内的血红蛋白及其分解物逐渐增多,血肿内张力增加,数日或数周后发生被膜破裂而引发体腔内出血,如不及时抢救可发生死亡。空腔器官,如胃、肠,在充盈状态下受暴力打击可发生破裂。破裂可由暴力直接作用造成,也可因胃肠内容物的流体压力所致。间接暴力经传导也可引起内部器官破裂。

人身伤害的法医学鉴定中,破裂的内脏器官是否有病理性基础是决定是否定罪量刑的依据之一。根据《人体损伤致残程度分级》鉴定原则,如肝硬化脾显著增大的被害人左上腹部即使遭受较轻微外力作用,就很容易发生脾破裂。此时,被鉴定人的伤情不应进行损伤程度鉴定,但需写明被害人脾破裂与伤害行为之间的因果关系。因此,对涉及损伤和疾病同时存在的伤害案件时,法医学鉴定人应注意对伤病关系的分析。

(六)肢体断离

受巨大暴力作用致使人体躯干、四肢的解剖结构遭到严重破坏并离断称肢体断离(amputation)。肢体断离多见于砍切、空难、火车事故、高坠、爆炸等,也见于死后分尸案件。

五、机械性损伤的检查

机械性损伤的活体检查,是人身伤害法医学鉴定的关键,对推断致伤物、评定损伤程度和伤残等级等至关重要,稍有疏忽或失误,将对鉴定工作带来无法弥补的损失。因此,损伤检查应遵循一定的原则,并按一定要求及步骤依序进行。

(一)机械性损伤检查的原则

1. **细致观察,妥善固定** 仔细观察损伤的形态特征,准确地用文字描述,并且摄影、摄像或绘图记录,妥善保留检查时的损伤表现记录,作为证据。

2. 按序进行,避免遗漏　被鉴定人若有多处损伤,应逐一编号,依序逐个地进行仔细检查。每一损伤均应分别检查、记录,避免遗漏。

3. 尽量保持原状　检查时,尽量防止人为破坏,保持原始(或临床处理后)的损伤形态。

(二) 机械性损伤检查的要求

1. 详细、准确记录　检查记录损伤时,应用体表的解剖学标志,叙述损伤的准确位置和相互关系。记录损伤的数目与分布。描述损伤的形状时宜用几何学术语,如圆形、卵圆形、线形、弧形;或用常见物体名称描述,如"黄豆大小""绿豆大小"等。测量损伤(或瘢痕)的长度、深度等应用国际标准单位,如厘米(cm)或毫米(mm)表示。

2. 证据固定　体格检查记录除完成文字描述,有条件的情况下,应绘图、照相或摄像,如损伤痕迹(缝合创、瘢痕等)、关节活动度(左右比对)等。

3. 注意比对　涉及肢体损伤近关节部位,并以关节活动度丧失情况作为鉴定依据的,检查时应注意同时检查伤侧和健侧,以做比对。

(三) 机械性损伤检查的基本步骤

损伤的检查应按一定顺序进行,依次检查。如损伤部位很多,为避免遗漏,应采取从上到下、从前到后、从左到右的次序进行。

(四) 机械性损伤检查的内容

1. 一般情况检查　检查被鉴定人的发育、营养、意识状态、表情、步态及姿势,测量血压、脉搏、呼吸和体温。观察被鉴定人的配合程度。

2. 损伤部位检查　检查损伤的部位、数目、形状、大小及深度、方向等,有无异物存留等;肢体关节活动度。

3. 辅助检查　必要时做生化检测,如血、尿等生化指标测定;做CT、X线、MRI等影像学检查;对涉及眼、耳神经损伤影响视力、听力者可行各种电生理检查。

第二节　非机械性损伤

非机械性损伤包括高、低温损伤,电损伤,放射性损伤等物理性损伤,以及化学性损伤、生物性损伤等,在人身伤害的法医学鉴定实践中,化学性损伤和生物性损伤较少见。本节主要介绍高、低温损伤。

一、高温损伤

高温损伤主要包括烧伤(burning, burn injury)、烫伤(scalding, scald injury)及中暑。火焰、高温固体、强辐射、电火花等热源导致的身体损害称为烧伤。高温液体或气体(如开水、蒸汽)等引起的损伤称为烫伤。人身伤害的法医学鉴定实践中,遇到的高温损伤以烧烫伤为主,尤其以高温液体泼洒导致烫伤多见。

烧烫伤的表现与热源接触时间和热源温度的差异而不同。接触时间越长、温度越高，则造成的损伤越重。临床上烧烫伤采用4度分级法。

1. 一度烧伤（红斑） 热作用限于表皮层，局部可见红斑、肿胀，基底层完整；光镜下见小动脉和毛细血管扩张，尤以真皮乳头层明显。伤者有疼痛和烧灼感，皮温升高。

2. 二度烧伤（水疱） 由于表皮细胞坏死，细动脉和毛细血管扩张，皮肤组织通透性增强，大量血浆外渗，真皮和表皮分离而形成水疱。水疱液中含有多种血液成分，如各种细胞、纤维蛋白、电解质等。水疱周围组织充血、水肿，光镜下可见白细胞浸润。此度烧伤伤者有剧痛感，容易发生感染。如无继发感染，可以痊愈不留痕迹，否则愈合后形成瘢痕。

3. 三度烧伤（坏死） 热作用伤及皮下组织，皮肤全层组织凝固性坏死、脱落，创口严重充血、水肿及炎性渗出，表面形成黄褐色或灰色焦痂，触之如皮革，皮肤感觉消失，皮温低。此度烧伤极易发生感染，愈合缓慢。

4. 四度烧伤（炭化） 局部受到长时间高温作用形成炭化，完全破坏了皮肤及深层组织。组织中水分丧失，蛋白破坏，呈黑色或黑褐色，质脆，无结构。烫伤不会形成四度烧伤。

二、低温损伤

人体局部组织因低温导致一系列的病理改变称为冻伤（frostbite, exposure to cold）。冻伤在人身伤害的法医学鉴定中较少见。

冻伤的表现与接触物温度及接触时间相关，局部冻伤临床上按损伤程度分4度。在冻融前，伤处皮肤苍白，温度低，麻木，有刺痛，不易区分深度，复温后不同程度的创面表现不同。

1. 一度冻伤（红斑） 伤及表皮层，皮肤受寒冷刺激，皮下毛细血管反射性收缩，继而血管麻痹、扩张充血，局部血液淤滞形成红斑，并有肿胀。起初发热、痒、刺痛，之后因神经末梢麻痹，丧失痛觉。

2. 二度冻伤（水疱） 血液淤滞加剧，损伤达真皮层，局部红肿较明显。血管通透性增强，形成水疱，内为血清状液体或稍带血性。若无感染，局部结痂，2周后脱痂愈合。二度冻伤不易与高温损伤水疱区别。

3. 三度冻伤（坏死） 血液循环严重障碍，局部组织缺氧，真皮层坏死，可达皮下组织。创面由苍白变为黑褐色，周围形成炎症分界线，局部感觉消失。若无感染，坏死组织干燥结痂，形成肉芽创面，缓慢愈合。

4. 四度冻伤（坏疽） 冻伤深达肌肉、骨骼等组织，呈干性坏疽，多由三度冻伤并发感染所致。冻伤周围有明显的炎症反应。

第三节　机体对损伤的反应及常见并发症

机体对损伤的反应包括局部反应和全身反应。损伤轻微者可能只有局部反应，愈合过程也较短,较严重损伤或继发并发症者反之。

一、机体对损伤的反应

(一) 局部反应

外界物质接触部位或力的传导方向部位出现的反应为局部反应,常见的局部反应如下。

1. 疼痛　局部神经损伤刺激,产生痛感。

2. 出血　出血(bleeding)是皮肤、软组织损伤的重要局部生活反应,由于血管破裂,血液流出并深入软组织,流出的血液既可聚集于损伤局部组织,也可沿组织间隙流注到远端组织疏松部位。如颅前窝颅底骨折,血液可流注于眼睑的皮下组织。

3. 组织收缩形成创　局部软组织,如皮肤、肌肉、肌腱、血管、神经及结缔组织等皆有一定的紧张度,当暴力作用致局部组织形成创时,创缘的结缔组织发生收缩,使创口裂开。

4. 肿胀　由于损伤,局部炎症性充血和血管通透性增高,使液体成分渗出在组织间隙,造成局部肿胀(swelling),压迫刺激神经则更加剧疼痛。

5. 功能障碍　由于疼痛或局部组织结构破坏,使功能受到影响。

6. 炎症反应　炎症(inflammatory)是机体对损伤发生的防御反应。一旦机体受损,炎症反应即开始发生,其基本病理变化包括局部组织的渗出、变质和增生。

7. 痂皮形成　局部的表皮剥脱或创伤,渗出液中的蛋白或流出的血液可逐渐凝固而形成痂皮。

8. 创口感染　表皮破损时,各种细菌可随致伤物进入破损组织内,使受损组织发生变性坏死,从而在损伤局部出现感染(infection)或化脓性炎症。

9. 创伤愈合　局部皮肤、组织断离、缺损等损伤后,机体对所形成的缺损将进行修补恢复,这一过程为创伤愈合(wound healing),包括各种组织的再生、肉芽组织增生、瘢痕形成等复杂过程。创伤愈合的发生、发展有一定规律,可凭此推断损伤时间。

受伤组织器官的功能变化先于形态学改变。

(二) 全身反应

损伤作为一种应激性刺激,通过下丘脑-垂体-肾上腺皮质系统的功能活动,引起一系列内分泌和代谢方面的改变,表现为全身反应。改变的程度与损伤严重程度紧密相关,如轻度损伤仅引起局部炎症反应。

1. 体温升高　由于损伤区域血液及其他组织成分的分解产物吸收所引起。

2. 休克　休克(shock)是机体有效血容量减少,重要生命器官组织血液灌注不足发生代谢障碍和细胞缺血缺氧而变性坏死出现的一种综合征。临床表现为面色苍白、脉搏细速、血压降低、呼吸浅快、四肢湿冷、尿量减少和意识障碍等。

急性失血占机体血容量20%以下时,伤者烦躁不安、口渴、收缩压正常或偏高,舒张压增高,脉压缩小,心率加快(<100次/分),为休克代偿期或休克前期;失血量达20%~

40%时,则难以代偿,伤者出现表情淡漠、严重口渴、面色苍白、肢端发冷,收缩压降低(70~90 mmHg),脉压小,脉搏100~120次/分,为休克期;失血量达40%以上,收缩压0~70 mmHg,脉搏细速或检查不出,无尿或少尿,为重度休克。

3. **急性肾衰竭**　伤者在休克发生后2~4天,可发生急性肾衰竭(acute renal failure, ARF)。主要的临床表现有:少尿(每日尿量<400 ml)或无尿(每日尿量<100 ml),食欲缺乏、恶心、呕吐、腹胀、腹泻,严重者可发生消化道出血、呼吸困难、心律失常、意识障碍、躁动、谵妄、抽搐、昏迷等尿毒症脑病症状。

二、损伤的愈合及皮肤瘢痕

机体遭受暴力作用造成组织器官损伤后,通过组织再生、肉芽组织增生和瘢痕形成等修复损伤的组织。

(一) 创伤愈合

创伤愈合进程与损伤程度、受累器官组织、损伤范围、受伤者生理状态、医疗等诸多因素有关。皮肤浅表的损伤可由基底层细胞分裂增殖达到完全修复而不留伤痕;当损伤伤及皮肤深层和皮下组织,其愈合要复杂得多。另外,不同损伤愈合过程也不尽相同。

1. **一期愈合**　一期愈合见于切创、砍创等软组织缺损少、创缘齐整、无感染的损伤,经清创缝合后,表皮再生,伤后24~48小时即可覆盖创面,肉芽组织从创缘长出并逐渐充满创口,5~6天胶原纤维形成,2~3周创完全愈合,遗留线形瘢痕。

2. **二期愈合**　二期愈合又称为瘢痕愈合。多见于挫裂创、组织缺损较大或伴有感染的创。愈合所需的时间较一期愈合长。

3. **痂下愈合**　局部组织损伤后,伤口表面由出血、渗出液和坏死组织干燥后形成的黑褐色痂皮覆盖,组织的新生和上皮细胞的再生在痂皮下进行。直至上皮再生完全后,痂皮脱落。痂皮愈合的时间也较长。

(二) 皮肤瘢痕

创伤愈合的结局是瘢痕(scar)形成。若瘢痕生长超过一定限度,会影响人的局部组织器官的功能,并带来一系列后遗症。根据形成机制、表现不同,瘢痕可分为以下几种。

1. **浅表性瘢痕**　浅表性瘢痕(superficial scar)见于较浅表的损伤,如浅表皮肤裂创、浅表切创、浅二度烧伤等,愈合后遗留的瘢痕较浅表,外观略粗糙,局部平而软,与皮下组织无粘连,可有浅淡色素沉着,无功能障碍。

2. **增殖性瘢痕**　增殖性瘢痕(proliferating scar)见于挫裂创、砍创等较严重的损伤,创口常有感染和异物存留,又如较大面积烧伤。此类损伤经过肉芽组织修复创面愈合,常遗留增殖性瘢痕。早期的瘢痕表现为肿胀、肥厚,局部隆起,与皮下组织无粘连,呈肉红色或紫红色,质地较硬。晚期的瘢痕,瘢痕变软,表面变平坦。瘢痕增殖期的时间长短因人而异,与损伤类型、范围大小、受害者身体素质等密切相关。一般在伤后6个月开始消退,但有的伤口1~2年后,瘢痕的增生性反应仍未停止。

增殖性瘢痕组织对功能的影响主要取决于瘢痕的部位,如位于关节附近的增殖性瘢痕因牵拉作用使受累关节活动受限,而面部的增殖性瘢痕可影响容貌,甚至容貌毁损。

3. 瘢痕疙瘩　瘢痕增生超过原有创面,向周围正常组织皮肤扩展,边缘明显隆起,外观呈肉红色或紫红色,似软骨样韧,弹性及血液循环差,瘢痕边缘部位可见瘢痕组织呈条索状向邻近健康组织内伸入,为瘢痕疙瘩(keloid)。瘢痕疙瘩形成的机制不很明确,与个人的特异性体质有密切关系(称为瘢痕体质)。

4. 萎缩性瘢痕　皮肤大面积损伤、全层皮肤缺损,尤其是深达皮下脂肪层的创伤,未经植皮治疗,而经较长时间愈合者,常形成萎缩性瘢痕(atrophic scar)。多见于大面积三度烧伤、撕脱伤、电击伤、肢体长期慢性溃疡不愈等情况。表现为:瘢痕组织薄,表面平坦,局部血供差,瘢痕硬而不活动。由于此类瘢痕与深部肌肉、肌腱、神经、血管紧密粘连,具有很大的收缩性,可牵拉邻近的正常组织而造成较严重的功能障碍。

5. 凹陷性瘢痕　伴有局部皮下软组织缺损的严重损伤,创面愈合后常形成低于正常皮肤表面的凹陷性瘢痕(depression scar)。该种瘢痕的基底层常与周围的肌肉、神经、骨膜等结缔组织粘连,引起疼痛或局部功能障碍。面部凹陷性瘢痕可影响容貌。

三、损伤的常见并发症

损伤并发症是指机体在原发性外伤的愈合过程中或在损伤的医疗过程中发生的与原发性外伤之间存在直接因果关系的不良后果。其发生的原因复杂,主要与以下因素有关:①原发性损伤因素,包括损伤部位、严重程度、损伤类型和损伤持续时间等;②伤者自身因素,如体质、心理素质、应激反应程度、有无基础疾病、是否配合治疗等;③医疗因素,如医疗时机、医疗措施等。上述因素常交叉存在,甚至有社会因素参与。因此,鉴定时应具体分析,评估不同因素在后果中的具体作用。

常见损伤并发症有感染、休克(创伤性休克、失血性休克)、挤压综合征(crush syndrome)、栓塞(血栓栓塞、脂肪栓塞、空气栓塞等)、呼吸窘迫综合征(acute respiratory distress syndrome,ARDS)、创伤性心功能不全(post traumatic cardiac insufficiency)及多器官功能障碍综合征等。

讨 论 题
---

1. 机械性损伤的基本形态有哪些?试述其各自的法医学意义。
2. 如何判断钝器伤和锐器伤?
3. 简述试切创与抵抗伤的特点。

(沈忆文)

第三章
人身伤害的法医学鉴定须解决的问题

人身伤害的法医学鉴定须解决的问题很多，鉴定人应按照委托方的要求进行鉴定。目前主要的问题有：有无损伤及损伤部位的鉴定；损伤程度鉴定；伤残等级鉴定；损伤时间推断；致伤物推断；致伤方式推断；损伤后休息、护理和营养时间鉴定等。

一、有无损伤及损伤部位鉴定

一般情况下，人身伤害案件，无论是机械性暴力或非机械性因素作用于人体，在损伤局部或力的传导途径均有痕迹遗留，即损伤表现。这些损伤的存在是认定机体受到伤害的依据。如头面部被他人拳击，造成头皮血肿或头皮挫裂创，甚至颅骨骨折，根据检查所见，可以确认损伤。

但在鉴定实践中，有时会遇到局部体表无明显伤痕的损伤，这对有无伤害的鉴定有一定的难度。此时需多次反复检查，进行动态观察，有助于做出正确的分析判断。如某人诉说被他人拳击腹部后腰痛，并有血尿，医生诊断为外伤性肾挫伤。法医鉴定做体格检查时，腹部皮肤并无损伤痕迹，此时可能有以下3种情况。

第一种情况：确有肾挫伤，因腹部皮肤、软组织弹性及衣着原因，局部损伤痕迹不明显，伤后多次尿液检查均有血尿，红细胞逐渐减少，CT或B超影像学检查发现肾体积增大、回声不均匀。2周后尿检正常，复查CT或B超肾体积恢复正常，回声均匀。上述变化符合外伤性肾挫伤的病程。因此，尽管体表局部损伤不明显，肾挫伤的诊断仍可以明确。

第二种情况：体表无伤痕，第二次尿化验无红细胞或2周内多次复查尿样，均未发现血尿，肾B超或CT检查及复查也均无异常改变。此时，肾挫伤的诊断难以成立。

第三种情况：体表无伤痕，第二次、第三次尿化验仍见红细胞，甚至数周、数月后仍有血尿，而肾脏的影像学检查未发现肾损伤的表现，则外伤性血尿的诊断难以成立，而应考虑血尿是否为泌尿系统疾病引起的，如肾炎、尿路结石、肿瘤等。

因此，在人身伤害的法医学鉴定中，会遇到有无损伤或损伤部位的鉴定委托，一般在伤后短时间内尚能做出判断；若损伤已消退，仅根据病史材料，则较难做出准确判断。此时，鉴定人有权拒绝受理鉴定委托。

二、损伤时间推断

损伤时间的推断是指根据损伤形态或其他检测技术推测损伤形成的时间。损伤时间的推断,既有利于划定犯罪嫌疑人的范围,也有助于重建案件过程及判断损伤方式等,为案件的侦破与审理提供可信的医学证据。

(一) 损伤时间推断的依据

当暴力作用于活体时,损伤局部及全身皆可出现一定的组织反应,称为生活反应(vital reaction)。根据生活反应可推断损伤时间。但是,存在机体对损伤的反应受损伤的严重程度、损伤的类型(擦伤、挫伤、切创、挫裂创等)、损伤的部位,以及伤者年龄及健康状况等多种因素的影响。故损伤时间的推断至今仍为法医学领域中尚未完全解决的问题之一。

一旦活体受到损伤,炎症反应即开始发生,且其发生和发展随时间有一定规律,据此有助于推断损伤时间。同时机体对所形成的组织缺损将进行修复,这一过程为创伤愈合。创伤愈合受机体全身和损伤局部因素影响,也与损伤严重程度有关。损伤程度轻者,愈合时间短;损伤程度重者,愈合时间长。但总体来说,创伤愈合也有一定的规律性,在一定程度上有助于推断损伤时间。

(二) 根据损伤变化推断损伤时间

由于损伤类型多种多样,不同种类的损伤,机体反应也有差异;另外,机体不同组织在损伤后的反应也不同。

1. 擦伤　擦伤后 2 小时以内,损伤区略低于周围皮肤,局部有液体渗出,因此比较湿润。伤后 3~6 小时,真皮毛细血管扩张,损伤表面渗出的液体开始干燥凝固。伤后 12~24 小时逐渐形成痂皮。24 小时后,损伤边缘的表皮细胞体积增大,并形成明显的胞质突起,表皮细胞在痂皮下从损伤的周边逐渐向中央生长。3 天左右,痂皮从边缘开始剥离。如擦伤范围不大,则 5~7 天可完全脱落。

2. 挫伤　损伤时进入组织间隙的血液经 1~3 天全部氧合血红蛋白变为还原血红蛋白和正铁血红素,被巨噬细胞吞噬;2~6 天转变为含铁血黄素(在巨噬细胞内)及胆红素或橙色血晶(常在细胞外)。6~9 天胆红素可被氧化成胆绿素,而逐渐被吸收。含铁血黄素可在局部组织内停留一段时间,而后被巨噬细胞运至造血器官。由于伤后血红蛋白经历上述变化,使受伤皮肤及皮下组织出现相应的颜色,随时间的延长逐渐由暗紫(或紫褐)色变为绿色、黄色。颜色的深浅取决于出血部位的深浅和出血范围的大小。

3. 骨折　骨和软骨的骨折相当常见。骨折的愈合与身体其他部位损伤的愈合基本相似。一般通过物理检查及 X 线检查,骨折的诊断并不困难。但要判断骨折形成的时间是不容易的,这种要求也并不多见。在鉴定实践中,遇到比较多的是新鲜骨折与陈旧性骨折的鉴别。

新鲜骨折,局部有肿胀、疼痛,局部可见其他损伤痕迹,如擦伤、挫伤,局部表现出畸形或反常活动,触摸时可闻及骨擦音。X 线检查显示骨折线清晰、断端锐利,周围软组织肿胀。骨折发生2周以上，骨折线模糊，骨折断端可见密度较低的纤维性骨痂。若能见到骨性骨痂时，骨折发生已有3个月以上。半年左右的骨折处可见骨痂愈合并重新塑形。

法医学鉴定经常遇到伤后半年以上的案例，在判定损伤及骨折时间时，一定要求被鉴定人或委托方提供损伤当时的原始X线、CT或MRI片，并与鉴定时复拍的X线片对照。一般情况下，通过对比可以鉴别新鲜或陈旧性骨折。

【案例】

某公司新聘员工汪**（男，47岁）于某日在工作时突然摔倒，称腰部受伤，但经某医院摄片后认为陈旧性伤可能性较大。由于汪**与公司为解决工伤赔偿一事对损伤的认定无法达成一致，遂由警方出面向**鉴定中心提出申请，要求鉴定汪**腰部有无损伤。若存在损伤，则需鉴定是新鲜损伤还是陈旧性损伤。委托方送交的材料有委托书、X线片、CT片、MRI片、门诊病史各1份。

临床病史记载：某日汪**从高处坠下1小时，感腰痛。检查：腰椎压痛（+），活动受限；肾区叩痛（+）。摄片示：腰3椎体压缩性骨折伴相应水平硬膜囊受压。

鉴定人会同放射科有关专家共同会诊汪**摔倒当日所摄的X线片、CT片及MRI片，意见为：腰3椎体重度压缩，但T1W、T2W脂肪抑制序列信号改变不明显，提示为陈旧性骨折。其余椎体骨质增生。

据此，鉴定中心给出的鉴定意见为：根据委托单位送检的X线片、CT片、MRI片提示，汪**腰3椎体压缩性骨折为陈旧性骨折，该损伤系某日当天摔倒所致依据不足。该鉴定意见为合理解决该劳务纠纷提供了证据。

三、确定损伤类型

伤害案件中，被鉴定人的身体多部位、多发性损伤可以是单人所为，也可能是多人参与。因此，为了明确每一个加害人所应承担的法律责任，法医学鉴定人有时被要求对每一损伤的类型进行鉴定，以推断或明确致伤物的类型，警方或法院结合案情调查，推断或明确每一损伤的致伤物的持有人，在判罪量刑中提供证据。

损伤类型的判定主要根据损伤的形态做出。不同的致伤物作用于人体，形成的损伤是不同的，如表面粗糙的钝性物体常形成擦伤、挫伤、骨折等损伤，多为闭合性损伤，但如果暴力非常强大，也可形成开放性损伤，如挫裂创、撕裂创、开放性骨折等。而有锋利的刃或尖状物的锐器常造成切创、砍创、刺创等开放性损伤。钝性暴力形成的创与锐器形成的创的形态不同，对新鲜损伤，经检查后，法医学鉴定人是可以初步认定致伤物类型的，如钝器或锐器。但在实际工作中，法医学鉴定人遇到的常常不是新鲜原始伤，而是陈旧性损伤，即瘢痕或是经临床清创或扩创处理过的损伤。此时仅根据瘢痕或已清创的伤口,是难以明确判断原始损伤的形态从而判断致伤物的,仅能做到推断是钝器还是锐器。

若能从医院取到创内异物,并进行检验,对判定致伤物有很大帮助。

四、致伤物推断

致伤物的推断或认定能为侦察提供线索和为案件的审判提供证据,特别是在多人作案、采用了多种致伤物时或群体斗殴中使用了多种致伤物并造成多人受伤,因涉及确定犯罪嫌疑人,需明确被害人身上的损伤是由何种致伤物所造成,是多种还是一种致伤物,哪一种致伤物造成了哪些损伤,因此无论是在确定犯罪嫌疑人或在法庭量刑方面,致伤物的推断或认定都十分重要。

(一) 致伤物推断的依据

损伤的形态特征是法医推断致伤物的重要根据。在各种条件相类似的情况下,用同一致伤物或有多种形态特点的物体的某一部分打击所造成的损伤,具有相类似的形态学特征,此即相同类型损伤的可重现性。一方面,这种相同类型损伤的可重现性,是从损伤的形态特征推断致伤物的理论基础;另一方面,用同一种致伤物打击人体的不同部位,由于解剖学和组织学结构的不同,致伤物打击面的不同,又可造成具有不同形态的损伤。同样,用同一种致伤物打击,但由于打击的方式、力量和速度等条件和情况的不同,所造成的损伤形态也不同。有时,不同的致伤物,具有相类似的结构特征,又可造成具有相类似形态特征的损伤。凡此种种情况均应在推断致伤物时逐一考虑,分析各种可能,这是推断致伤物的困难所在。

(二) 根据损伤形态推断致伤物

1. 判断钝器伤　钝器伤的形态特征之一,是可以没有创口。如有创口形成,创缘和创壁常不整齐,两创壁之间可有组织间桥。挫裂创的创缘常可伴有挫伤和擦伤。根据挫裂创的形态特征不难推断该损伤系钝性暴力所造成。但要进一步推断是由何种钝器造成,则有一定难度。因为无论是擦伤、挫伤或挫裂创的形态,一般不反映某一致伤物特有的形状特征,多数仅只反映钝器的共同特征。只有部分擦伤、挫伤或挫裂创,能反映或显示出致伤物或致伤物与人体接触面的形态特征。

2. 判断锐器伤　通常从创的形态特征,如创缘光滑、创壁平整、创腔无组织间桥等,只能推测造成该损伤的致伤物是锐器,至于是何种锐器则难以判断。任何一种刀器,无论是剃须刀或菜刀造成的切创,其创口的形态无本质的差异。只是剃须刀片因其质软而重量较轻,所造成的创口一般也较短小,而有别于重量较重的有柄刀类造成的切创或砍创。

3. 判断枪弹伤　在活体上,发现其皮肤上有一圆形或椭圆形的皮肤缺损,或星芒形撕裂。缺损的皮肤周围可伴有表皮剥脱和挫伤区;有时该创口周围或一侧尚可见黑色粉末状异物和污垢附着及烧灼改变,均应考虑此即枪弹创的射入口。在该创口对侧的相应部位的皮肤的一撕裂创口,将其合拢,无皮肤缺损,但撕裂创口较大,即枪弹创的射出口,并可发现一贯通的创道。根据所述的这些特征,可推测致伤物为枪弹。

损伤检验中,常遇及在同机体上存在多种损伤。此种情况下,应逐一研究每个损伤的特殊形态,判断是由同一种致伤物的不同打击面造成,还是由不同类的致伤物所致。这需要对每一损伤的形态特征进行比较检验,对每一形态的损伤可能致伤物或致伤物的打击面进行对比检验,以推测致伤物。

(三) 推断致伤物时的注意点

1. 同一致伤物可形成不同形态的损伤 同一致伤物由于打击面不同,可以形成不同形状的损伤,如砖石伤。用同一块砖的棱、面或角打击人体,造成的损伤具有不同的形态。

2. 不同的致伤物可以形成形态相似的损伤 不同的致伤物具有相似的局部特征,如粗细相同的铁棍和木棍打击人体,造成的挫伤形态相似;单刃匕首和水果刀刺入机体造成的刺创形态相似。

3. 创的长度与致伤物长度可能不一致 不能单纯以创的长度或大小推断致伤物。如用手术刀切割人体,其刃面长度在数厘米以内,但造成的切割创可以有10余厘米,甚至更长。

4. 以瘢痕形状推断致伤物 有很大局限性。

【案例】

某日夜晚,盛**(男,47岁)、曹**(男,28岁)、徐*(男,25岁)等4人在**区**镇**村看他人打牌时,与他人发生争执,后上述4人被对方5人持刀致伤。后经警方调查,案发现场有2把菜刀和1把尖刀(水果刀),为明确3人的损伤由何所伤,警方要求鉴定盛**、曹**、徐*3人损伤的致伤物。

鉴定人仔细查阅委托方送交的病史材料,发现3人的损伤如下。

(1) 盛**左侧肋缘下腹壁刀伤,伤口约3 cm,斜向内上方,伤及左肝外侧叶;左肝外侧叶有一长4 cm裂口,整齐;左三角韧带有一1.5 cm裂口,有渗血;右肩部刀伤伤口约6 cm,深达三角肌肌膜及三角肌。

(2) 曹**左上腹贯透伤,伤口长2.5 cm,伤口内有大网膜嵌塞。

(3) 徐*的左胸背部一刀刺伤,伤口长2 cm。

鉴定意见:盛**左肋缘下腹壁刀刺伤、左肝破裂具有口小腔深的特点,推断为尖刀(水果刀)所致;右肩部刀伤较宽广,推断为菜刀所致。曹**左上腹贯透伤,同样具有口小腔深的特点,推断为尖刀(水果刀)所致。徐*的左胸背部刀刺伤,也推断为尖刀(水果刀)所致。

五、损伤程度鉴定

根据国家有关标准,鉴定损伤的严重程度,内容见第四章"损伤程度鉴定概述"。

六、损伤后功能障碍及伤残等级评定

损伤经治疗后,评判其遗留的后遗症或并发症对生活能力、工作能力及社会适应能力的影响,内容见第五章"伤残等级评定概述"。

七、伤害性质的判定

伤害发生的不同情况决定了伤害性质的不同。如自伤、他伤、意外伤。在人身伤害的法医学鉴定实践中,有时会遇到对损伤的伤害性质提出不同的意见而要求法医学鉴定。

如案例1:甲提出被乙打伤,其身上损伤由乙造成,而乙则声称甲损伤是甲自己造成的。

又如案例2:在某交通事故处理过程中,丙称被丁驾驶的小客车撞伤,而丁辩解说是丙骑自行车自己不慎摔倒摔伤的。

再如案例3:某校体育老师报案,称因故被某学生家长殴打致伤,临床病史示其右手第一掌骨基底部骨折,而对方不承认曾打击过其手部。

这些案件均需要通过法医学鉴定来判明损伤的性质,即损伤是由谁造成的,才能明确谁应承担责任。

案例1中,甲右前臂桡尺骨中段横向骨折,局部伴有明显擦挫伤,从骨折损伤机制分析,应为直接暴力打击形成。该部位常是抵抗他人暴力时的抵抗所形成的损伤,鉴定中发现甲是右利手,说明甲的损伤系他人所为可能性大。

案例2中,丙的右踝内翻外旋畸形,无其他损伤,自行车上也未发现刮擦痕,右踝骨折符合间接暴力所致,表明丙的损伤不是由小客车撞击形成的。

案例3中,右手第一掌骨基底部骨折常见于攻击他人时所致损伤特点,即攻击伤,事后经警方调查,发现该体育老师平日脾气较暴躁,有时体罚学生,此次受罚学生家长前来询问小孩受罚之事,双方言语不合,发生互殴,结果体育老师在出拳攻击对方时受伤,造成掌骨骨折。

因此,仅仅通过损伤检查,有时较难分析伤害性质,只有结合案情及现场和致伤物检查,综合分析,才能明确伤害性质。

八、损伤与疾病的关系

在人身伤害的法医学鉴定中,经常遇到损伤与疾病同时存在的情况,鉴定人鉴定时需分析损伤、疾病在损伤后果中起的作用而得出鉴定结论。由于鉴定的结论直接影响到施暴人的法律责任和受害者可能获得的经济赔偿,双方会就鉴定结论对己方不利而上诉,或要求重新鉴定。

由于机体生理机制极其复杂,疾病的发生发展可能会或多或少受到外界因素的影响,其中包括与外伤发生直接或间接的联系,加上受害者获利的心理因素,导致事件更加复杂和有争议。在这种情况下,简单地应用现有的损伤程度鉴定标准生搬硬套,不做深入了解、分析案情和客观综合分析原有疾病的因素,容易做出不够全面、不够准确,甚至是错误的鉴定意见。因此,在法医学鉴定中,每一位鉴定人都须小心谨慎,做到全面、客观、公正、科学。

在法医学鉴定实际工作中,遇到的损伤与疾病的关系如下。

(一) 偶合

受害者原有疾病存在或损伤后发生的疾病与损伤毫无关系,当事人提出的损伤引起疾病的理由在疾病的发生、发展规律上都不能成立。损伤与疾病的同时出现,或先后出现,仅是时间上的偶合。加害人只对其造成的损伤承担法律责任,而对受害者的疾病无须承担责任。如某一伤害案件,原告头部被击伤,额顶部有一小浅表挫裂伤,无颅骨骨折和颅内出血。伤后数日,受害者出现高热、神经系统症状和体征,家属认为是头部被击打引起颅内感染,要求对方承担法律责任并给予经济赔偿。该伤者经治疗无效,7周后死亡,法医病理解剖诊断死因为乙型脑炎。该案发生在9月,正值乙型脑炎流行季节,根据该病的传染途径和病程发展特点,以及头部损伤情况,认为脑炎的发生与头部外伤无关。

(二) 损伤为疾病的诱因

受害者原有某种疾病存在,有时自己也不知晓,或已知晓,为了获利或其他原因,隐瞒病情,结果在外伤后原有疾病突然发作,出现临床症状。此时,外伤应为诱因,加害人应承担一定的法律责任(刑事或民事)而不是全部责任。如一名65岁男子为了小事与邻居发生纠纷,从争吵、谩骂发展到互相扭打。结果在扭打过程中,该男子突然倒地,不省人事,急送医院抢救,诊断为右脑内囊大片出血,经积极治疗后,转危为安,但遗留严重左侧肢体偏瘫。家属以此要求严惩邻居并索要巨额赔偿。法医学鉴定认为,该男子身上损伤仅多处浅表擦伤、挫伤,损伤较轻微,无颅骨骨折、蛛网膜下隙出血、脑挫伤等严重颅脑损伤情况;同时认为,其脑出血部位系高血压患者并发症——脑出血的常见部位。损伤轻微,仅是脑出血的诱因。经调查,该男子患有高血压性心脏病多年,此次系争吵、扭打过程中,因情绪激动及轻微的损伤诱发脑血管破裂出血,并遗留严重的后遗症。

(三) 加重病情

外伤加重原有病情,可以是直接的,也可以是间接的。进行损伤程度鉴定时,应说明原有疾病的病情及鉴定时的病情。在做鉴定意见时,应综合考虑原有疾病基础、损伤严重程度以及两者在不良后果中所起的作用,才能做出客观公正的鉴定。如一名多年高度近视眼患者,眼部受到暴力打击致视网膜剥离,视力受到严重影响。法医鉴定为重伤,加害人对鉴定意见不服,请求重新鉴定。经检查,该伤者眼底有严重的视网膜退行性改变表现。重新鉴定意见认为外伤系条件性加重原有疾病,该伤情为轻伤。

(四) 外伤并发症和外伤后遗症

外伤并发症系外伤后发生一系列的继发病变,如外伤后大出血,引发失血性休克,或外伤后继发感染,或感染性休克,与外伤有直接的因果关系。外伤后是否发生外伤并发症,与损伤程度、是否得到及时救治及医疗条件有关,进行法医学鉴定时应具体分析,不能一概而论。

外伤后遗症是外伤愈合后遗留的病理状态,与损伤有直接因果关系。受损伤器官结构破坏或治疗终结后遗留功能障碍,不同程度地影响受害者的生活能力、劳动能力及社会适应能力。法医学鉴定时,应进行细致的体格检查和辅助检查,确认有无后遗症及其严重程度,以作为损伤程度鉴定的依据。

九、 医疗对伤情的影响

伤害案件发生后,一般都经过临床医生的诊治。大多数伤者由于得到及时的抢救、恰当的治疗,使损伤得到顺利恢复,甚至不留任何后遗症。如胸部被刺伤,造成外伤性血气胸,出现呼吸困难,经胸腔闭式引流后痊愈,未留明显后遗症;又如大血管破裂出血致失血性休克,经及时止血和补充血容量,使生命垂危者转危为安。这些损伤不论抢救治疗的效果如何,损伤当时确已危及到伤者的生命,损伤程度评为重伤的结论不会受到影响。然而,某些损伤由于医疗水平、医疗质量的关系,遗留的伤情不一,造成同样的损伤在不同情况下出现不同的鉴定结论。如面部被拳击伤,致鼻骨粉碎性骨折并严重塌陷移位,伤后在专科医院即予手术复位,愈合后未明显影响面容,鉴定为轻伤;如果由于损伤当时软组织肿胀明显,未发现骨折的严重性,骨折未被及时复位,待组织消肿后,鼻骨骨折也已畸形愈合,造成鼻梁明显塌陷,严重影响面容,被鉴定为重伤。同样的损伤,由于治疗效果不同,造成损伤后果不同,鉴定结论也不尽相同。

再如,人身伤害中,四肢长骨骨折很常见,一般经复位、固定后骨折愈合均效果良好,不会遗留严重的功能障碍;但也有些案例,骨折后得不到复位或复位不理想,形成假关节或严重成角畸形愈合,严重影响肢体功能,造成残疾,从而影响鉴定结论。

任何伤害案的受害者都离不开医疗的参与,由于伤情不同和各地区医疗水平、设备条件不一,接诊医生的技术有高低,医疗效果也就不尽相同。对于以功能障碍为评定依据进行损伤程度鉴定时,必然产生影响。因此,进行人身伤害的法医学鉴定时,应坚持的原则是:不能因为治疗及时、疗效好而减轻加害人的责任,也不能因治疗效果不佳而加重加害人的罪责。

十、 损害赔偿

人身伤害案件发生后,除了追究加害人的法律责任外,还常常涉及经济赔偿,如损伤造成被害人财产权利、人身权利损害,也就此产生了损害赔偿的法律关系,加害人应对受害者的损害负有赔偿损失的责任。

(一) 人身伤害法医学鉴定所涉及的赔偿

包括:①侵害身体权损害赔偿;②侵害健康权损害赔偿;③侵害生命权损害赔偿;

④工伤事故的人身损害赔偿;⑤道路交通事故的损害赔偿;⑥医疗事故的损害赔偿;⑦食品、药品致害的损害赔偿。

其中,人身伤害的法医学鉴定实践工作中常见的赔偿是上述①~⑤项。

(二)人身伤害的赔偿原则

人身伤害所赔偿的不是人身伤害或死亡本身,而是损害所引起的直接财产损失。因此,赔偿原则是当侵权行为造成他人人身伤害而引起的财产损失作为标准,损失多少就赔多少,按照民法公平、合理的原则赔偿合理的损失。

(三)人身伤害的赔偿内容

《中华人民共和国民法通则》第一百一十九条规定:"侵害公民身体,造成伤害的,应当赔偿医药费,因误工减少的收入、残废者的生活补助费等费用;造成死亡的,并应当支付丧葬费,死者生前抚养的人必要的生活费等费用。"根据该规定,人身伤害后的赔偿范围应该是明确的,但在具体操作过程中,常常遇到困难,此时需要法医学鉴定解决涉及双方容易产生争议的问题。

如医药费,人身损害发生后,临床治疗涉及的费用应包括诊察费、检查费、治疗费、手术费、药费等。其中常常会有不必要的检查项目、无节制的用药等,或小伤、小病却长期住院花费了大笔医疗费用,由此双方常常闹得不可开交。因此,医疗费用的赔偿应以用于与损伤有直接关系的费用,与损伤无关的费用不必承担。比如,糖尿病患者被故意伤害导致肢体骨折,住院治疗期间,除骨科常规治疗的用药、手术费、内固定钢板费用等,另有部分治疗糖尿病的检查和药费。这样被害人出院时医院账单的总金额包含两部分:与损伤有直接关系的骨科的医疗费用和与原有疾病有关而与损伤无直接关系的糖尿病治疗费用。

再者,容易引起争议的是误工费用的赔偿问题。目前,我国个人的收入形式多样,不像以前工资形式单一,尤其是涉及一些群体,如个体经营者、自由职业者等,收入差异较大,在处理过程中常常造成很大困难。有时,调解不成,双方只好诉至法院,寻求法律解决。

总之,在进行人身伤害赔偿中,应考虑使被害人的损失得到补偿,也要考虑到让加害人的正当利益受到保障。目前,人身伤害赔偿鉴定接受的委托常见的有休息时间、护理时间、营养时间的鉴定,简称"三期鉴定"。关于损伤后休息时间,现行的全国统一标准是《人身损害误工期、护理期、营养期评定规范(GA/T 1193-2014)》。

【案例】

金**,女,28岁。某日因故外伤,致肝挫伤、肝包膜下积液、右胸第10肋骨骨折,经临床治疗后,一般情况良好,未达伤残。

为了妥善解决该起人身伤害赔偿纠纷,有关机构委托**鉴定中心,要求对金**伤后休息、护理、营养期限进行鉴定。

法医经审阅其病史资料(包括影像学资料),了解其受伤情况及治疗过程,给予营养2~3个月、护理2~3个月、休息6~7个月的鉴定意见。

第三章 人身伤害的法医学鉴定须解决的问题

十一、医疗终结时间的判定

伤害案件发生后,被害人常在医院进行就治。这就涉及医疗费用及案件的受理时间,如有的伤者小伤大治或长期住院,或以伤未愈为由,多次转院,或迟迟不愿出院了结处理。不仅使案件不能及时解决,也增加了医疗费、误工费等经济开支,从而更加重了案件处理的难度。因此,办案人员常常会要求法医对医疗终结时间进行鉴定。

由于被害人个人健康状况各异,各地医疗条件、水平不同,伤后或病后治愈时间也有所差异,对医疗终结时间很难做出统一的规定。一般来说,医疗终结时间的判定只能以临床治疗终结为基础,这样,既保证了被害人得到合理的治疗,又避免了不必要的医疗浪费。

讨 论 题

人身伤害的法医学鉴定须解决哪些问题?

(沈忆文)

第四章

损伤程度鉴定概述

第一节 概 述

人身伤害法医学鉴定的检验对象是伤害案件中的被害人,而最重要的鉴定内容之一则是损伤程度(injury degree)的鉴定。

一、损伤程度的概念及分类

损伤程度是指机体受到外来作用致使组织、器官结构破坏及功能障碍的程度。根据我国相关法律、规定及司法审判需要,损伤程度分为重伤、轻伤和轻微伤。

(一)重伤

《中华人民共和国刑法》第九十五条规定:"本法所称重伤,是指有下列之一的伤害:使人肢体残废或毁人容貌的;使人丧失听觉、视觉或者其他器官功能的;其他对于人身健康有重大伤害的。"根据该条规定,1986年我国两院两部(最高人民法院、最高人民检察院、司法部、公安部)颁布了《人体重伤鉴定标准(试行)》,经数年的执行应用、讨论和修订,于1990年3月颁发了《人体重伤鉴定标准》,从1990年7月1日开始执行。2013年8月30日两院三部(最高人民法院、最高人民检察院、公安部、国家安全部、司法部)发布了《人体损伤程度鉴定标准》,从2014年1月1日开始执行,《人体重伤鉴定标准》等同时废止。

根据《中华人民共和国刑法》第九十五条规定,重伤(serious injury)应具有以下特点。

1. **损伤严重可危及生命** 重伤对人体伤害严重,可危及生命,如不及时抢救,常导致死亡。如外伤性大血管破裂,引起急性大失血,若不及时抢救,被害人可因失血性休克死亡;或胸腹部内部器官损伤,若不及时手术治疗,伤者可能因严重并发症而死亡等。

2. **容貌毁损** 头面部损伤后遗留大量瘢痕或五官严重畸形,造成容貌毁损,严重影响被害人身心健康的。

3. **造成五官、肢体严重功能障碍** 如四肢长骨开放性粉碎性骨折并发慢性骨髓炎,或

第四章 损伤程度鉴定概述

眼、耳等器官严重损伤,愈合后仍遗留明显视觉、听觉功能障碍,严重影响被害人日常生活及社会适应能力。

4. 造成严重残疾 外伤后遗留后遗症,致被害人重度残疾,严重影响被害人的生活能力、工作能力和社会适应能力。

《人体损伤程度鉴定标准》将重伤分为重伤一级及重伤二级。

重伤一级:各种致伤因素所致的原发性损伤或者由原发性损伤引起的并发症,严重危及生命;遗留肢体严重残废或者重度容貌毁损;严重丧失听觉、视觉或者其他重要器官功能。

【案例】

李**,男,26岁,于2014年8月4日被他人殴打致伤。临床病史记载:2014年8月4日头部外伤后意识障碍。查体:昏迷,头皮可见多处裂伤,两侧瞳孔对光反射迟钝,格拉斯哥昏迷指数(GCS)评分4分。CT片示:左额颞顶脑挫裂伤,左额颞顶硬脑膜外、硬脑膜下血肿,蛛网膜下隙出血,左颞骨粉碎性骨折。当日入院后急诊行左颞硬脑膜外、硬脑膜下血肿清除+去骨瓣减压术。术中见左颞部硬膜外出血(EDH)约50 ml,左侧颞叶、顶叶广泛挫伤,硬脑膜下血肿约40 ml,清除左颞部分挫伤脑组织,吸出脑内血肿约20 ml;术中输血800 ml。术后返回病房。

2015年5月5日对李**进行鉴定。查体:神志昏迷,呼之不应,鼻饲管在位。左侧额顶颞部弧形手术瘢痕,长27 cm,颅骨局部缺损,范围为13 cm×10 cm,局部稍凹陷。

送检CT片示:左颞顶头皮下血肿,左颞骨骨折,颅内积气,左颞顶硬脑膜外、硬脑膜下血肿,蛛网膜下隙出血,左颞叶脑挫伤,脑内血肿。

分析说明及鉴定意见:根据案情、病史资料及检查结果,2014年8月4日,李**被人殴打致伤,造成左颞顶头皮下血肿,左颞骨骨折,颅内积气,左颞顶硬脑膜下血肿、蛛网膜下腔出血,左颞叶脑挫伤,脑内血肿。经行开颅手术治疗,目前,神志昏迷,呼之不应,鼻饲管在位,呈持续植物状态。根据《人体损伤程度鉴定标准》第5.1.1a项之规定,李**被人殴打致严重颅脑外伤,目前呈植物人状态构成重伤一级。

【案例】

俞**,男,25岁,于2016年1月25日被他人殴打致伤。临床病史记载:2016年1月25日,俞**被玻璃划伤就诊。查体:双眼视力一尺指数,双眼前房消失,瞳孔变形,眼底不见。眼球CT片示:双侧眼球内致密影,考虑异物1枚,双侧眼球玻璃体及晶状体损伤。诊断:眼球穿通伤,皮肤裂伤,眼球内异物。1月26日00:23时入院。查体:双眼无光感,双眼前房消失,瞳孔对光反射消失,晶状体混浊,眼底窥不入。00:30急诊入院行双眼眼球探查+眼球裂伤缝合术。10:00全麻下行双眼球摘除术。

手术诊断：双眼球严重破裂伤，眼内容物突出。1月28日眼眶CT片示：双侧眼球摘除术后改变。2016年1月30日出院，出院诊断：眼球穿通伤伴异物（双眼），开放性面部损伤。

2016年2月15日对俞＊＊进行鉴定。查体神清，一般情况可，对答切题，检查合作。双侧眼球摘除术后改变。

送检CT片示：双侧眼球内致密影，双侧眼球玻璃体及晶状体损伤，双眼球缺失。

分析说明及鉴定意见：根据案情、病史资料及检查结果，2016年1月25日，俞＊＊因外伤致双侧眼球穿通伤伴异物，行双侧眼球摘除术，目前双侧眼球缺失。根据《人体损伤程度鉴定标准》第5.4.1a项之规定，俞＊＊因外伤致双侧眼球穿通伤伴异物，目前双侧眼球缺失构成重伤一级。

重伤二级：各种致伤因素所致的原发性损伤或者由原发性损伤引起的并发症，危及生命；遗留肢体残废或者轻度容貌毁损；丧失听觉、视觉或者其他重要器官功能。

【案例】

陈＊＊，男，22岁，2014年8月7日被他人用刀刺伤。临床病史记载：2014年8月7日21时30分，陈＊＊因被刀刺伤急诊入院。查体：精神紧张，面色苍白，血压80/40 mmHg，心率110次/分；左胸第3肋间锁骨中线内侧见2 cm伤口，与前胸相通；左肩部见2 cm长伤口，流血；左肩背部见2 cm长伤口，持续流血。X线片示：左侧血气胸，心包积液。急送手术室剖胸探查，开放多条静脉通路快速补液。术中见左侧胸腔大量积血，左心室前壁有4 cm大小裂伤，接近心内膜，冠状动脉对角支横断、喷血，心包内大量积血。予冠状动脉对角支结扎、胸腔内止血、输血等对症治疗，术后转入外科重症监护室（SICU）支持治疗，后出现呼吸困难，氧饱和度降低，行气管切开、呼吸机辅助呼吸等对症治疗。

2014年9月4日对陈＊＊进行鉴定。查体：神清，一般情况可，对答切题，检查合作。左胸前瘢痕长5 cm，左肩瘢痕长4 cm，左肩背瘢痕长4 cm。余未见明显异常。

送检CT片示：左侧血气胸伴左侧肺萎缩70%以上，左侧心包积液。

分析说明及鉴定意见：根据案情、病史资料及检查结果，2014年8月7日，陈＊＊被人用刀刺伤致心包破裂伴心脏破裂，左侧血气胸伴左侧肺萎缩70%以上，左肩及左肩背刀刺伤；伤后出现精神紧张，面色苍白，血压80/40 mmHg，心率110次/分，符合失血性休克的临床表现（中度）；经手术治疗，目前遗留全身多处瘢痕（累计达13 cm）。根据《人体损伤程度鉴定标准》第5.6.2b项、第5.6.2g项及第5.12.2d项之规定，陈＊＊被人用刀刺伤致心包破裂伴心脏破裂、左侧血气胸伴左侧肺萎缩70%以上、失血性休克（中度），均已构成重伤二级。

(二) 轻伤

轻伤(minor injury)是指物理、化学及其他各种外界因素作用于人体,造成组织结构一定程度的损害或者部分功能障碍,尚未构成重伤,又不属于轻微伤的损伤。一般来说,轻伤不会导致被害人死亡,也不会造成被害人严重功能障碍。常见的轻伤有四肢长骨单纯性骨折、一定长度的开放性损伤、不伴有神经系统症状和体征的颅脑外伤等。

1990年4月2日两院两部颁布《人体轻伤鉴定标准(试行)》,自1990年7月1日起实行。2013年8月30日两院三部发布《人体损伤程度鉴定标准》,从2014年1月1日起开始执行,《人体轻伤鉴定标准(试行)》同时废止。

《人体损伤程度鉴定标准》将轻伤分为轻伤一级及轻伤二级。

轻伤一级：各种致伤因素所致的原发性损伤或者由原发性损伤引起的并发症,未危及生命;遗留组织、器官结构,功能中度损害或者明显影响容貌。

【案例】

仇＊＊,男,53岁,2017年4月22日被他人殴打致伤。临床病史记载:2017年4月22日,仇＊＊因"2小时前被打,出现头痛、眩晕及视物模糊,右胸腹部头痛,不伴恶心呕吐"就诊。查体：神清;右胸压痛(＋),挤压征(＋),双肺呼吸音粗;右上腹压痛、反跳痛。头颅CT片示：右额部少许硬膜下出血待排,额部、右侧顶部皮下血肿;放射诊断头颅CT报告提示：未见明显外伤征象。胸部CT报告提示：右侧多发肋骨骨折。诊断：右侧多发肋骨骨折,右胸胸腔积液,右肺挫伤,右连枷胸,腰1右侧横突可疑骨折。当日入院,入院后完善相关检查,4月25日行右侧肋骨骨折切开复位内固定术,术中探查肋骨骨折断端,右第7~11肋骨断端可触及,部分为多处骨折,错位明显,短缩畸形,局部胸廓软化塌陷。2017年5月2日出院,出院诊断：多发性损伤,右侧多发性肋骨骨折,右侧创伤性胸腔积液,头部外伤,右肺挫伤。

2017年5月23日对仇＊＊进行鉴定。查体：神清,一般情况可,对答切题,检查合作。头颅外观无畸形,双瞳孔等大等圆,对光反射正常;右侧胸部见长19.0cm手术瘢痕,其旁见长1.0cm引流瘢痕,压痛(±)。其余检查未见明显异常。

送检CT片示：右侧第7~11肋骨骨折,其中右侧第10肋骨两处骨折。

分析说明及鉴定意见：根据案情、病史资料及检查结果,2017年4月22日,仇＊＊因故受伤致右侧第7~11肋骨骨折,其中右侧第10肋骨两处骨折,累计共6处骨折。经手术治疗,目前遗留右胸部伤处疼痛。根据《人体损伤程度鉴定标准》第5.6.3c项之规定,仇＊＊因故受伤致右侧肋骨骨折6处,构成轻伤一级。

轻伤二级：各种致伤因素所致的原发性损伤或者由原发性损伤引起的并发症,未危及生命;遗留组织、器官结构及功能轻度损害或者影响容貌。

【案例】

陈＊＊，女，60岁，2014年9月19日被他人殴打致伤。临床病史记载：2014年9月19日，陈＊＊因外伤就诊。查体：神清，事发经过回忆好；左眶周下睑红肿；右枕头皮轻度红肿。CT片示：左侧鼻骨骨折可疑。诊断：头外伤；左眼外伤。2014年9月20日＊＊医院复查CT片示：鼻骨骨折。

2014年9月29日对陈＊＊进行鉴定。查体：神清，一般情况可，对答切题，检查合作。左面部皮肤青紫，范围5.1 cm×2.5 cm。余未见明显异常。

送检CT片示：双侧鼻骨骨折伴左侧鼻骨下塌。

分析说明及鉴定意见：根据案情、病史资料及检查结果，2014年9月19日，陈＊＊因故受伤致双侧鼻骨骨折。经对症治疗，目前伤处疼痛。根据《人体损伤程度鉴定标准》第5.2.4.0项之规定，陈＊＊因故受伤致双侧鼻骨骨折，构成轻伤二级。

由于重伤和轻伤的等级不同，司法判决刑事责任和民事赔偿也不同。因此，鉴定时应严格遵照标准，运用医学知识和检查方法，以事实为依据，出具科学、客观、公正的鉴定意见。

（三）轻微伤

轻微伤(slight injury)是指各种外界因素作用于人体，造成局部组织结构、器官的轻微损害或轻度、短暂的功能障碍的损伤。轻微伤对任何人、任何情况下均不会直接导致死亡或致残。

人身伤害的法医学鉴定工作中，常见的轻微伤有：体表擦伤、挫伤，较短小的开放性损伤，一过性功能障碍（如血尿、恶心、呕吐等），不会遗留后遗症或功能障碍。

【案例】

张＊＊，男，41岁，2015年2月3日被多人持刀打伤。临床病史记载：刀砍伤。查体：后颅刀口长2.5 cm，左肩刀口长4 cm，肌肉外翻，后腰刀口长4 cm，肌肉外翻。诊断：刀砍伤。处理：清创缝合等对症治疗。

2015年7月23日进行损伤程度鉴定。主诉：阴雨天全身多处伤口痒。查体：神清，反应可，对答切题，检查合作。右顶枕部"L"形瘢痕，长2 cm，局部扪及皮下硬结；左肩部线形瘢痕，长5 cm；左腰背线形瘢痕，长6 cm。

分析说明及鉴定意见：根据案情、病史资料及检查结果，张＊＊被他人用刀砍伤，造成头部裂创，左肩部及左腰背部裂创形成。根据《人体损伤程度鉴定标准》第5.1.5.c项、第5.11.4.b项之规定，张＊＊头皮裂创、左肩部及左腰背部裂创已分别构成轻微伤。

二、损伤程度与法律责任

根据损伤造成的后果,损伤可分为致命伤(fatal injury)和非致命伤(non-fatal injury)。

致命伤是指直接导致或与死亡有明确因果关系的损伤。在当前医疗水平下,对任何人都足以直接致死的或难以抢救复苏的损伤称绝对致命伤(absolutely fatal injury),如断头、严重脑挫裂伤、心脏刺创和主动脉破裂等。另一类损伤,只在某种不利环境或被害人特定的情况下,才能导致死亡的称条件致命伤(conditional fatal injury),如由于受伤者在原患有某种致命性疾病的病理改变基础上,因较轻微的损伤作用,引起该疾病突然发作导致死亡,如拳击胸部诱发冠心病发作,或打击头部引起脑血管瘤破裂出血死亡;或被害人腹部刺创而当地无医疗机构,从而延误了抢救治疗,并发弥漫性腹膜炎导致感染性休克死亡。

非致命伤则是指未造成死亡后果的损伤,如局部的皮肤挫伤、四肢长骨线形骨折等。损伤程度鉴定所指的损伤均是指非致命伤。

根据《中华人民共和国刑法》第二百三十二条规定:"故意杀人的,处死刑、无期徒刑或者 10 年以上有期徒刑;情节较轻的,处 3 年以上、10 年以下有期徒刑。"第二百三十三条规定:"过失致人死亡的,处 3 年以上、7 年以下有期徒刑;情节较轻的,处 3 年以下有期徒刑。"

根据《中华人民共和国刑法》第二百三十四条规定:"故意伤害他人身体的,处 3 年以下有期徒刑、拘役或者管制;致人重伤的,处 3 年以上、10 年以下有期徒刑;致人死亡或者以特别残忍手段致人重伤造成严重残疾的,处 10 年以上有期徒刑、无期徒刑或者死刑。"第二百三十五条规定:"过失伤害致人重伤的,处 3 年以下有期徒刑或拘役。"

根据《中华人民共和国治安管理处罚条例》第二十二条规定:"殴打他人,造成轻微伤害尚不够刑事处罚的,处以 15 日以下拘留,200 元以下罚款或者警告。"

三、损伤程度鉴定的原则

鉴定损伤程度,必须坚持实事求是的原则,坚持以致伤因素对人体直接造成的原发性损伤及由损伤引起的并发症或者后遗症为依据,全面分析,综合鉴定。对于以容貌损害或者组织器官功能障碍作为鉴定依据的,鉴定时应以损伤的后果为主,损伤当时伤情为辅,综合鉴定,一般在损伤 90 日后进行鉴定;在特殊情况下可以根据原发性损伤及其并发症出具鉴定意见,但须对有可能出现的后遗症加以说明,必要时应进行复检并予以补充鉴定。如眼、耳损伤后,导致视觉、听觉功能障碍,一般在伤后经一段时间临床治疗及功能锻炼,伤情稳定后再进行鉴定。

当损伤与既往伤/病共同作用的,即两者作用相当的,应依据《人体损伤程度鉴定标准》相应条款适度降低损伤程度等级,即等级为重伤一级和重伤二级的,可视具体情况鉴定为轻伤一级或者轻伤二级;等级为轻伤一级和轻伤二级的,均鉴定为轻微伤。当既往伤/

病为主要作用的,即损伤为次要或者轻微作用的,不宜进行损伤程度鉴定,只说明因果关系。

第二节　损伤程度鉴定的程序

损伤程度鉴定须合法、公正、科学鉴定,按照既定的鉴定程序进行。

一、案件受理

根据《中华人民共和国刑事诉讼法》第一百四十四条"为了查明案情,需要解决案件中某些专门性问题的时候,应当指派、聘请有专门知识的人进行鉴定"的规定,刑事案件的鉴定必须由公、检、法等司法机关指派或聘请鉴定人进行鉴定,而当事人或律师等人均不能自行聘请鉴定人进行鉴定。因此,在我国,刑事案件的鉴定一般只能接受公、检、法等司法机关的委托才能进行鉴定。目前,不但刑事案件的司法鉴定只接受公、检、法等司法机关的委托进行鉴定,而且涉及人身伤害的民事案件的司法鉴定,一般也由上述机关委托,鉴定机构才受理。

委托方应出具鉴定委托合同或协议,提供案情、注明鉴定要求。如果送检材料不全,鉴定人可要求委托方补充鉴定所需的材料,否则,鉴定人有权拒绝受理。

二、案情了解

鉴定人接受委托、明确鉴定要求后,有权了解所有与案件有关的材料,包括原始卷宗、被害人的病史资料;必要时,可亲自询问办案人或当事人,了解损伤当时的详情,如时间、地点、受伤部位、治疗经过等,做到心中有数。

三、检查

按照临床常规检查的方法和要求,对伤者进行体格检查,同时作详细记录。检查内容包括伤者的一般情况,损伤部位、数目、大小、形状、深浅等,做到准确测量,规范记录。由于某些损伤因检查时间不同而有不同表现,因此,有必要记录下检查时间、地点,并拍照或摄像。若伤者存在骨折、脏器出血等损伤,则需审阅伤者的影像学资料,必要时让伤者补拍相关影像片。若伤者存在周围神经功能障碍,则需要做肌电图检查等。若伤者存在视觉、听觉功能障碍,则需做视觉诱发电位、听觉诱发电位等客观检查。

四、制作鉴定文书

根据《中华人民共和国刑事诉讼法》第一百四十五条"鉴定人进行鉴定后,应当写出鉴

第四章 损伤程度鉴定概述

定意见,并且签名"的规定,鉴定人根据委托方提供的材料和检查所见,制作出鉴定书,针对提出的委托事项进行分析说明,最后做出鉴定意见,以司法鉴定意见书形式提交委托方。该条还规定,鉴定人故意做虚假鉴定的应当承担法律责任。

根据《中华人民共和国刑事诉讼法》第一百四十六条规定:"侦察机关应当将用作证据的鉴定意见告知犯罪嫌疑人、被害人,如果犯罪嫌疑人、被害人提出申请,可以补充鉴定或者重新鉴定。"

讨论题

1. 人身伤害的损伤程度有哪几类?
2. 损伤程度鉴定的法律依据是什么?
3. 司法鉴定人在进行损伤程度鉴定时应注意哪些问题?

(张明昌)

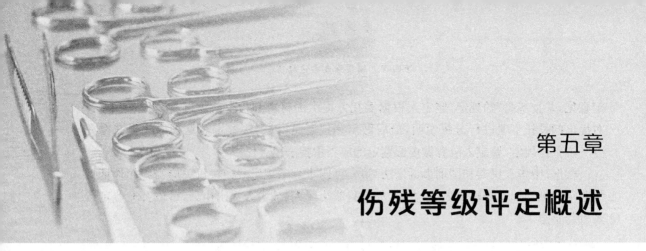

第五章 伤残等级评定概述

第一节 概 述

《中华人民共和国宪法》第四十五条规定:"中华人民共和国公民在年老、疾病或者丧失劳动能力的情况下,有从国家和社会获得物质帮助的权利。国家发展为公民享受这些权利所需要的社会保险、社会救济和医疗卫生事业。人身伤害案件中,被害人受到不同程度的损伤,经临床治疗,可能遗留暂时性或永久性的不同程度劳动能力丧失。被害人因此而受到经济损失,有权得到赔偿。"

人身伤害赔偿有两个含义:首先,要有人身伤害的事实;其次,针对伤害造成的直接损失要给予一定数额的经济赔偿。损伤的严重程度及遗留后果的严重程度决定赔偿的数额。要使赔偿做到公平合理,必须正确判定损害对被害者造成的伤害程度。

一、劳动能力和劳动能力丧失的概念

劳动能力(labor capacity)是指人的一切劳动能力的总和(包括脑力劳动和体力劳动),也是人的工作能力和生活能力总和,主要反映一个人完成全部生活和工作的能力。劳动能力分为一般劳动能力(general labor capacity)和职业劳动能力(occupational labor capacity)。前者包括日常生活活动能力和进行非专业性工作的能力;后者指经过训练、从事专门职业的劳动能力,也称专业性劳动能力,常常是经过训练获得的某器官的特殊功能,如芭蕾舞演员的脚、画家敏锐的眼睛、技工灵巧的双手等。这些器官受到伤害致残,可导致被害者原有的职业性劳动能力不同程度的丧失。

劳动能力丧失(labor incapacity)指损伤或疾病、衰老等引起原有劳动能力下降或完全丧失,从而可能使个体失去从事工作的能力,严重的则影响生活自理能力。

二、劳动能力丧失的分类

根据劳动能力丧失的程度分为:完全性劳动能力丧失和部分性劳动能力丧失。

完全性劳动能力丧失指工作能力和生活自理能力完全丧失。部分性劳动能力丧失又可分为大部分劳动能力丧失和部分劳动能力丧失。大部分劳动能力丧失指工作能力完全丧失,生活自理能力部分丧失。部分劳动能力丧失指工作能力部分丧失,日常生活可以自理。

根据劳动能力丧失持续的时间分为:暂时性劳动能力丧失和永久性劳动能力丧失。

暂时性劳动能力丧失指损伤后或疾病期间伤者机体功能障碍,影响日常生活和工作能力,痊愈后原有的劳动能力可恢复,无明显后遗症。一般无须进行法医学鉴定。永久性劳动能力丧失是伤病治愈后劳动能力仍不能恢复,或经过长时间才能部分恢复。永久性劳动能力丧失者应进行劳动能力鉴定,以确定其受到的伤害引起的损害程度和劳动能力丧失的程度,作为法庭判决、保险公司及有关单位处理伤害案件的依据。

三、残疾的概念

1993年起,世界卫生组织着手建立新的有关残疾的分类标准,并定名为《国际残损、活动和参与分类》(International Classification of Impairments, Activities and Participation, ICIDH-2)及2001年颁布残疾与健康分类体系《国际功能、残疾和健康分类》(International Classification of Functioning, Disabilities and Health, ICF)。这一分类对残疾(disability)的后果从整体功能来评价,包括组织、器官解剖结构,生理功能的损害,劳动能力和生活能力的丧失以及社会不利三方面因素,综合评估。

(一) 器官损害

器官损害是指伤病治疗终结后,受损器官未完全恢复而遗留的相对稳定的病理状态。如精神障碍、语言障碍、听觉障碍、视觉障碍和骨骼系统障碍等。

(二) 能力低下

能力低下是指人体组织器官破坏或功能障碍导致的人身活动能力的减弱或丧失,是从人的整体水平分析损害所致的不良后果。如行为能力低下、交流能力低下、个人照顾自己的能力低下、就地活动能力低下等。

(三) 社会不利

由于组织、器官损害和整体能力低下引起伤残者与周围社会环境的适应能力下降,强调伤者不能参加社会活动和履行社会职责的程度。如独立移动参与社会活动的能力、适应环境的能力、经济独立的能力、自我照顾和独立生活的能力等。

该分类标准体现了对伤残的新的认识,得到许多国家的广泛参照使用。如日本的渡边富雄以此为依据,对交通事故造成人身伤害的赔偿评价标准提出了一个方案。该方案认为人身伤害导致后遗症的经济赔偿,应考虑伤者自己的独立生活能力降低和不利于适应社会生活两方面。生活能力降低系数最高值为100,社会不利系数降低最高值为50,两者合计为150。

第二节 劳动能力鉴定现状

一、劳动能力鉴定

法医学鉴定中,评价一个人的工作能力、生活能力及社会适应能力的过程,称为劳动能力鉴定。因此劳动能力鉴定是被害人因伤致残、丧失劳动能力,能够依法获得经济赔偿,保障其生活的权利。但目前我国只有职工工伤与职业病劳动能力丧失的一个鉴定标准,对于职工工伤、职业病以外的劳动能力丧失的鉴定,如人身伤害造成的劳动能力丧失的鉴定,目前仍尚无标准。

职工工伤与职业病的劳动能力丧失主要是通过伤残等级来确认。目前采用的标准为2015年1月1日实施的《劳动能力鉴定 职工工伤与职业病致残程度鉴定(GB/T16180-2014)》,将伤残等级划分为一至十级,最重的为一级,最轻的为十级。一至四级伤残相当于完全性劳动能力丧失,五至六级伤残相当于大部分劳动能力丧失,七至十级伤残相当于部分劳动能力丧失。

因职工工伤、职业病以外的劳动能力丧失的鉴定,目前尚无标准,一些特殊情况下需要对伤者的劳动能力丧失情况进行评定,鉴定人可以根据委托方要求参照《劳动能力鉴定 职工工伤与职业病致残程度鉴定(GB/T16180-2014)》对伤者的伤情进行评定,进而进行劳动能力的鉴定。

【案例】

闫﹡﹡,男,24岁,2015年5月26日在受雇用工作过程中被弯管机夹掉右手食指。病史记载:右食指外伤后2小时。查体:右食指中末节毁损伤,骨外露,血运欠佳。摄片示:右食指中、末节骨折。处理:予清创残修。

2015年7月12日,对闫﹡﹡进行劳动能力丧失鉴定。主诉:右食指麻木。查体:神清,反应可,对答切题,检查合作。右食指中节及末节缺失,残端见3 cm瘢痕,仍见结痂。送检X线片示:右食指中、末节粉碎性骨折,中节指骨、末节指骨截除术后。

分析说明及鉴定意见:根据案情、病史资料及检查结果,2015年5月26日,闫﹡﹡工作中右食指被弯管机夹伤,致右食指中、末节毁损伤,经清创残修,目前右食指中节及末节缺失。参照《劳动能力鉴定 职工工伤与职业病致残等级(GB/T16180-2014)》第5.9.2.16项之规定,闫﹡﹡右食指中节及末节缺失属九级伤残,相当于部分劳动能力丧失。

二、残疾程度鉴定

残疾和劳动能力丧失的主要区别在于残疾强调个体的身体功能状态,而劳动能力则强调个体工作能力、生活能力的下降或丧失。我国目前所制定的大多数残疾程度鉴定标准在不同程度上参照了ICF。主要标准如下。

1. 军人残疾　1950年12月发布了《革命残废军人优待抚恤条例》,对战伤残废等级作了明确的规定。1989年4月5日民政部颁布《革命伤残军人评定伤残等级的条件》,同时《革命残废军人优待抚恤条例》废止。

2. 保险业理赔评残标准　1986年12月中国人民保险公司公布了《人身保险伤残程度分类表》,共7个伤残等级、34项条目,作为各保险公司的人身保险理赔的伤残鉴定标准;2013年6月8日由中国保险行业协会、中国法医学会联合发布的《人身保险伤残评定标准(JR/T0083-2013)》,共10个伤残等级、281项条目,从而扩充了赔偿范围。

【案例】

杨＊＊,男,43岁。2016年10月7日,杨＊＊旅游时因故受伤。

临床病史记载:2016年10月7日,杨＊＊因外伤就诊。查体:左腕关节肿胀明显,畸形,肿胀,压痛明显,活动部分受限。X线片示:左尺骨茎突骨折、移位,左桡骨远端骨折、移位明显,累及关节面。2016年10月8日入院,予对症治疗,2016年10月10日出院。出院诊断:左尺骨桡骨远端骨折。

2017年5月27日法医临床学检查。主诉:左手腕活动受限。查体:神清,一般情况可,对答切题,查体合作。左腕压痛(+),左腕关节活动受限。

送检X线片示:左尺桡骨远端骨折,累及关节面。

分析说明及鉴定意见:根据案情、病史资料及检查结果,2016年10月7日杨＊＊因故受伤致左尺桡骨远端骨折,累及关节面;经治疗,目前遗留左腕关节活动受限。参照《人身保险伤残评定标准(JR/T0083-2013)》第7.3项之规定,杨＊＊因故受伤致左尺桡骨远端骨折,累及关节面,目前遗留左腕关节功能部分丧失,构成十级伤残。

3. 残疾人抽样调查标准　1986年12月,国务院批准了《全国残疾人抽样调查五类"残疾"标准》。

4. 道路交通事故受伤人员评残标准　1992年4月,中华人民共和国公安部发布了《道路交通事故受伤人员伤残评定(GA35-92)》标准;2002年12月国家技术监督局颁发了《道路交通事故受伤人员伤残评定(GB18667-2002)》标准,自2002年12月1日起实行,原标准不再使用。2017年2月16日国家标准化管理委员会正式发布了《关于印发强制性标准整合精简结论的通知》,其中《道路交通事故受伤人员伤残评定(GB18667-2002)》正式获准废止。

5. 医疗事故所致残疾评定标准　2002年国务院颁布《医疗事故处理办法》,附有《医疗事故伤残等级评定》自2002年9月1日起实行。

6. 人身伤害的评残标准　随着上述文件的颁发,全国各地对不同原因造成的伤残鉴定有了统一标准,但尚缺乏故意伤害、雇员损害案件中涉及的伤残鉴定的标准,一些省市地区参照《道路交通事故受伤人员伤残评定(GB18667-2002)》进行伤残鉴定,而一些省市地区则参照《劳动能力鉴定　职工工伤与职业病致残程度鉴定(GB/T16180-2014)》进行鉴定,全国范围内标准应用的不统一给司法审判带来了极大的困扰。经过相关行业专家的不懈努力,2016年4月18日两院三部发布《人体损伤致残程度分级》,从2017年1月1日开始执行,除职工工伤、道路交通事故以外的所有人身损害致残程度等级鉴定,包括刑事案件的伤残鉴定、非因职工工伤的伤残鉴定、普通伤害案件的伤残鉴定、其他意外伤害的伤残鉴定等。2017年2月16日国家标准化管理委员会正式发布了《关于印发强制性标准整合精简结论的通知》,其中《道路交通事故受伤人员伤残评定(GB18667-2002)》正式获准废止,意味着《人体损伤致残程度分级》适用范围将变为:除职工工伤以外的所有人身损害致残程度等级鉴定,包括道路交通事故受伤人员伤残鉴定、刑事案件的伤残鉴定、非因职工工伤的伤残鉴定、普通伤害案件的伤残鉴定、其他意外伤害的伤残鉴定等,也包括医疗损害的伤残鉴定。

【案例】

吴＊＊,男,63岁,2017年1月29日因故被他人砍伤。2017年5月10日上海市＊＊法院委托＊＊＊鉴定中心,要求对吴＊＊的伤情做伤残等级评定。

临床病史:2017年1月29日,头面部、右上肢刀砍伤1小时余,出血量约150 ml。查体:GCS 15分,额部见伤口长约8 cm,右颞部见伤口长约6 cm,右顶部见8 cm×3 cm头皮缺损,鼻梁至左面颊见伤口长约15 cm,右面部至右耳郭伤口长约12 cm,耳郭横断。右环指近节背桡侧有一4.5 cm伤口,深及骨质,骨质断裂,肌腱部分断裂。右腕尺骨茎突处一3 cm伤口,右手皮肤感觉可。予清创缝合等对症治疗,2007年2月9日出院。出院诊断:头部外伤,头面部多处刀砍伤,头皮撕脱伤,右环指近节骨折,右环指近节背侧肌腱部分断裂,右耳郭刀砍伤,鼻部刀砍伤,鼻骨骨折,右眼睑刀砍伤。

2017年5月11日法医临床学检查。主诉:头部、右耳部不适。查体:神清,反应可,对答切题,检查合作。头部、右耳、面部多处线条状瘢痕,右环指近端指间关节僵硬。右眉处线条状瘢痕,长2.5 cm;鼻根至右面颊处线条状瘢痕,长11 cm;右额处线条状瘢痕,长5 cm;右耳前线条状瘢痕,长6 cm;右耳后至右耳郭处瘢痕,长4.5 cm;右颞顶部瘢痕,范围6 cm×1 cm;右腕桡背侧瘢痕,长3 cm;右环指近节背侧瘢痕,长3.5 cm。

送检X线片示:右环指近节基底部骨折。

分析说明及鉴定意见:根据案情、病史资料及检查结果,2017年1月29日吴＊＊被砍,致头面部多处刀砍伤,头皮撕脱伤,右环指近节骨折,右环指近节背侧肌腱部分断裂,右耳郭刀砍伤,鼻部刀砍伤,鼻骨骨折,右眼睑刀砍伤;经治疗,目前遗留面部线条状瘢痕(累计长度23.5 cm),右环指近端指间关节僵硬。

参照《人体损伤致残程度分级》第5.9.2.4项之规定,吴**面部多处线条状瘢痕属九级残疾;参照《人体损伤致残程度分级》相关条款项之规定,其右环指近节指间关节僵硬未达残疾。

【案例】

程*,男,27岁,2017年3月24日21:00行走时被一辆小客车撞击致伤。

临床病史:2017年3月24日因车祸致腹部、右大腿受伤半小时。检查:右侧腹壁见伤口约1.2 cm及0.6 cm。右中下腹压痛、反跳痛。CT片示:腹腔少量游离气体。3月24日入院,行剖腹探查术,术中见距回盲部1 m处有2处肠穿孔灶,直径分别为0.3 cm和0.5 cm,有肠内容物溢出。即予以肠穿孔修补术,术后对症治疗。2017年3月24日出院。出院诊断:闭合性腹外伤,弥漫性腹膜炎,肠穿孔。

2017年7月11日法医临床学检查。主诉:腹部隐痛不适。查体:神清,一般情况可,检查合作。腹部见手术瘢痕,长10 cm。余未见明显异常。

分析说明及鉴定意见:根据案情、病史资料及检查结果,2017年3月24日程*因交通事故致闭合性腹外伤、肠穿孔、弥漫性腹膜炎;经手术治疗,目前遗留腹部隐痛不适。参照《人体损伤致残程度分级》第5.10.4.3项之规定,程*因交通事故致肠穿孔并行修补术已构成十级残疾。

讨论题

据你了解,当今我国涉及劳动能力或残疾程度的鉴定标准有哪些?对此你有何看法?

(张明昌)

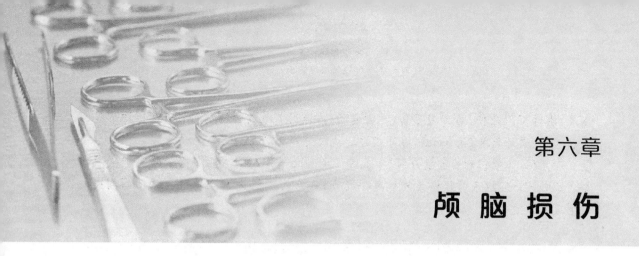

第六章

颅脑损伤

颅脑损伤(cranio-cerebral injury)是人身伤害中最常见的损伤之一,据报道占人身伤害法医学鉴定的25%以上。颅脑损伤的严重程度取决于诸多因素,如外界暴力的大小、作用方向、作用次数、致伤物的性状;受伤当时被害人的体位、损伤部位及运动状态等;以及损伤后的继发改变,如脑缺氧、脑缺血、脑水肿、颅内压变化等。

第一节 概 述

一、颅脑解剖学基础

颅脑由头皮、颅骨、脑及其神经、血管等组织组成。

(一) 头皮

头皮是覆盖于颅骨之外的软组织,在解剖学上可依次分为5层:皮层、皮下层、帽状腱膜层、腱膜下层和骨膜层。

1. **皮层** 较身体其他部位的皮肤厚而致密,含有大量毛囊、皮脂腺和汗腺,血管和淋巴管丰富,外伤时出血较多,但愈合也较快。

2. **皮下层** 由脂肪和粗大而垂直的纤维束构成,与皮肤层和帽状腱膜层均由短纤维紧密相连,富含血管神经。

3. **帽状腱膜层** 帽状腱膜层是覆盖于颅顶上部的大片腱膜结构,前连于额肌,后连于枕肌,组织致密,坚韧而有张力。

4. **腱膜下层** 由纤细而疏松的结缔组织构成。

5. **骨膜层** 较菲薄,紧贴颅骨外板,可自颅骨表面剥离。

(二) 颅骨

颅骨除下颌骨和舌骨外,其他21块头骨都借缝或软骨结合或骨结合构成一个牢固的整体,称为颅(skull)。颅骨可分为颅盖和颅底两部分,其分界线自枕外隆突沿双侧上项线、乳突根部、外耳孔上缘、眶上缘而至鼻根的连线,连线以上为颅盖,连线以下为颅底。

另外,以眶上缘至外耳门上方之连线为界又可分为脑颅骨和面颅骨,本章所指颅骨为脑颅骨,面颅骨在本书第九章"口腔颌面部损伤"中介绍。脑颅骨包括额骨、顶骨、枕骨、蝶骨、颞骨及筛骨,构成颅腔,容纳、保护脑。

1. 颅盖骨 颅盖骨由内、外骨板和两者间的骨松质构成,厚度不一,在额、顶结节处最厚,颞枕鳞部最薄。内、外骨板的表面有骨膜被覆,内骨膜也是硬脑膜的外层。在颅骨的穹隆部,内骨膜与颅骨内板结合不甚紧密,因而颅顶骨折时出血易积聚在此间隙内,形成硬脑膜外出血。在颅底部,内骨膜与颅骨内板结合紧密,故颅底骨折时硬脑膜易撕裂,而产生脑脊液漏。颅骨板障内有板障静脉,它们之间凭借分支吻合成网,并有导血管与颅内、外静脉相通。

外骨板表面可见锯齿状的骨缝(在内骨板表面呈直线状),顶骨和额骨间的骨缝为冠状缝,两顶骨之间的骨缝为矢状缝;后方为人字缝,位于顶骨与枕骨交界处;颞骨和额顶骨之间为鳞状缝。颅盖内面凹凸不平,有矢状窦及动、静脉血管的压迹。

2. 颅底 颅底内面由蝶骨嵴和岩骨嵴将颅底人为地分为颅前窝、颅中窝和颅后窝。颅底外面的前部被面颅遮盖,后部的中央为枕骨大孔。颅前窝、颅中窝和颅后窝呈由高到低的阶梯状排列,因凹凸不平、有大小不同的骨孔与裂隙容纳颅神经和血管,因而颅底骨折时容易出现相应的症状和体征。

(三)脑

脑位于颅腔内,一般可分为大脑、间脑、中脑、后脑和延髓,后脑由脑桥和小脑构成。通常把中脑、脑桥和延髓合称为脑干,脊髓是延髓的延续。大脑向前、向上、向后扩展,并覆盖间脑、中脑和小脑的一部分。大脑两半球内的室腔为侧脑室,凭借室间孔与第三脑室相通。

1. 大脑 大脑包括左、右两个半球及连接两个半球的中间部分,即第三脑室前端的终板。大脑半球被覆灰质,称大脑皮质;其深方为白质,称为髓质。髓质内的灰质核团为基底核,在大脑两半球间由连合纤维(胼胝体等)相连。

2. 间脑 间脑位于中脑与大脑之间,尾状核和内囊的内侧。间脑一般被分成丘脑、丘脑上部、丘脑下部、丘脑底部和丘脑后部5个部分。两侧间脑间的窄腔隙为第三脑室。

3. 脑干 脑干包括延髓、脑桥及中脑。延髓尾端在枕骨大孔处与脊髓相连续,中脑头端与间脑相接。延髓背侧面可分为上、下两段,下段为闭合部,其室腔为脊髓中央管的延续,正中沟的两侧为薄束结节和楔束结节,其中分别隐有薄束核与楔束核。脑桥的背面构成第四脑室底的上半部。在第四脑室底横向的髓纹是延髓和脑桥的分界标志。脑干腹侧面在延髓的正中裂处,有左右交叉的纤维,称锥体交叉,是延髓和脊髓的分界。脑桥的下端以桥延沟与延髓分界,上端与中脑的大脑脚相接。

4. 小脑 小脑位于颅后窝内,其上面凭借小脑幕与大脑的枕叶相隔。小脑借上、中、下三对脚与脑干相连。上脚(结合臂)与中脑被盖相连,中脚(脑桥臂)与脑桥的基底部相连,下脚(绳状体)与延髓相连。小脑可分为中间的蚓部和两侧膨大的半球部。

(四)脑膜

颅骨与脑之间有3层膜,由外向内依次为硬脑膜、蛛网膜和软脑膜;3层膜合称为脑膜。

1. **硬脑膜**　硬脑膜是一层厚而坚韧的双层膜。外层是颅骨内面的骨膜，称为骨膜层，疏松地附于颅盖骨，但在颅缝和颅底则附着牢固，很难分离。内层较外层厚而坚韧，与硬脊膜在枕骨大孔处续连，称为脑膜层。在某些部位，硬脑膜内层折叠成皱襞，其中重要的有大脑镰、小脑幕、小脑镰、鞍隔，其中大脑镰是硬脑膜内层自颅顶正中线折叠并向内伸展入两半球之间的结构。小脑幕呈半月形，水平地位于大脑半球与小脑之间，小脑幕将颅腔分为幕上、幕下两间隙。幕上间隙又凭借大脑镰分为左、右两部，当幕上间隙的颅内压增高时，可将海马旁回和海马旁回钩推入小脑幕孔，形成颞叶钩回疝。

硬脑膜的血管主要来自上颌动脉发出的脑膜中动脉，是营养硬脑膜的重要血管，还有来自筛前动脉的脑膜前动脉，来自咽升动脉的脑膜后动脉和椎动脉及枕动脉的脑膜支。

2. **蛛网膜**　蛛网膜是一层半透明的膜，由很薄的结缔组织构成，没有血管、神经，位于硬脑膜深部，其间有潜在性腔隙，称为硬脑膜下隙，隙内含有少量液体。蛛网膜被覆于脑的表面，与软脑膜之间有较大的间隙，称为蛛网膜下隙。隙内充满脑脊液。

3. **软脑膜**　软脑膜是紧贴于脑表面的一层透明薄膜，并伸入沟裂。脑的血管在软脑膜内分支呈网，并进入脑实质浅层，软脑膜也随血管进入至脑实质一段。由软脑膜形成的皱襞突入脑室内，形成脉络丛，分泌脑脊液。

（五）脑的血供

颅脑的血液循环系统特点有：由成对的颈内动脉和椎动脉互相衔接成动脉循环；静脉系多不与同名动脉伴行，所收集的静脉血先进入静脉窦，再汇入颈内静脉，各级静脉都没有瓣膜。

1. **颅脑的动脉**　脑的动脉壁较薄，平滑肌纤维较少。供应大脑的动脉主要是颈内动脉和椎动脉。

左、右椎动脉入颅后合并形成基底动脉，其分支与颈后动脉发出的交通支相吻合，形成大脑动脉环，有调节脑血液供应的平衡作用。当动脉环的血流阻断时，侧支循环即可起代偿作用以保证脑的血液供给。

颈内动脉自颈总动脉发出后，在颈部上升至颅底，前行至破裂孔入颅。颈内动脉的主要分支有：①眼动脉，供应视网膜和眼球的血液；②后交通动脉；③脉络丛前动脉；④大脑前动脉及前交通动脉；⑤大脑中动脉，是颈内动脉的延续。

椎-基底动脉系统：椎动脉为椎-基底动脉系统的主干动脉，左右各一。其主要动脉干和分支如下：①小脑下后动脉，发出的主要分支有延髓支、小脑支和脉络膜支；②小脑下前动脉；③内听动脉（又称迷路动脉）；④脑桥动脉；⑤小脑上动脉；⑥大脑后动脉，分为枕支和颞支。

脑底动脉环：称大脑动脉环或 Willis 环，位于脑底部，由双侧颈内动脉末端、双侧后交通动脉、双侧大脑后动脉近侧端、双侧大脑前动脉近侧端和前交通动脉组成。脑底动脉环是脑内主要动脉间的吻合结构，具有潜在的侧支循环代偿功能。

2. **颅脑的静脉**　脑的静脉多不与动脉伴行。它分为浅、深两组。浅组静脉主要收集皮质和皮质下髓质的静脉血,引入邻近的静脉窦。深组静脉主要收集深部髓质、基底核、间脑、脑室等处静脉血,汇集成一条大静脉注入静脉窦。

(六) 脑神经

脑神经分为：感觉神经、运动神经和混合神经。其中嗅神经和视神经分别与大脑和间脑相连,其余均同脑干相连,副神经尚有来自上颈髓的纤维。脑神经除有躯体传入、传出和内脏传入、传出4种纤维成分外,还有特殊躯体传入和特殊内脏传入、传出3种纤维成分。

1. 嗅神经　为感觉神经,传导嗅觉冲动,由上鼻甲及鼻中隔上部黏膜内嗅细胞的中枢突聚集成15～20条嗅丝,穿过筛孔入颅前窝,终于大脑腹侧的嗅球。

2. 视神经　为感觉神经,传导视觉冲动,起于眼球视网膜,由眶内经视神经管入颅中窝,经视交叉和视束,进入间脑。

3. 动眼神经　为运动神经,支配大部分眼外肌、瞳孔括约肌和睫状肌。

4. 滑车神经　为躯体运动神经,支配眼上斜肌。

5. 三叉神经　为混合神经,是最大的脑神经,头面部主要的感觉神经,也是咀嚼肌的运动神经。有三大分支：①眼神经,是感觉神经；②上颌神经,较大,为感觉神经；③下颌神经,最大,为感觉和运动的混合神经。

6. 展神经　为躯体运动神经,支配眼外直肌。

7. 面神经　为混合神经,含：①特殊内脏传出纤维,主要支配表情肌；②一般内脏传出纤维；③特殊内脏传入纤维；④一般内脏传入纤维；⑤一般躯体感觉纤维。

8. 听神经　又名前庭蜗神经,为特殊躯体感觉神经,由传导位置平衡感觉冲动的前庭神经和传导听觉冲动的蜗神经组成。前庭神经节位于内耳道底。蜗神经节位于内耳蜗螺旋管内。

9. 舌咽神经　为混合神经,含：①特殊内脏传出纤维,支配咽肌和喉肌；②副交感纤维,分布于腮腺,司腺体分泌；③特殊内脏传入纤维(味觉)；④一般内脏传入纤维；⑤一般躯体传入纤维,分布于耳后皮肤。

10. 迷走神经　为混合神经,含：①特殊内脏传出纤维,支配咽缩肌和颈突咽肌；②一般内脏传出纤维,主要分布到颈、胸和腹部的多种脏器,控制平滑肌、心肌和腺体活动；③一般内脏传入纤维；④一般躯体传入纤维,分布于硬脑膜、耳郭和外耳道部分皮肤。

11. 副神经　为特殊内脏运动神经,由延髓根和脊髓根构成,前者支配咽喉肌,后者支配胸锁乳突肌和斜方肌。

12. 舌下神经　为躯体运动神经,支配舌肌。

二、颅脑损伤的分类

根据损伤是否破坏颅骨和硬脑膜的完整性,颅脑损伤可分为开放性损伤和闭合性损伤。开放性颅脑损伤指颅盖部分颅骨及硬脑膜破裂。

三、颅脑损伤的常见临床表现

（一）头痛

头痛（headache）是颅脑损伤的最常见症状，但其疼痛程度并不代表颅脑损伤的严重程度。

（二）意识障碍

意识障碍（disturbance of consciousness）是颅脑损伤的常见症状，是大脑皮质和皮质下网状结构功能受抑制的表现。意识障碍程度常反映颅脑损伤的严重程度。临床上以格拉斯哥评分法（Glasgow coma scale，GCS）计分表示，以能否完成睁眼、言语、按指令运动3方面计分：不能完成为0或1分，能完成为3分，总分15分。一般认为：0~3分为重度颅脑损伤，4~8分为中度颅脑损伤，9~15分为轻度颅脑损伤。

（三）呕吐

颅脑损伤引起的呕吐（vomiting）常不伴有恶心，多呈喷射性，是颅内高压的特征性表现。而颅脑损伤后早期呕吐可以由迷走神经或前庭结构受损引起。

（四）头晕与眩晕

头晕（dizziness）与眩晕（vertigo）不同，前者是伤者自觉眼前发黑、头重脚轻，闭目时症状消失；后者是伤者感觉周围景物向一定方向转动或自身的天旋地转，容易不稳而跌倒。颅脑损伤引起眩晕的主要原因有中枢前庭核及其中枢联结、前庭神经、内耳或脑干损伤。

（五）失语

失语（aphasia）指语言的表达或理解障碍。与语言相关的中枢损伤所致，脑受损部位不同，表现各异，如运动性失语、感觉性失语、命名性失语等。

（六）瘫痪

即肢体瘫痪（paralysis），大脑皮质或锥体束行程中任何部位损伤所致，为上运动神经元瘫痪，以偏瘫多见，临床表现为"硬瘫（痉挛性瘫痪）"，即受累肌群肌张力增高，肌力不同程度下降，肌肉萎缩不明显。

四、颅脑损伤的检查

颅脑损伤的检查包括生理学检查和辅助检查。

（一）局部检查

人体头皮上长有头发，必要时可剃去头发检查，检查时应注意以下几点。

（1）损伤或瘢痕部位的定位要准确。

（2）注意损伤或瘢痕的大小、形状、走行等，必须仔细用刻度尺准确测量创或瘢痕的长度；法医学鉴定遇到的多为缝合创或新鲜瘢痕，测量缝合创长度时应注意测量的是全层皮肤裂创的长度，不应将创角或拖刀切痕计算在内，尤其是当创的长度正好在各损伤程度分级标准所要求的临界值附近，更应仔细、谨慎，最好同时拍照固定。

（3）注意有无骨折、头部损伤，尤其是闭合性损伤，有时合并颅骨线性骨折，临床表现不甚明显，可能漏诊，此时要求伤者进行 X 线及其他影像学检查是必要的。

（二）神经系统检查

神经系统检查内容包括：神志、精神状态、运动系统、感觉系统、反射及脑膜刺激征等。

检查肌力、肌张力时应注意排除被鉴定人主观因素的影响，要求被鉴定人主动配合，同时注意进行左右对比检查。

（三）辅助检查

颅脑损伤后的检查，除常规体格检查外，常常需要进行一些辅助检查，包括 X 线检查、CT 扫描、MRI 检查、脑电图检查、脑血管造影检查等，这些检查对损伤的诊断及有无疾病基础很有意义。

第二节　头皮损伤

头皮表面有头发覆盖，对外力的打击具有一定的缓冲作用，所以一般不易造成擦伤而易造成挫伤。但当钝器所造成的外力作用超过头发的保护作用和头皮的弹性时，可造成擦伤或挫裂创；如果致伤物是锐器，则造成切、砍、刺创等损伤，并可见头发被切断或砍断。此外，长发者如受到巨大暴力的牵拉可造成头皮撕脱伤。

一、皮内出血

头皮的真皮层血管非常丰富，而且胶原纤维层较厚。头皮受到外力作用可造成皮内出血，因组织致密而不易形成血肿，常可反映出致伤物着力部位的特征，对推断致伤物帮助很大，必要时应剃除毛发仔细检查。

二、皮下出血

头部受到钝器打击时可以形成皮下出血。由于真皮层较厚，皮下出血不易检出。单纯的皮下出血很难反映致伤物的接触面形状。

常见的皮下出血有以下 3 种：①帽状腱膜下出血；②肌肉内出血；③骨膜下出血。

三、头皮挫裂创

头皮受到钝器打击时，因头皮下有颅骨衬垫，头皮夹在颅骨与致伤物两硬物之间，易引起挫裂创，故称"三明治伤"，粗看极像锐器创，仔细观察则可发现创的边缘不规则，常伴有擦伤和挫伤，创壁不平整，创腔内有组织间桥。

四、头皮损伤的法医学鉴定

（一）诊断与鉴别诊断

头皮损伤都是皮外伤，诊断较容易，检查时应将头发剪去，以便于正确检查记录和照相。

（二）损伤程度鉴定

不伴有颅骨骨折及颅内损伤的头皮损伤一般较轻，多见于轻伤或轻微伤，偶有重伤。头皮擦伤面积达 5.0 cm² 以上，头皮挫伤，头皮下血肿，头皮创口或瘢痕，均构成轻微伤。帽状腱膜下血肿范围 50.0 cm² 以上，头皮创口或者瘢痕长度累计 8.0 cm 以上，头皮撕脱伤面积累计 20.0 cm² 以上，头皮缺损面积累计 10.0 cm² 以上，构成轻伤。具体条款请查阅《人体损伤程度鉴定标准》第 5.1.3 项、第 5.1.4 项、第 5.1.5 项。头皮撕脱伤严重者（头皮缺损面积累计达 75.0 cm² 以上）构成重伤，见《人体损伤程度鉴定标准》第 5.1.2a 项。

第三节　颅骨损伤

一、颅盖骨骨折

暴力直接作用于头部，着力部位的颅盖骨发生变形，超过其弹性极限时，发生骨折。根据骨折的形态，分为以下几种类型骨折。

（一）线性骨折

暴力作用于颅骨造成线性骨折而无凹陷。可单发或多发。多条线性骨折线交叉时相互截断，可推断为多次着力所致，并可推断暴力作用的先后顺序。线形骨折一般无特殊表现，X 线摄片即可明确诊断。

（二）凹陷性骨折

颅骨全层骨折，并向颅内凹陷。当骨折片凹陷入颅腔的深度在 1 cm 以上，或超过该处颅骨骨板的厚度和大面积骨折片陷入颅腔时，颅腔容积变小，致颅内压升高而引起神经系统症状，此时一般需手术治疗。

（三）粉碎性骨折

颅骨骨折为多块，碎骨片的大小、形状及数目不一，常发生于较大暴力作用点处，或多次打击时。

（四）穿孔性骨折

颅骨形成孔状缺损，碎骨片进入颅内，常见于枪弹创；小铁锤或较尖锐的棍棒戳击时也可造成。

二、颅底骨折

多为间接暴力所致或由颅盖骨骨折延伸而来。一般为线性骨折。X线的诊断率不高,主要依据头部外伤史及临床表现,如脑脊液外漏,再结合CT检查进行诊断。根据骨折发生的部位分为:①颅前窝骨折;②颅中窝骨折;③颅后窝骨折。

三、颅骨骨折的诊断

颅盖骨与颅底的位置、结构的差异,使两者的检查方法和诊断依据也不尽相同。

(一)颅盖骨骨折
通过临床触诊或清创缝合时常能发现,或通过X线、CT检查可明确诊断。

(二)颅底骨折
主要根据临床表现来确诊,如头部外伤后,出现脑脊液鼻漏、耳漏等。X线或CT的诊断阳性率均较低,因此,发现有骨折线即可确诊。未发现骨折线,也不能排除颅底骨折的可能。

四、颅骨骨折的法医学鉴定

(一)诊断与鉴别诊断
根据头部外伤史、临床表现(尤其是颅底骨折)及影像学检查,可以明确诊断。

(二)损伤程度鉴定
颅骨作为重要器官——脑的保护屏障,颅骨骨折后其损伤程度都在轻伤以上,特别是当颅底骨折伴面神经或者听神经损伤引起相应神经功能障碍、颅底骨折伴脑脊液漏持续4周以上、颅骨凹陷性或者粉碎性骨折出现脑受压症状和体征(须手术治疗)、开放性颅骨骨折伴硬脑膜破裂,均可构成重伤。具体可参阅《人体损伤程度鉴定标准》第5.1.2项、第5.1.3项、第5.1.4项。

第四节 颅 内 出 血

一、硬脑膜外血肿

硬脑膜外血肿(epidural hematoma,EDH),出血位于颅骨与硬脑膜之间,常聚集成局限性血肿,故名。EDH多发生于暴力打击的部位及其附近,大部分伤者主要原因是颅骨骨折,常有加速性头部外伤史。破裂的血管常见于颞顶部的脑膜中动脉及其分支,所以以颞部 EDH 最为多见。血肿相应部位可有头皮挫裂创或颅骨骨折。受伤当时出现短暂的意识障碍（一般不超过 30 分钟），此为脑部受到震荡所引起，其后有一个时间长短不等的中间清醒期；随着出血量增多，出现头痛、恶心、呕吐等颅内压增高症状而再度昏迷，甚至形成小脑扁桃体疝而危及生命。因为多数来自动脉性出血，因此，EDH 伤情发展迅速。

人身伤害的法医学鉴定中，EDH 可通过头部外伤史、临床表现、CT 扫描、血管造影和超声波等辅助检查进行诊断。

（一）发生机制

几乎均为外力直接作用的结果，发生硬脑膜外出血形成血肿的机制有：①脑膜中动脉受伤（最常见）；②骨折线通过动脉；③静脉窦受伤；④板障静脉受伤。

（二）临床表现

由于 EDH 多见于动脉破裂出血，出血速度快，常在伤后 6~12 小时或更短时间内出现症状。常见的临床表现有：①意识障碍（可有中间清醒期）；②颅内压增高表现，如剧烈头痛、恶心、呕吐等；③脑受压症状，如偏瘫、失语、昏迷等；④瞳孔变化；⑤生命体征变化，如心跳、呼吸、血压等体征发生改变。

二、硬脑膜下血肿

硬脑膜下血肿（subdural hematoma，SDH），出血聚集在硬脑膜和蛛网膜之间，多形成血肿，故称。硬脑膜下出血大部分是外伤性的，小部分是动脉瘤或血管畸形引发的自发性破裂，做法医学鉴定时应注意区别。

外伤性 SDH 可发生于暴力打击的部位，也可以发生于暴力作用点的对侧，以额顶部最为多见，相应部位可伴有脑挫伤。破裂的血管多为桥静脉，因此出血较慢，出现症状常不很迅速。老年人头部外伤后，经过一定时间才出现症状和体征，称慢性 SDH，此时尤其要注意 SDH 与损伤的因果关系。

按从受伤到出现临床症状时间的长短分为急性（3 天内）、亚急性（4~20 天）和慢性（21 天以后）出血。人身伤害的法医学鉴定实践中，亚急性和慢性硬脑膜下出血的损伤时间认定较困难，鉴定时应仔细阅读临床影像学资料及手术记录，注意血肿的颜色、血肿周围组织的反应性增生情况。有条件时最好取材做病理组织切片，镜下观察以有助于查明出血的原因和时间。

（一）发生机制

主要原因是头部外伤，但极少数也发生于大脑皮层血管的自发性出血。常见的出血原因有：①桥静脉撕裂；②皮质血管破裂；③静脉窦撕裂。

（二）临床表现

急性 SDH 中 90% 为单侧，常见于颞叶和额叶。急性 SDH 常伴有脑挫伤，伤后可出现持续昏迷，昏迷进行性加重。

亚急性 SDH 因脑挫伤较轻或无脑震荡,所以血肿压迫症状较缓和。

慢性 SDH 的一个重要特征是血肿进行性扩大,经过数周,甚至数月才逐渐出现轻微头痛、呕吐、视力模糊和复视等;有时出现精神症状或癫痫等症状。有明显头部损伤史的仅占 50% 案例。慢性 SDH 者头部外伤常较轻,当时未出现任何脑损伤症状,或仅轻微表现,一般经 3 周以上或数月后才出现。老年人多见。

三、蛛网膜下隙出血

蛛网膜下隙出血(subarachnoid hemorrhage, SAH),指出血聚集于蛛网膜和软脑膜之间,是颅内血管或动脉瘤破裂,血液进入蛛网膜下隙所致。

SAH 根据出血原因可分为:病理性(自发性)出血和外伤性出血两种。前者主要是由于脑动脉瘤、脑血管畸形等病理基础上,在情绪激动、轻微外伤或没有任何明显诱因的情况下发生破裂出血,病理性出血一般位于基底动脉环周围,出血量大并有凝血现象;后者多见于 20~50 岁,主要位于脑挫伤的部位,多伴有相应部位脑组织的挫裂伤,呈局限性分布,也可以与脑脊液混合,不发生凝血,沿蛛网膜下隙扩散,分布于全脑表面。

SAH 性质的认定一直是法医学鉴定的难点之一,在没有明显头皮外伤和颅骨骨折的情况下,MRI、血管造影等影像学检查是确定出血性质的关键,但由于部分检查是创伤性检查,有时被害人或被检者拒绝进行,给 SAH 的原因认定带来一定的困难。外伤性 SAH 多位于脑挫伤区,冲击伤或对冲伤均可引起。

(一)发生机制

出血原因为皮质静脉和软脑膜在脑挫伤时破裂,血液流入蛛网膜下隙,或由于额面部外伤使头部突然后仰致脑底动脉破裂出血。

(二)临床表现

主要为脑膜刺激症状,如剧烈的头痛、呕吐、颈项痛,严重者可出现昏迷、颈项强直等症状。

四、颅内出血的法医学鉴定要点

(一)诊断与鉴别诊断

EDH 一般头部外伤史明确,出现症状体征迅速,临床诊断多无困难。SDH 最常发生于大脑侧面,头部外力作用时间短,致伤物硬度大的损伤易导致颅骨骨折而发生 SDH。慢性 SDH 在临床上易漏诊,常成为医疗纠纷、劳动力丧失、保险和刑事案件或民事纠纷的争议点。EDH 和 SDH 的表现各有其特点(表 6-1),掌握这些特点,对明确诊断有很大裨益。

表 6-1　EDH 与 SDH 的不同点

	EDH	SDH
多发年龄	20～30 岁	50 岁以上
发生原因	95% 以上由外伤引起	75% 以上由外伤引起,部分为脑动脉瘤破裂
出血来源	脑膜中动脉多见	桥静脉、大脑动脉瘤、脑挫伤
与着力部位关系	着力侧多见	着力侧及对侧均可见
出血部位	颞部最常见,97% 单侧发生	额顶部最常见,以双侧为主
CT 表现	梭形	弯月形
血肿大小	严重 25～50 ml,致死 75～100 ml	严重 50 ml,致死 100 ml
颅骨骨折	约占 90%	成人占 67%,儿童约 10%

SAH 按其发生原因可分为外伤性和非外伤性两类。两者的鉴别诊断是法医学鉴定工作中的重要任务,在鉴别时应全面调查案情,收集病史和临床症状,综合分析。非外伤性 SAH,又称自发性 SAH,较外伤性 SAH 多见。自发性 SAH 的原因最多见于先天性颅内动脉瘤,脑血管畸形和脑动脉硬化次之。单纯的外伤性 SAH 和自发性 SAH 均较易诊断,复杂的是在疑有脑血管病变基础上,头部或非头部外伤后引发的 SAH。判断两者的关系时,首先明确有无头部外伤及外伤的程度;其次建议做头部 MRI 及血管造影等检查,了解有无颅内血管异常等病变基础;最后,进行全面分析,综合判断。头部外伤与原有血管病变的关系可能有:轻微的外伤可使已濒于破裂的血管破裂出血,外伤只是最后的促进因素而不是主要的因素。反之,血管有某些病理改变,但并非即将破裂,在巨大暴力作用后发生了破裂出血,则外伤仍应是主要的因素。这二者的鉴别十分困难,必须仔细检查,综合分析。另外,有时外伤是在脑底动脉瘤破裂后的早期,因伤者出现烦躁、行为失常而造成的。

(二)损伤程度鉴定

临床上对于 EDH 和 SDH 的诊断较为宽松,而根据《人体损伤程度鉴定标准》中重伤的概念,法医学鉴定时一般以颅内出血达到一定量并出现颅脑受压的神经系统症状和体征,如意识障碍、失语、瘫痪等情况时,才认定为重伤,否则为轻伤。相应的条款可参照《人体损伤程度鉴定标准》第 5.1.2 项、第 5.1.3 项。根据《人体损伤程度鉴定标准》第 5.1.2f 项及 5.1.4e 项之规定,外伤性 SAH 如出现神经系统症状和体征,可认定为重伤,否则为轻伤。

第五节　脑　损　伤

脑损伤是颅脑损伤中最重要的损伤,包括脑震荡、弥漫性轴索损伤、脑挫伤(挫裂伤)、脑内血肿、外伤性脑水肿、外伤性脑梗死等。其中原发性脑损伤包括脑震荡、弥漫性轴索损害、脑挫伤等;继发性脑损伤包括脑内血肿、外伤性脑水肿、外伤性脑梗死等。引起脑损伤的外力作用可分为:①加速运动,如头部受致伤物打击,头颅由静止状态突然发生加速运动,常在受力点发生较重的损伤,如脑挫伤、继发性 EDH 等;②减速运动,当头颅由运动状态突然转为静止状态,如跌倒或高坠,不仅在着力的局部造成脑损伤,而且常沿着外力传递波的方向在远处发生严重而广泛的损伤,如对冲性脑损伤、继发性 SDH 等;③旋转运动,头部受外力作用时,可因头颅旋转运动而引起脑损伤,常见于下颌角或额的一侧受打击时,多见于拳击伤。

一、脑震荡

脑震荡(cerebral concussion)是指头部受伤后,即刻引起脑功能改变,轻则表现为短暂的昏迷,重则伴有记忆力障碍,多可自行恢复,有些伤者可留有后遗症,而无明显的颅内器质性改变。

(一) 发生机制
原因不明,有多种理论,主要认为由于脑干网状结构受损,导致上行激活系统功能障碍,继而发生意识丧失。

(二) 临床表现
头部受震荡损伤后,立即出现意识丧失、面色苍白、出冷汗等。意识障碍的特点是伤后即刻出现并迅速达到高峰,一般意识障碍持续时间不超过 30 分钟。伤者清醒后可出现头痛、头晕、轻度恶心或呕吐、烦躁、注意力不集中等症状。伤情较重者记忆力丧失,主要是对受伤当时经过情况及对近期前一段时间的事物不能回忆,即所谓逆行性遗忘症。上述症状持续时间长短不一,轻者短时间内恢复正常,不留后遗症;重者可遗留外伤性神经官能症或外伤性精神障碍。

二、弥漫性轴索损伤

弥漫性轴索损伤(diffuse axonal injury,DAI)见于钝性暴力作用于头部引起的脑白质弥漫性损伤。

(一) 发生机制
由于外伤使颅脑产生旋转加速度和(或)角加速度,使脑组织内部易发生剪切力作用,导致神经轴索和小血管损伤。损伤部位多见于大脑半球、胼胝体、脑干和小脑。可与脑挫裂伤并存。

(二) 临床表现
临床表现为伤后即刻出现昏迷,且持续时间较长,而神经系统定位体征不明显,常规影像学检查常只有高度脑水肿表现。

三、脑挫伤(挫裂伤)

头部受外力作用引起脑组织出血坏死,称为脑挫伤(brain contusion)。

(一) 发生机制
引起颅脑损伤的暴力有加速性、减速性及旋转力 3 类,但实际上无论加速或减速,均有一定程度的旋转,因为头颅在脊椎上处于偏心的位置。

当头颅受到外界暴力作用时会发生加速或减速运动并伴有颅骨变形或骨折,由于骨性颅腔与脑之间存在空隙,坚硬的颅骨和浸泡在脑脊液中的脑组织的惯性不同,再加上颅骨在外力作用下发生变形,两者之间会发生相对位移,使颅骨碰撞脑组织而造成脑损伤。根据脑挫伤发生的部位及其与外力作用的关系可分 6 种:冲击性脑挫伤(coup brain contusion)、对冲性脑挫伤(contrecoup brain contusion)、中间性脑挫伤(或脑内损伤)、骨折性脑挫伤、滑动性脑挫伤及疝性脑挫伤。这里主要介绍冲击性脑挫伤和对冲性脑挫伤。

冲击性脑挫伤是指发生于着力点处的脑挫伤或挫裂创,多发生于静止的头部受外力作用而发生加速运动时着力处脑组织发生的损伤,如挥动致伤物打击头颅,少见于跌倒所致的头颅撞击地面。局部外力越大,而作用面较小时,冲击性脑挫伤越重。造成凹陷骨折和粉碎骨折的暴力常造成严重的冲击伤。对冲性脑挫伤是头部受外力作用时,着力处对侧部位的脑组织发生的损伤。多见于头部减速运动时,如跌倒时头颅撞击外界物体而致伤者,少见于受打击致伤者。对冲伤多见于额叶,因为颅前窝有突出的鸡冠和凹凸不平的眶面。暴力作用于头部既可以形成冲击伤,也可以形成对冲伤,或两者兼而有之。运动的物体打击头颅(加速伤)一般多形成冲击伤,或冲击伤较为严重,对冲伤少或较轻;运动的头颅撞击静止的物体(减速伤)时,对冲伤的发生率高于冲击伤,且较冲击伤严重。

头部受到较大暴力打击时,颅骨局部可明显凹陷并回弹,该处脑组织受外力直接压迫;同时,头颅向前运动而脑因惯性暂留原位,乃与颅骨发生撞击;外力作用结束时,头颅停止运动,但脑还继续前冲,受打击处的对侧与颅骨相撞。打击点与对冲点相比,前者受两个力的作用,而后者只受一个力的作用。故冲击伤多见而对冲伤少见。只有当打击力甚大时,才可能形成对冲伤。打击前头顶时,可在眶面形成对冲性脑挫伤,但打击后顶部一般无脑底的对冲伤而可有小脑扁桃体的对冲性脑挫伤。

当头颅可自由活动时,前后向变形比左右向变形的机会更大。脑在颅内可移动并发生压力变化,足以引起局部空腔形成。转动力比直传力造成的损伤更严重,剪切力更易造成损伤。致伤物轻,动能小时,无颅骨骨折,无脑损伤;致伤物大,速度高,动能大时,使颅骨凹陷,脑皮质可有小挫伤,或出血坏死;动能超过头的势能,如棒球棒、质地较重的注铅棒等打击头颅一侧,可造成冲击伤或对冲伤。

(二) 临床表现

1. 意识障碍　大多伤后立即昏迷,常以伤后昏迷时间超过 30 分钟作为判定脑挫裂伤的参考时限,长期昏迷者多有广泛的脑皮层损害或脑干损伤。

2. 局灶症状　若伤及脑皮层可有相应的瘫痪、失语、视野缺损、感觉障碍和局灶性癫痫等征象。

3. 颅内高压　为脑挫裂伤的最常见表现,如伤后持续剧烈头痛、频繁呕吐,或一度好转后再次加重。

4. 生命体征改变　早期表现为血压下降、脉搏细弱和呼吸浅快。

5. 脑膜刺激征　与 SAH 有关,表现为闭目畏光、蜷曲而卧,可有伤后早期低热、恶心、呕吐。

四、脑内血肿

脑内血肿是脑实质内出血形成的血肿,出血部位常与脑挫裂伤一致。根据临床症状出现的时间,分为急性和迟发性两类。

(一) 发生机制

1. 急性脑内血肿　血肿来源均为脑挫裂伤,浅表血肿位于脑挫裂伤附近,或位于内陷骨折处。

2. 迟发性脑内血肿　头部外伤一段时间后出现的脑内血肿,可以是伤后数小时、数日或更久。

(二) 临床表现

(1) 急性脑内血肿与急性 SDH 相似。

(2) 迟发性脑内血肿主要临床表现是伤后经过病情稳定期后,出现意识障碍进行性加重等颅内压增高表现。

五、外伤性脑水肿

外伤性脑水肿是脑组织对损伤的一种反应,表现为脑组织细胞内、外水含量增多及脑体积增大。

(一) 发生机制

外伤性脑水肿主要是血脑屏障和细胞膜的代谢功能遭到损害,使液体自血管内外渗,积聚于脑细胞外间隙和脑细胞内而形成。

(二) 临床表现

主要临床症状是颅内压增高表现,如头痛、呕吐、视物模糊等,若伤情不断发展,可出现昏迷、脑疝。

六、外伤性脑梗死

外伤性脑梗死(traumatic cerebral infarction)是指头部或颈部外伤后出现脑血管堵塞或闭塞引起脑组织缺血性坏死。

(一) 发生机制

发生机制可能是血管痉挛、血栓形成或栓塞。

(二) 临床表现

临床表现为出现急骤的头痛、意识障碍及脑损伤的局灶表现,如偏瘫、感觉障碍、失语等。头部 CT、MRI 检查可明确诊断。实践工作中需注意与自发性脑梗死鉴别。

七、脑损伤的法医学鉴定要点

(一) 诊断与鉴别诊断

一般根据头部外伤史、临床表现及 CT、MRI 等影像学检查,可以明确诊断脑损伤。

脑震荡因为没有客观的检查依据,主要凭患者的主诉,临床诊断较为随意。而在法医学鉴定中,对诊断脑震荡应慎重,检查时对被害人的问诊技巧也很重要。目前认为法医学诊断脑震荡的依据是:①确证有头部外伤史;②伤后立即出现丧失意识并在 30 分钟内苏醒;③肉眼检查或影像学检查均不能发现神经系统有器质性病变;④确有顺行性和(或)逆行性遗忘。

由于非外伤性脑出血、脑内血肿常见,鉴定时应注意脑内出血与外伤的关系。非外伤性脑出血中,以高血压、动脉粥样硬化出血最常见;其次为动静脉血管畸形、动脉瘤等。然而,引起纠纷、争执的常常是头部有外伤史,尤其是急性脑出血常发生在损伤当时。因此,鉴别两者是十分重要的。外伤性与非外伤性脑内血肿在形态上有一定的差异:外伤性脑出血(血肿)位于对冲伤、冲击伤或中间挫裂伤的部位,多与脑挫裂伤和 SAH 同时存在,血肿为单发或多发,血肿周围有卫星灶出血;外伤性出血或血肿多为小血管破裂出血,出血量较小。而非外伤性脑内血肿,多位于基底节区,多为单发,量多,血肿大,边界清楚,不伴有脑挫伤。

由于血栓性和栓塞性脑梗死在临床上是常见的病理性改变,因此外伤后出现的脑梗死并非均与外伤有直接因果关系。首先,要区别两者情况。一般来说,外伤性脑梗死常见于年轻人群,无高血压、动脉粥样硬化病史,在头部或颈部外伤后数小时或 2 周内出现神经系统症状和体征,CT、MRI 检查证实有脑梗死灶;而病理性脑梗死常见于中老年人群,有高血压、动脉粥样硬化病史,有短暂脑缺血前驱症状,在安静状态发病,病情逐渐加重。其次,鉴定时要注意脑梗死的原因及其与外伤的关系。一般两者之间有以下关系:①直接因果关系;②间接因果关系,即条件性因果关系,指在原有疾病基础上,外伤导致梗死发生;③外伤为脑梗死的诱因;④外伤与脑梗死无关。在判定脑梗死与外伤之间的关系时,根据病史、临床表现和各种辅助检查结果,具体问题具体分析,综合评定。

(二) 损伤程度鉴定

根据《人体损伤程度鉴定标准》第 5.1.2 项、第 5.1.3 项之规定,脑损伤出现神经系统症状和体征时才认定为重伤,否则为轻伤。

第六节 颅脑损伤的并发症和后遗症

颅脑损伤的并发症是颅脑损伤的原发性或继发性损伤以外的损伤,后遗症是颅脑损伤治疗终结后遗留的结构破坏或功能障碍。

一、脑神经损伤

12对脑神经均由颅底孔出颅,颅底骨折是脑神经损伤的主要原因。其中嗅神经损伤最常见,其次为动眼神经,再次为面神经和听神经。当脑神经完全离断时,伤后立即出现受损神经的功能丧失,表现出相应的症状和体征,且是永久性功能丧失;若脑神经是由于局部血肿压迫等引起,则神经功能障碍出现较晚,且当神经损伤原因解除后,功能可有不同程度的恢复。

二、外伤性癫痫

外伤性癫痫(traumatic epilepsy)是脑损伤后遗留的癫痫性发作,各种器质性颅脑损伤均可能引起癫痫发作,但发作率和发作类型与损伤类型、损伤严重程度、损伤部位和范围密切相关,如开放性颅脑损伤较闭合性颅脑损伤多见,伤情严重者较轻者多见,损伤部位接近皮质运动区或颞叶者较多见。

(一)发生机制

目前尚不清楚。只知道脑内存在癫痫灶,发生单位放电,引发癫痫发作。伤后1周发生的称早期发作,多与脑挫裂伤、颅骨凹陷性骨折、SAH、颅内血肿及急性脑水肿有关;伤后3个月以上发生的称为晚期发作,多与脑膜瘢痕、软化灶、脑萎缩、脑脓肿等有关。法医临床鉴定中所涉及的癫痫一般指晚期发作的癫痫。

(二)临床表现

根据表现不同,分为癫痫大发作、小发作和局限性发作。

1. **癫痫大发作** 以全身抽搐和意识障碍为主要表现,发作前可有先兆症状,发作中常有舌咬伤、跌伤、二便失禁,持续时间1~3分钟。

2. **癫痫小发作** 以意识障碍为主要表现,常为突然发作、突然中止的意识障碍,持续约半分钟,事后对发作不能回忆。

3. **癫痫局限性发作** 多无意识障碍,发作表现取决于病灶部位,如顶叶病灶多出现对侧肢体运动或感觉性发作;颞叶病灶常引起精神运动性发作;枕叶病灶常出现视觉异常先兆。

三、其他后遗症、并发症

(一)颅内积气

外伤后颅内积气又称外伤性气颅,几乎均因颅底骨折累及鼻旁窦或乳突气房而致,故常合并脑脊液漏。

（二）外伤性脑脊液漏

外伤性脑脊液漏，是由于开放性颅脑损伤所致。颅底部脑脊液漏可分为鼻漏、耳漏、眼漏3种，前2种多见。鼻漏：多由于筛板骨折、额窦后壁骨折引起，少数由于蝶窦骨折引起。偶有岩骨骨折，鼓膜未破，脑脊液经耳咽管流入鼻腔。耳漏：多见于岩骨鼓室盖部骨折所致，硬脑膜裂口可在颅中窝底或颅后窝，前者多见，多伴鼓膜破裂，脑脊液经中耳自外耳道流出。眼漏：见于眶顶的穿通伤或眶顶粉碎骨折刺破硬脑膜伴有眶内及眼睑裂伤者。颅底骨折后脑脊液经鼻腔或耳道流出。急性期常混有血液，低头时脑脊液漏出明显增多。

（三）颅脑外伤后感染

颅脑损伤引起的颅内感染，多见于开放性颅脑损伤，病原体随异物进入颅内，引起颅内感染，偶见于头皮损伤合并颅骨骨折并发严重的颅内感染。

（四）脑外伤性精神障碍

颅脑受到外力的直接或间接作用，引起脑器质性或功能性障碍时出现的精神障碍，青壮年居多。

四、颅脑损伤并发症和后遗症的法医学鉴定要点

（一）诊断与鉴别诊断

对于颅脑损伤并发症和后遗症，应当明确损伤基础，损伤部位与临床表现是否相符合，是否存在发生并发症和后遗症的基础。

对于颅脑外伤后发生的抽搐，首先要明确诊断，包括：抽搐是否为癫痫；是否为外伤性癫痫。

1. 明确癫痫　主要依据临床诊断及有无规范性抗癫痫药物治疗，需要被检者提供详细的病史资料，包括家属代述、临床医生记载的癫痫发作次数、检查记录及用药情况。要明确诊断，脑电图是必须做的检查，实际工作中经常遇到癫痫后遗症者脑电图检查为未发现痫样波形，此时，24小时跟踪监测可能会有阳性发现。

2. 排除被检者伤前癫痫史　通过案情调查，了解伤前有无癫痫史。

3. 头部外伤史　头部有明确外伤史，特别是有引起癫痫发作的器质性颅脑损伤，如脑挫裂伤、脑水肿、颅内出血、脑萎缩等；伤后数天、数周发生的癫痫可能经消肿、降颅内压等治疗后，症状逐渐缓解、消失，而数月后发生的癫痫多与损伤后形成的瘢痕等有关。

4. 损伤部位与癫痫病灶一致　伤后出现癫痫发作，癫痫发作的类型与颅脑损伤的部位、脑电图异常改变部位应一致。

5. 排除其他继发性癫痫。

（二）损伤程度鉴定

颅脑损伤并发症和后遗症通常较为严重，使被鉴定人的劳动能力、社会适应能力、生活自理能力受到不同程度的影响，根据《人体损伤程度鉴定标准》第5.1.1项、第5.1.2项之规定，颅脑损伤并发症和后遗症通常可认定为重伤。

第六章 颅脑损伤

讨 论 题

1. 颅脑损伤后常见的临床表现有哪些？反映颅脑损伤严重程度的症状和体征是什么？

2. 在《人体损伤程度鉴定标准》中，涉及颅脑损伤的条款中轻微伤少见，多为轻伤与重伤。在进行涉及颅脑损伤的损伤程度鉴定时，最需要关注的分界线是什么？

3. 如何看待颅脑损伤在法医学鉴定中疾病与损伤的关系？

（李备栩）

第七章

脊髓与周围神经损伤

第一节 脊髓损伤

脊髓损伤(spinal cord injury)多见于年轻人,直接或间接暴力作用于脊柱和脊髓均可造成脊髓损伤,严重脊髓损伤可引起肢体瘫痪,大、小便失禁等,高位颈髓损伤甚至可危及生命。

一、脊髓解剖学基础

脊髓是脑向下的延伸,中枢神经的组成部分,位于脊椎骨组成的椎管中,呈长圆柱状,前后稍偏,外包被膜,与脊柱的弯曲一致。其上端在平枕骨大孔处与颅内的延髓相连,下端呈圆锥形,称为脊髓圆锥,终于第1腰椎下缘(初生儿则平第3腰椎),全长40~45 cm。自脊髓圆锥向下延为细长的终丝,为无神经组织的细丛,在第2骶椎水平为硬脊膜包裹,向下止于尾骨的背面。

脊髓两旁发出许多成对的神经(称为脊神经)分布到全身皮肤、肌肉和内脏器官。脊髓由神经细胞的灰质和上、下传导束组成的白质构成,其主要功能是沟通周围神经与脑的关系。同时,它是神经系统的初级反射中枢。

(一) 脊髓的外部形态

脊髓的表面被前后两条正中纵沟分为对称的两半。前正中裂较深,后正中沟较浅,此外还有两对外侧沟,即前外侧沟和后外侧沟。前根自前外侧沟走出,由运动神经纤维组成;后根经后外侧沟进入脊髓,由脊神经节感觉神经元的中枢突所组成。每条后根在与前根会合前,有膨大的脊神经节。腰、骶、尾部的前后根在通过相应的椎间孔之前,围绕终丝在椎管内向下行走一段较长距离,它们共同形成马尾。在成人(男性)一般第1腰椎以下已无脊髓,只有马尾。

脊髓的全长粗细不等,有两个膨大部,自颈髓第4节到胸髓第1节称颈膨大;自腰髓第2节至骶髓第3节称腰膨大。

（二）脊髓的内部结构

脊髓的横切面中位于中央部的是灰质，位于周围部的是白质。

1. 灰质 脊髓的灰质呈蝴蝶形或"H"形，其中心有中央管，中央管前后的横条灰质称灰连合，将左、右两半灰质联在一起。灰质的每一半由前角和后角组成。前角内含有大型运动细胞，其轴突贯穿白质，经前外侧沟出脊髓，组成前根。颈部脊髓的前角特别发达，发出纤维支配上肢肌肉。后角含感觉细胞，有痛觉和温度觉的第2级神经元细胞，并在后角底部有小脑本体感觉径路的第2级神经元细胞体（背核）。灰质周缘部和其联合细胞以其附近含有纤维的白质构成所谓的脊髓的固有基束，贯穿于脊髓的各节段，以保证完成各种复杂的脊髓反射性活动。

2. 白质 脊髓的白质主要由上行（感觉）和下行（运动）有髓鞘神经纤维组成，分为前索、侧索和后索3部分。

前索：位于前外侧沟的内侧，主要为下行纤维束，如皮质脊髓（锥体）前束、顶盖脊髓束（视听反射）、内侧纵束（联络眼肌诸神经核和项肌神经核以达成肌肉共济活动）和前庭脊髓束（参与身体平衡反射）。两侧前索以白质前连合相互结合。

侧索：位于脊髓的侧方前外侧沟和后侧沟之间，有上行和下行传导束。上行传导束有脊髓丘脑束（痛觉、温度觉和粗的触觉纤维所组成）和脊髓小脑束（本体感受性冲动和无意识性协调运动）。下行传导束有皮质脊髓侧束，也称锥体束（随意运动）和红核脊髓束（姿势调节）。

后索：位于后外侧沟的内侧，主要为上行传导束（本体感觉和一部分精细触觉）。颈部脊髓的后索分为内侧的薄束和外侧的楔束。

二、脊髓的功能

脊髓是神经系统的重要组成部分，其活动受脑的控制。来自四肢和躯干的各种感觉冲动，通过脊髓的上行纤维束，包括传导浅感觉，即传导面部以外的痛觉、温度觉和粗触觉的脊髓丘脑束、传导本体感觉和精细触觉的薄束和楔束等，以及脊髓小脑束的小脑本体感觉径路，将各种感觉冲动传达到脑，进行高级综合分析；同时，脑的活动通过脊髓的下行纤维束，包括执行传导随意运动的皮质脊髓束以及调整锥体系统的活动并调整肌张力、协调肌肉活动、维持姿势和习惯性动作，使动作协调、准确、免除震动和不必要附带动作的锥体外系统，通过锥体系统和锥体外系统，调整脊髓神经元的活动。

脊髓本身能完成许多初级反射活动，但也受脑活动的影响。

三、脊髓损伤的原因及分类

（一）脊髓损伤的原因

脊髓损伤可由直接暴力作用于脊柱所致，也可由间接暴力造成，如椎体、椎体附件骨折或脱位引起脊髓损伤。另外,血运障碍也可导致脊髓组织缺血、坏死。

(二) 脊髓损伤的分类

脊髓损伤根据是否伴有创形成可分为闭合性伤和开放性伤两类。开放性损伤通常合并发生于严重创伤,而闭合性脊髓损伤可由直接暴力或间接暴力造成,根据损伤程度及损伤原因分为脊髓震荡、脊髓挫伤和脊髓压迫。

1. 脊髓震荡(spinal cord concussion)　脊髓震荡也称脊髓休克(spinal shock),指受伤后脊髓功能处于暂时性抑制状态,无明显器质性改变,可能仅有轻度水肿。临床表现为受伤后即刻出现损伤平面以下的迟缓性瘫痪,各种反射、感觉、括约肌功能消失。这种脊髓功能性损害,伤后早期表现为不完全性截瘫,24小时内开始恢复,且在3~6周内完全恢复,神经系统不留任何后遗症。

2. 脊髓挫伤(spinal cord contusion)　由钝性暴力所致的脊髓闭合性损伤,如椎体骨折或脱位,局部骨组织挤压脊髓,造成脊髓实质性损伤,临床症状轻重差别较大。当脊髓的整个断面挫伤时,四肢逐渐发生麻痹,反射消失及运动障碍,以后逐渐恢复,成为上运动神经元瘫痪;损伤平面以下感觉、运动、反射功能障碍,出现肌张力增高、腱反射亢进、病理征阳性、反射性排尿等。

3. 脊髓压迫(spinal cord compression)　钝性暴力引起椎管内出血,血肿压迫脊髓,其症状与脊髓震荡相似,可迅速引起脊髓功能障碍,但恢复远较脊髓震荡缓慢。

四、脊髓损伤的表现

脊髓损伤后发生损伤平面感觉、运动、反射及自主神经功能障碍。脊髓损伤由于受伤部位、损伤原因及损伤程度不同,临床表现略异。

(一) 脊髓横断性损伤的表现

根据脊髓横断性损伤的程度分为以下3种。

1. 半侧横断损伤　表现为损伤平面以下同侧肌肉痉挛性瘫痪,同侧深感觉缺失,损伤对侧的痛觉和温度觉缺失。

2. 脊髓完全横断性损害综合征　表现为损伤平面以下双侧对称性完全瘫痪,肌张力增高,浅反射消失,深反射亢进,病理反射阳性,各种浅感觉、深感觉均消失。

3. 不完全性横断损伤综合征　界于半横断损伤与完全横断损伤之间,较常见。

(二) 脊髓不同节段损伤的表现

1. 高位颈髓损伤(颈1~4)　四肢上神经元瘫痪,损伤平面以下全部感觉消失,小便失禁。

2. 颈膨大损伤(颈2~胸5)　上肢的下神经元瘫痪,下肢的上神经元瘫痪,损伤平面以下感觉障碍,小便失禁,常有霍纳(Horner)征。

3. 胸脊髓损伤(胸3~12)　上肢功能不受影响,下肢出现上神经元瘫痪和小便失禁,损伤平面以下感觉丧失。

4. 腰膨大损伤(腰1～骶2)　下肢为下神经元瘫痪,下肢及会阴部感觉丧失,排尿困难。

5. 脊髓圆锥损伤(骶3～5)　四肢均无瘫痪,会阴部感觉丧失,大、小便失禁或潴留,阳痿。

6. 马尾损伤　下肢常出现下神经元瘫痪,左右不对称,小便潴留,男性阳痿,下肢及会阴部感觉丧失。

五、脊髓损伤的检查

(一)全身及局部一般检查

全身体格检查可了解伤者生命体征及有无其他脏器损伤;局部检查对脊髓损伤的定位非常重要。清醒伤者损伤脊髓局部有压痛、肿胀、畸形等表现。脊柱损伤与脊髓损伤部位基本相符。

(二)神经系统检查

神经系统检查包括感觉、运动和反射的检查。

1. 感觉　指一般感觉,如触觉(用干毛笔或棉签轻触皮肤)、痛觉(用大头针尖轻刺皮肤)、温度觉(用试管装40～50℃温水或10℃冷水轻触皮肤)、震动觉(将震动的音叉置于伤者体表骨骼显露部位,了解有无震动及震动程度),根据一定区域的感觉消失、减退或过敏,表示相应节段的脊神经或脊神经根有损伤。值得注意的是,感觉检查结果是伤者的主观感受,且无客观方法加以证实,因此,如果伤者不能配合,那么感觉检查就无多大价值。

2. 运动　检查损伤脊髓平面以下的肌肉运动状况。损伤在颈髓应检查四肢运动情况,颈髓以下损伤应检查两下肢。检查内容包括肌张力、肌力、肌肉萎缩情况,检查时应注意两侧对比。

(1)肌张力:指静止状态下肌肉的紧张度,可以用手触摸肌肉的硬度或根据关节被动运动的阻力判断。上运动神经元性瘫痪肌肉肌张力较高,反之则较弱。

(2)肌力:指肌肉收缩的力量,一般以检查关节屈伸力量的大小表示肌群的肌力,在周围神经损伤时,需对某有关的单独肌肉做检查。按肌肉收缩及关节活动程度将肌力分为6级。

0级:完全瘫痪,刺激肌肉无收缩活动。

1级:肌肉能轻微收缩,但不能产生运动。

2级:肢体能在床面上水平移动,但不能抬起,即不能抵抗地球引力。

3级:肢体能抬离床面,但不能抵抗任何外力。

4级:能抗阻力动作,但肌力较正常弱。

5级:正常肌力。

3. 反射　反射检查包括浅反射、深反射和病理反射(具体检查方法可查阅《诊断学》《外科学》等)。

4. **病理反射** 最重要的是巴彬斯基征。相似的检查还有夏道克征、欧本海姆征及高登征等。

（三）辅助检查

1. **腰穿压颈试验** 通过腰椎穿刺了解脑脊液有无血液、脊髓组织及椎管有无阻塞。

2. **影像学检查** 如脊柱 X 线、CT 和 MRI 检查等。脊柱 X 线检查不能显示脊髓损伤,但对了解脊柱损伤对脊髓的影响是很重要的。MRI 检查有助于详细了解脊髓损伤的情况。

3. **其他检查** 如神经电生理检查、诱发电位检查等。

第二节 周围神经损伤

脊髓通过 31 对脊神经连接躯干和四肢各部。脊神经分为神经根、神经丛和周围神经(peripheral nerve)3 部分。

一、周围神经解剖学基础

（一）脊神经的结构和功能

1. **脊神经的结构** 人类脊神经共 31 对。每对脊神经借前根和后根与脊髓相连。前、后根均由许多神经纤维束组成的根丝所构成,前根属运动性,后根属感觉性。后根略粗,两者在椎间孔处合成一条脊神经干,感觉纤维和运动纤维在脊神经干中混合。后根在椎间孔附近有椭圆形膨大,称脊神经节。31 对脊神经包括 8 对颈神经,12 对胸神经,5 对腰神经,5 对骶神经,1 对尾神经。

由于神经生长发育与脊柱的时间不同步性,造成脊神经与椎管的位置并不完全相对应:第 1 颈神经干通过寰椎与枕骨之间出椎管,第 2～7 颈神经干通过同序数颈椎上方的椎间孔穿出椎管,第 8 颈神经干通过第 7 颈椎下方的椎间孔穿出,12 对胸神经干和 5 对腰神经干通过同序数椎骨下方的椎间孔穿出,第 1～4 骶神经通过同序数的骶前、后孔穿出,第 5 骶神经和尾神经由骶管裂孔穿出。由于脊髓短而椎管长,所以各节段的脊神经根在椎管内走行的方向和长短不同。颈神经根较短,行程近水平,胸部的斜行向下,而腰骶部的神经根则较长,在椎管内近乎垂直下行,并形成马尾。在椎间孔内,脊神经的前方是椎间盘和椎体,后方是椎间关节及黄韧带。因此,脊柱的损伤或病变,如椎间盘脱出和椎骨骨折等常可累及脊神经,出现感觉和运动障碍。

2. **脊神经的功能** 脊神经是混合性神经,其感觉纤维分布于皮肤、肌肉、关节及内脏的感受器等,将躯体与内脏的感觉冲动传向中枢。运动纤维分布于横纹肌、平滑肌和腺体。根据脊神经的分布和功能,可将其组成的纤维成分分为 4 类:脊膜支、交通支、前支和后支。

(1) 脊膜支：细小，经椎间孔返回椎管，分布于脊髓的被膜和脊柱。

(2) 交通支：连接脊神经与交感干之间的细支。

(3) 前支：粗大，混合性，分布于躯干前外侧和四肢的肌和皮肤。在人类，胸神经前支具有明显的节段性，其余的前支分别交织成丛，由丛再分支分布于相应的区域。脊神经前支形成的丛有：颈丛、腰丛和骶丛等。

(4) 后支：较细，混合性，经相邻椎骨横突之间向后走行（骶部的出骶后孔），都有肌支和皮支分布于项、背及腰骶部深层的肌和枕、项、背、腰、臀部的皮肤，其分布有明显的节段性。

（二）颈丛的结构和功能

颈丛由第1~4颈神经的前支构成，位于胸锁乳突肌上部的深处，中斜角肌和肩胛提肌起端的前方，有浅和深两支。

1. 浅支　颈丛浅支由胸锁乳突肌后缘中点附近穿出，位置表浅，散开走行向各方。主要的浅支如下。

(1) 枕小神经：沿胸锁乳突肌后缘上升，分布于枕部及耳郭背面上部的皮肤。

(2) 耳大神经：沿胸锁乳突肌表面行向前上，至耳郭及其附近的皮肤。

(3) 颈横神经：横过胸锁乳突肌浅表面向前，分布于颈部皮肤。

(4) 锁骨上神经：有2~4支走行向外下方，分布于颈侧部、胸壁上部和肩部的皮肤。

2. 深支　颈丛深支主要支配颈部深肌、肩胛提肌、舌骨下肌群和膈肌。其中最重要的神经是膈神经。

膈神经是颈丛最重要的分支，其运动纤维支配膈肌，感觉纤维分布于胸、腹、心包。膈神经还发出分支至膈下面的部分腹膜。一般认为，右膈神经的感觉纤维尚分布到肝、胆囊和肝外胆道等。临床上，膈神经损伤的主要表现是同侧的膈肌瘫痪，腹式呼吸减弱或消失，严重者可有窒息感。膈神经受刺激时可发生呃逆。

（三）臂丛的结构和功能

臂丛是由第5~8颈神经前支和第1胸神经前支的大部分组成，经斜角肌间隙走出，行于锁骨下动脉后上方，经锁骨后方进入腋窝。臂丛的支分布于胸上肢肌、上肢带肌、背浅部肌（斜方肌除外），以及上臂、前臂、手的肌肉、关节、骨和皮肤。组成臂丛的神经根先合成上、中、下3个干，每个干在锁骨上方或后方又分为前、后两股，由上、中干的前股合成外侧束，下干前股自成内侧束，3干后股汇合成后束。3束分别从内、外、后三面包围腋动脉。

臂丛的分支可依据其发出的局部位置分为锁骨上、下两部。

1. 锁骨上部分支　锁骨上部分支是一些短的肌支，发自臂丛的根和干，分布于颈深肌、背浅肌（斜方肌除外）、部分胸上肢肌及上肢带肌等。主要的肌支有胸长神经，起自神经根，经臂丛后方进入腋窝，沿前锯肌表面伴随胸外侧动脉下降，支配前锯肌。损伤此神经可导致前锯肌瘫痪，出现"翼状肩"。

2. 锁骨下部分支　锁骨下部分支发自臂丛的3个束，多为长支，分肌支和皮支，分布于肩、胸、上臂、前臂和手的肌肉与皮肤。其中在人身伤害的法医学鉴定中常见的主要分支如下。

（1）腋神经：在腋窝发自臂丛后束，穿四边孔，绕肱骨外科颈至三角肌深部。肌支支配三角肌和小圆肌。外伤导致肱骨外科颈骨折、肩关节脱位或某些人长期使用腋杖压迫，都可能损伤腋神经而导致三角肌瘫痪，致上臂不能外展，同时由于三角肌萎缩，肩部骨突耸起，失去圆隆的外观。

（2）正中神经：由分别发自内、外侧束的内、外侧两根合成，两根向下呈锐角汇合成正中神经干。在上臂，正中神经沿肱二头肌内侧沟下行，由外侧向内侧跨过肱动脉至肘窝。从肘窝向下穿旋前圆肌，继而在前臂正中下行于指浅、深屈肌之间到达腕部。然后自桡侧腕屈肌腱和掌长肌腱之间进入腕管，在掌腱膜深面到达手掌。正中神经在上臂一般无分支，在肘部、前臂发出许多肌支，支配除肱桡肌、尺侧腕屈肌和指深屈肌尺侧半以外的所有前臂的屈肌。在屈肌支持带下缘的桡侧，发出一粗短的返支，走行于桡动脉掌浅支的外侧并进入鱼际，支配拇收肌以外的鱼际肌。在手掌发出数支指掌侧总神经，每一指掌侧总神经下行至掌骨头附近，又分为两支指掌到固有神经，循手指的相对缘至指尖，支配第1、2蚓状肌和掌心、鱼际、桡侧3个半指的掌面及其中节和末节手指背面的皮肤。

（3）尺神经：发自臂丛内侧束，在肱动脉内侧下行，至三角肌止点高度穿过内侧肌间隔至上臂后面，再下行至内上髁后方的尺神经沟。该处尺神经位置表浅又贴近骨面，隔皮肤可触摸到，易受损伤。再向下穿过尺侧腕屈肌起端转至前臂掌面内侧，介于尺侧腕屈肌和指深屈肌之间、尺动脉的内侧下降，在桡腕关节上方发出手背支，并下行于豌豆骨的桡侧，经屈肌支持带的浅面分为浅、深2支，经掌腱膜深部进入手掌。尺神经在上臂无分支，在前臂上部发肌支支配尺侧腕屈肌和指深屈肌的尺侧半。手背支转向背侧，分布于手背尺侧半和小指、环指及中指尺侧半背面的皮肤。浅支分布于小鱼际、小指和环指尺侧半掌面的皮肤。深支支配小鱼际肌、拇收肌、骨间肌及第3、4蚓状肌。

（4）桡神经：发自后束的一条粗大神经，在腋窝内位于腋动脉的后方，并与肱深动脉并行向外下，先经肱三头肌长头与内侧头之间，然后沿桡神经沟绕肱骨中段背侧旋向外下，在肱骨外上髁上方穿外侧肌间隔，至肱桡肌之间，在此分为浅、深2支。桡神经在上臂发出皮支，分布于前臂背面皮肤，发出的肌支支配肱三头肌、肱桡肌和桡侧腕长伸肌。桡神经浅支（感觉支）分布于手背桡侧半和尺侧两个半手指近节背面的皮肤。深支较粗（肌支），在前臂伸肌群的浅、深层之间下行至腕部，支配前臂的伸肌。

二、周围神经损伤机制

人身伤害的法医学鉴定中，引起周围神经损伤的原因很多，各类钝器伤、锐器伤、火器伤均能引起周围神经损伤。其损伤机制如下。①挤压：钝性暴力直接作用，如重力打击、压砸等，多见于闭合性损伤；②牵拉：肢体过度伸展，导致局部神经受到牵拉而受伤，见于交通事故损伤及纠纷中相互拉扯等；③摩擦：如骨折断端与神经相互移动，发生摩擦而使神经受损；④切割：可以是锐器的直接暴力作用，也可以是锐利的骨折断端切割附近的周围神经；⑤压迫：局部挫伤、软组织水肿，或外伤后局部包扎过紧压迫神经等。

三、周围神经损伤分类

按损伤的程度不同,周围神经损伤分为以下几类。

(一) 神经失用

神经轴突和鞘膜完整,显微镜下改变不明显,电反应正常,神经传导功能障碍,有感觉减退,肌肉瘫痪。多因神经受压或挫伤引起,大多可以恢复;但如外力不解除则不能恢复。

(二) 轴突断裂

神经轴突完全断裂,但鞘膜完整,有变性改变,临床表现为神经完全损伤。多因神经受轻度牵拉伤所致,多不需手术处理,再生轴突可向损伤的远侧段生长。但如果是牵拉伤等引起的神经完全或部分拉断,恢复较差。

(三) 神经断裂

神经完全断裂,多见于锐器伤、火器伤,临床表现为完全损伤,需手术吻合才有可能修复。

四、周围神经损伤的表现

周围神经损伤后的主要表现为运动、感觉和自主神经的功能障碍。

(一) 运动障碍

周围神经损伤后其支配的肌肉发生自主运动障碍,表现为完全性或不完全性瘫痪,肌张力和电反应减弱或消失。

(二) 感觉障碍

损伤神经支配区域的皮肤感觉障碍,表现为感觉缺失或刺激症状,分布区域理论上与受损神经的支配区一致,但由于每一神经与相邻的神经有重叠支配区,因此,单一神经损伤后的感觉障碍区域较该神经的解剖学分布区小。

(三) 自主神经功能障碍

如皮肤干燥、变薄,汗液分泌增多或减少,甚至无汗,指甲变脆。

五、周围神经损伤的检查

包括运动、感觉、自主神经功能检查和辅助检查。

(一) 损伤局部一般检查

1. 局部损伤 检查有无伤口或瘢痕,是否有相邻部位骨骼的损伤,如骨折、脱位等。
2. 肢体姿势 周围神经损伤常有典型的表现,通过这些表现,可以初步判断有无神经损伤。如桡神经伤后出现腕下垂,尺神经伤后有爪状指,即第4、5指的掌指关节过伸、指间关节屈曲。正中神经伤后出现"猿手"畸形,即鱼际肌瘫痪,拇指与其他诸指平行。腓总神经伤后出现足下垂等。

（二）运动功能检查

周围神经损伤后肌肉发生弛缓性瘫痪、进行性肌萎缩和肌张力消失。根据肌肉瘫痪程度判断神经损伤情况，检查方法见脊髓损伤的检查内容。

（三）感觉功能检查

检查时可与健侧皮肤对比。实体觉与浅触觉为精细感觉，痛觉与深触觉为粗感觉。神经修复后，粗感觉的恢复较早也较好。检查手指的精细感觉时，可做两点区别试验和取物试验，并闭目用手触摸辨识物体。触觉不良时不易做到。感觉功能障碍也可用6级法区分其程度。

0级：完全无感觉。

1级：深痛觉存在。

2级：有痛觉及部分触觉。

3级：痛觉和触觉存在，但有过敏现象。

4级：痛觉和触觉存在，过敏现象消失，且有两点区别觉，但距离较大，常>15 mm。

5级：感觉完全正常。

（四）反射

根据神经和肌肉的受损情况，出现相应的腱反射减退或消失。检查方法可见脊髓损伤有关内容。

（五）营养改变

神经损伤后，其支配区皮肤出现失营养改变，表现为皮温低、无汗、光滑、萎缩，指甲起屑，呈爪状弯曲。无汗或少汗区一般与感觉消失的范围相符合。检查时可做排汗试验，常用的方法有茚三酮指印试验：在发汗后将患指置于净纸上按一指印，用铅笔画出手指范围，将纸浸于茚三酮溶液中后取出烤干。如有汗液，可在指印处显示紫色点状指纹（用硝酸溶液浸泡固定可长期保存），因汗中含多种氨基酸，遇茚三酮后变为紫色。多次检查对比，可观察神经恢复情况。

（六）神经干叩击试验（Tinel征）

神经损伤后或损伤神经修复后，在相应平面轻叩神经，其分布区会出现放射痛和过电感，这是神经轴突再生较髓鞘再生快，神经轴突外露，被叩击时出现的过敏现象。这一体征对神经损伤的诊断和神经再生的进程有较大的判断意义。随着再生过程的不断进展，可在远侧相应部位叩击诱发此过敏现象。

（七）电生理检查

电生理检查将神经肌肉兴奋时发生的生物电变化引导出并加以放大和记录，根据电位变化的波形、振幅、传导速度等数据，分析判断神经、肌肉系统处于何种状态。20世纪50年代针极肌电图开始应用于临床，近年来广泛采用诱发电位方法和平均、叠加技术，更增加了电生理检查的使用范围及应用价值。临床上将电生理检查分肌电图（electromyography, EMG）、神经电图（electroneurography）和诱发电位（evoked potential）等。

1. **肌电图检查** 用同心圆针电极刺入被检肌肉，记录其静止及不同程度自主收缩时所产生的动作电位的变化,分析肌肉、运动终板及其支配神经的生理和病理状况。其临床意义及法医学意义如下。

(1) 确定有无损伤及损伤的程度:神经完全损伤时肌肉不能自主收缩,记录不到电位,或出现纤颤电位、正锐波等;神经部分损伤时可见平均时限延长,波幅及电压降低,变化程度与损伤的严重程度有关。

(2) 有助于鉴别神经源性或肌源性损害:自发电位的出现是神经源性损害的特征。

(3) 有助于观察神经再生情况:神经再生早期出现低波幅的多相性运动单位波,并逐渐形成高电压的巨大电位。定期检查观察其变化,可以判断神经再生的质量和进展。如再生电位数量增多,波形渐趋正常,纤颤波减少,提示预后良好,否则预后不佳或需手术进一步治疗。

2. 诱发电位检查 利用一定形态的脉冲电流刺激神经干,在该神经的相应中枢部位、支配区或神经干上记录所诱发的动作电位。临床常用的检查项目有:感觉神经动作电位(sensory nerve active potential,SNAP)、肌肉动作电位(muscle active potential,MAP)及体感诱发电位(somatosensory evoked potential,SEP)等。各电位的观察指标有波形、波幅、潜伏期和传导速度等。传导速度较稳定,是最常用的观察指标。其计算方法是将两刺激点所诱发出电位的潜伏期差除两点间的距离,即传导速度=距离/时间。正常成人肘以下正中神经运动传导速度(MCV)为55～65米/秒,感觉传导速度(SCV)为50～60米/秒。上肢神经传导速度快于下肢,近端快于远端。SEP主要观察潜伏期,以第1个负相波峰计算潜伏期。正常成人正中神经和尺神经SEP潜伏期在19～20毫秒之间,故将第1个负相波峰命名为N19或N20。其临床意义及法医学意义如下。

(1) 神经损伤的诊断:当神经完全损伤时,诱发电位一般表现为一条直线或有少许干扰波。神经部分损伤时,诱发电位可出现程度不同的波形改变、振幅降低、潜伏期延长或传导速度减慢,可据此判断有无神经损伤及损伤轻重。SNAP的幅度小,对损伤的敏感性大于MAP与SEP,故诊断价值较大。如只测MAP或SEP,可能漏诊,尤其是对部分损伤。近体端神经损伤(如臂丛损伤)时,在测定SEP的同时测定损伤以远的SNAP,可确定有无根性节前撕脱,表现为能记录到SNAP,但记录不到SEP。

(2) 神经再生及预后的评估:据研究发现,诱发肌电位的出现比神经干动作电位迟数周,但早于临床功能恢复,且电位的恢复时间与神经再生质量及预后有关。电位出现早,说明神经再生良好,预示预后良好。

六、常见周围神经损伤的表现及检查

(一) 臂丛神经损伤

臂丛神经由颈5～8、胸1前支大部分组成。

1. 损伤原因 臂丛神经损伤多由外力牵拉所致,如头部固定而臂部被过度牵拉或臂部固定而头部过度运动,可见于车祸、颈部穿刺伤和锁骨骨折等。

2. 损伤后表现 不同部位臂丛神经损伤,其表现也不同。①臂丛上部损伤:为颈5～

6损伤,多见于颈部损伤,主要为腋神经、肌皮神经、肩胛上神经损伤、桡神经和正中神经部分损伤,表现为肩和上臂麻痹,运动功能丧失,肘关节屈伸功能障碍,腕及掌指关节背伸功能障碍;②臂丛中部损伤:为中干或颈7神经损伤,主要为桡神经损伤,多见于穿刺伤、跌伤,表现为肘、腕、手的伸展功能丧失或减弱,肘关节屈曲不受限;③臂丛下部损伤:为颈8、胸1损伤,主要为正中神经和尺神经损伤,见于锁骨骨折、肱骨头骨折或脱位,表现为尺神经和正中神经内侧头所支配的肌肉麻痹,手部小肌肉萎缩,腕、手指不能屈曲,出现"爪形手";④全臂丛麻痹:较少见,患肢肌肉萎缩,呈弛缓性瘫痪,皮肤感觉丧失。

3. 臂丛神经损伤的检查方法　不同损伤平面,呈现不同损伤表现,检查方法可参照相应受累神经。

(二)正中神经损伤

正中神经由颈6～8、胸1脊神经组成,主要支配前臂旋前,部分屈腕和屈指运动,感觉支分布于拇指、食指和中指掌面和背面末节及无名指桡侧半的皮肤。

1. 损伤原因　正中神经深藏在软组织中,损伤机会较少。可因肩关节脱位、肘关节损伤、肱骨或桡骨骨折、腕背和腕掌面贯通伤而损伤。

2. 损伤后表现　损伤部位不同,表现也各异。损伤在上臂,所支配的全部肌肉麻痹,前臂不能旋前,拇指、食指中指不能屈,拇指不能对掌、外展,大鱼际肌萎缩,手掌变平,拇指紧靠食指,似"猿手"。肘部与前臂中1/3以上的损伤表现相同;中1/3以下损伤时,拇指与其他各指的对指功能障碍;腕横韧带下损伤,拇指外展、屈曲、对掌功能障碍。感觉障碍为手掌桡侧三个半手指的感觉缺失。

3. 正中神经损伤的检查方法　①捏指试验:无论肘部或腕部正中神经损伤,均不能完成捏指动作,即拇指、食指不能捡拾细小物件,如铅笔、针等;②拇短展肌触笔试验:让被检者手掌面向上平放于桌面上,拇指伸直且贴近桌面,检查者拿物件置于被检者拇指上方,令其用拇指触笔,如果有正中神经损伤,被检者不能完成此动作。原理:腕以下正中神经仅支配鱼际肌群,如拇短屈肌、拇短展肌、拇对掌肌,其中拇短展肌较能反映正中神经的功能。③两指互握试验:令被检者坐位,两肘置于桌上,双手举起,手指交叉相互握手。正中神经损伤者食指不能屈曲,余4指能屈曲。

(三)桡神经损伤

桡神经由颈5～8、胸1脊神经组成,运动分支分布在伸肘、伸腕和伸指肌肉,感觉支分布于前臂下部、腕部和手的背面桡侧半,拇指、食指和中指的背面,大鱼际的桡侧面。

1. 损伤原因　桡神经损伤较多见,多与肱骨骨折及上肢的切砍伤有关,少数由长时间绳索捆绑引起。

2. 损伤后表现　桡神经主要功能是伸肘、伸腕和伸指。由于损伤部位不同,表现也不尽相同。①腋部桡神经损伤:肘、腕和掌指关节不能伸,表现为腕下垂,整个上肢背面皮肤感觉障碍;②肱骨中段或中下1/3处损伤:伸肘功能正常,其他伸肌麻痹的症状仍存在;③肱骨下段或前臂上1/3段损伤:腕关节可以伸直,但伸腕力量较弱,伸指功能仍丧失;④前臂中1/3处损伤:伸肘和伸腕功能正常,感觉障碍在手背,拇指、第1、2掌骨背面皮肤;⑤损伤在腕关节处:无运动障碍。

3. 桡神经损伤的检查方法　①反射检查:不同部位桡神经损伤其肱三头肌和肱桡肌反射表现不同。因此可以通过反射检查判断有无损伤,同时判断桡神经损伤部位。如高位桡神经损伤,肱三头肌和肱桡肌反射均消失;上臂中 1/3 部位损伤,则肱三头肌反射存在而肱桡肌反射消失;若前臂上、中 1/3 处或腕部损伤,则肱三头肌和肱桡肌反射均存在;②拇指翘起试验:令被检者翘起拇指,不能完成此动作者,表明桡神经损伤。原理:桡神经支配拇长展肌、伸拇指肌,桡神经损伤,拇指不能伸直和外展;③合掌分掌试验:令被检者做双手合十动作,然后在双腕相贴状态时令其分开手掌,若不能分掌,且手指弯曲沿健侧手掌向下滑落,表明桡神经损伤。原理:桡神经支配伸腕、伸指肌,桡神经损伤致使伸腕、伸指肌乏力。

(四) 尺神经损伤

尺神经由颈 8、胸 1 脊神经组成,位置较表浅,易受损伤,在肘上无分支,肘关节下分出肌支和皮支。支配除正中神经之外的所有前臂屈肌和手肌,主要运动功能是屈腕、屈环指和小指、拇指内收及手的精细动作,感觉支分布于尺侧 1 个半手指。

1. 损伤原因　多见于肱骨内上髁骨折。尺神经远端损伤常为锐器切砍所致。多见于抵抗伤。

2. 损伤后表现　屈腕力量减弱或丧失,环指、小指末节不能屈,小指不能外展,拇指不能内收,小鱼际肌萎缩,骨间肌萎缩,各指不能并拢、分开,各掌指关节过伸、第 4、5 指的指间关节过屈,呈"爪形手"。感觉障碍以手内侧缘为主。

3. 尺神经损伤的检查方法　①小指外展试验:令被检者手掌面向下平置于桌面,嘱其做小指内收外展的动作。尺神经损伤者小指不能外展。原理:尺神经支配小鱼际肌群,尺神经损伤致使小鱼际肌群失力,使小指不能屈曲、外展和对掌。②夹纸试验:将一张纸片置于被检者第 2、3、4、5 指任何两指指间,嘱其用力夹紧纸片,检查者抽取纸片。尺神经损伤者纸片很容易被抽出。原理:尺神经支配骨间肌,后者收缩可使 2、4、5 手指内收。尺神经损伤,手指内收乏力,纸片易被抽出。③Forment 试验:令被检者用双手拇指掌面和食指的边缘夹持一张纸,如尺神经损伤,此动作不能完成。原理:该动作需要拇内收肌来完成,拇内收肌由尺神经支配,如尺神经损伤,该肌麻痹,被检者不能伸直拇指完成夹纸,而需屈曲拇指才能完成此动作(尺神经的拇指内收功能由正中神经支配的拇长屈肌代偿完成。④骨间肌、蚓状肌麻痹试验:令被检者将掌指关节固定于伸直位,若此时不能同时伸直指间关节,表示骨间肌、蚓状肌麻痹;或嘱其屈掌指关节至 90°角,同时不能维持指间关节伸直位,也表明骨间肌、蚓状肌麻痹。

(五) 腓总神经损伤

腓总神经由腰 4、5 和骶脊神经组成,位置表浅且靠近腓骨小头,易受损伤。其运动支支配小腿前群和足背肌;感觉支分布于小腿前外侧、足背和足外侧缘。

1. 损伤原因　腓总神经在小腿上段位置表浅,受到钝器打击、锐器切砍均易受损。

2. 损伤后表现　腓总神经完全损伤时,足背屈、伸趾、外展与旋前均不能,足内翻下垂,行走时呈"跨越步态",小腿前外侧肌群萎缩。感觉障碍为小腿外侧和足背。

3. 腓总神经损伤的检查方法　①足、趾不能伸,足不能外转;②不能用足跟站立和行走。

第三节　脊髓与周围神经损伤的法医学鉴定

一、诊断与鉴别诊断

脊髓和周围神经损伤的诊断主要根据外伤史、病史、临床表现、影像学资料,结合仔细的神经系统检查和电生理检查。人身伤害的法医学鉴定实践中,遇到外伤后截瘫的案例,需要与某些疾病鉴别,以及分析伤病关系。常见的是癔症性瘫痪,其他的还有颈椎病、腰椎间盘突出等。

(一)癔症性瘫痪

该病发生常与精神创伤有关,可以是偏瘫、截瘫或单瘫,常为完全性瘫。瘫痪区域的皮肤感觉减退或消失,但与神经支配范围不符或与受伤部位不符,多次检查显示皮肤感觉异常的平面有变化,瘫痪肌肉可有萎缩,腱反射正常,病理反射不能引出。癔症性瘫痪常不完全符合某一类型的瘫痪特点,经暗示治疗可以转好或治愈。

(二)伤病关系

颈椎病、腰椎间盘突出等是常见的造成脊髓压迫的疾病,尤其是老年人,近年来有低龄化的趋势。由于椎体萎缩、椎间盘退化、椎间隙变窄,关节增生,椎间韧带钙化等,使神经根、脊髓或椎动脉受压、牵拉,出现临床症状和体征。影像学检查可显示椎间隙及椎间孔变窄,椎体前后缘增生及骨赘形成;脊髓造影可见椎管内不同程度的狭窄及椎间盘突出。在一些椎骨及周围组织有病变的人,即使受到较轻微的外力,也能使脊髓损伤,其中椎间盘脱出与外伤合并是很常见的。基础疾病常以韧带钙化、椎管狭窄、椎体高度减低、椎间隙及椎间孔变窄、椎体前后缘增生及骨赘形成的严重程度来予以评估;损伤常以骨折的粉碎、压缩程度、邻近软组织的肿胀、脊髓水肿等严重程度来评估。仔细辨别基础疾病与损伤的严重程度,并分析被鉴定人的临床表现是否与要求被鉴定的损伤部位相符合,以判断造成损伤后果的成因中以伤为主还是以病为主。

二、鉴定时限

脊髓震荡、挫伤或压迫后,当去除损伤因素后,经过及时、系统的治疗,脊髓可能存在一定程度的恢复;周围神经具有再生功能,加上现代显微外科神经修复水平的提高,目前周围神经损伤后经手术修复后,功能可有不同程度恢复。由于脊髓与神经损伤后的修复需一定的时间(神经再生速度为平均每天1 mm),一般建议脊髓与周围神经损伤的损伤程度鉴定在伤后6个月后进行。但是在实践中,由于案件办理的需要,以及根据《人体损伤程度鉴定标准》中仅第4.2.2项之规定,以原发损伤引起的功能障碍作为鉴定依据,至少需在损伤发生后90天后进行鉴定。

三、损伤程度鉴定

脊髓或周围神经损伤后,根据其功能恢复情况可评定为轻伤或重伤。具体条款可参照《人体损伤程度鉴定标准》第5.1.1项、第5.1.2项、第5.1.3项、第5.9.2项及第5.9.4项。需要注意的是《人体损伤程度鉴定标准》中第5.1.3h及第5.9.4b项规定是脊髓与周围神经损伤的原发损伤,其余均为原发损伤引起的功能障碍,至少需在损伤发生后90天后进行鉴定。值得注意的是,由于原发损伤遗留的功能障碍在损伤当时不能明确,因此即使按照第5.1.3h及第5.9.4b项规定出具鉴定报告后,也应当在损伤发生至少90天后进行补充鉴定,以明确是否构成重伤。

讨 论 题

1. 周围神经损伤的常见原因有哪些?
2. 脊髓与周围神经损伤后其损伤程度鉴定应注意哪些问题?
3. 容易发生上肢抵抗伤的是什么神经?损伤后其表现如何?

(李备栩)

第八章

骨、关节损伤

第一节 概 述

正常成年人全身有206块骨骼,其中颅面部29块,躯干部51块,双上肢各32块,双下肢各31块。骨骼的生理功能有:①作为人体支架,决定着人体的基本形态,并保护内脏器官,承载重量,传导应力;②在运动中起杠杆作用,由肌肉拉动这些杠杆而完成各项运动;③骨骼的连接部位形成关节,关节的功能是连接骨骼,并在移动中作为活动的枢纽或轴心。

骨、关节的损伤表现为骨折和关节脱位,在故意伤害案件中非常常见,一般骨折或脱位经临床治疗预后良好,骨、关节的严重损伤或并发感染、继发畸形愈合等,则预后较差而影响功能。

一、概念及分类

骨的完整性或连续性中断称为骨折;构成关节的各骨骼关节面丧失正常的对合关系称为脱位。

骨折的类型,按不同分类方法可分为:①开放性骨折和闭合性骨折;②完全性骨折和不完全性骨折;③线形骨折和粉碎性骨折等。

在临床医学与法医学鉴定实践中,常常以综合分类方法来命名,如右尺骨开放性粉碎性骨折、左股骨闭合性线形骨折等。

二、骨折的发生机制

骨折的发生可由直接暴力打击形成,如直接钝器撞击、锐器直接砍击等;也可由间接暴力传导形成,如摔跌时手掌撑地,地面对手掌的作用力向上传导,引起远离手掌部位的上臂肱骨骨折。自发性骨折较为少见,一般为自身患有较为严重的骨骼疾病,如重度骨质疏松、骨肿瘤等。

三、骨折的临床表现

骨折发生后,常伴有局部组织肿胀、疼痛,肢体活动障碍或出现反常活动、假关节形成、局部畸形和骨摩擦音等。

四、骨折的诊断

根据局部外伤后的临床表现和体征,结合临床 X 线、CT 及 MRI 检查,一般不难诊断。

有时在外伤后早期疑为骨折的影像学检查未见明显骨折线,可能是骨折早期骨折线不很明显而容易漏诊。可在伤后 2～3 周复查 X 线、CT 或 MRI 检查,此时,由于骨折断端骨质吸收及充血性骨质疏松使骨折线明显可见。

第二节 常见骨折的法医学鉴定

一、颅骨骨折

参见颅脑损伤相关章节内容。

二、脊柱骨折

(一)脊柱的解剖学基础

脊柱是人体的骨性支柱,结构复杂,具有负重、保持人体平衡、运动、保护脊髓和内部器官的功能。

脊柱由脊椎骨及椎间盘组成,共同完成人体躯干的前屈、后伸、侧屈、旋转及各种复合运动。这些功能能否顺利完成,取决于椎骨和椎间盘的完整性,相关韧带、肌肉与脊椎骨关节之间和谐的运动。

人类在幼年时脊柱有 32～34 块椎骨,即颈椎 7 块、胸椎 12 块、腰椎 5 块、骶骨 5 块、尾椎 3～5 块。成年后骶椎和尾椎分别融合为 1 块骶骨和 1 块尾骨,此时椎骨的数目只有 26 块。部分人群可出现腰椎骶化、骶椎腰化等变异。

椎体为椎骨前面的短圆状骨块,是构成脊柱的基础,也是支持体重的主要部分。椎体表面为一层较薄的骨密质,内部由骨松质构成,在垂直暴力作用下,易造成压缩性骨折。

椎弓位于椎体的后方,呈半环形,两端位于椎体,与椎体后部相连共同围成椎孔。全部椎孔形成一条纵形的椎管,管内容纳有脊髓及被膜。椎弓与椎体相连的部分为椎弓根,椎弓根的上下缘各有一切迹,分别称为椎骨上切迹和椎骨下切迹,相邻的两个椎骨切迹形成椎间孔,是脊神经的通道。椎弓其余部分较宽称椎板。每个椎弓伸出7个突起,向后伸出的为棘突,向两侧伸出的一对为横突,向上、下方各伸出一对分别为上关节突和下关节突。相邻两椎骨的上、下关节突形成关节突关节。

椎骨的连接除第1、2颈椎间连接和骶、尾骨的连接外,可分椎体间连接和椎弓间连接两大部分。椎体间连接有椎间盘和前、后纵韧带,椎弓间连接有关节突关节和相关韧带。椎间盘有承受并均匀分配椎体间的压力、减轻脊椎之间的震荡和保持脊椎的弹性和稳定性的作用。故椎间盘易发生退行性变,尤以颈、腰椎多见。突出的椎间盘压迫硬膜囊和神经根,可引起充血、水肿、粘连,患者会出现局部及神经分布区域的临床症状。这应与中老年颈、腰背部外伤后出现的外伤性神经受压症状相区别。

纵观脊柱有4个生理弧度,犹如一个大弹簧,增加脊柱的缓冲震荡能力、加强姿势的稳定性。

(二)损伤机制

脊柱损伤可因直接暴力,如火器伤或车祸中机动车部件的直接撞击所造成,但更多是因为间接暴力引起,常为严重多发伤的一部分。暴力的方向和大小与脊柱骨折部位及形态有密切关系。暴力如果沿脊柱长轴传导,挤压椎体,可形成椎骨的压缩性骨折,多见于摔跌伤;暴力若是垂直于脊柱长轴,如来自侧面的撞击或打击可使椎体滑脱、分离、折断,或发生旋转,或椎间盘移位。

脊柱骨折或脱位严重时会引起神经根挫伤、撕裂、压迫,多数与脊髓损伤同时存在。脊柱骨折合并的神经根损伤,多发生在受伤椎体与上一椎体之间的神经根,但有时与下一椎体之间的神经根也可受损,从而出现相应的神经损伤的症状与体征。

(三)损伤表现

损伤部位发生疼痛、肌肉紧张、活动时疼痛加剧,如果伴有神经根损伤,可有相应神经损伤的症状与体征。

(四)脊柱损伤的检查

损伤局部压痛,被动体位,脊柱活动受限;若伴有神经损伤,可发现相应的感觉、运动障碍及异常反射。必要时,可凭借辅助检查手段,如X线、CT或MRI,或神经电生理检查以确诊。

(五)脊柱损伤的法医学鉴定

1. **损伤的认定** 通过送检病史材料和对发生损伤时案情的了解,判断脊柱损伤的可能性。如纵向外力为主的暴力,常引起脊柱椎体的压缩性骨折,而水平、旋转外力为主的暴力常导致脊柱脱位、移位。同时还应分析脊柱伤后表现及病程的发展是否符合脊柱损伤的一般规律,结合特殊检查,如X线、CT、MRI等手段,检查是否存在脊柱原有损伤或疾病的基础情况。

2. **损伤程度鉴定** 依据《人体损伤程度鉴定标准》进行。根据第5.9.5f项之规定,尾椎脱位属轻微伤。根据第5.9.4d项之规定,椎骨骨折或者脊椎脱位(尾椎脱位不影响功能的除外)及外伤性椎间盘突出属轻伤二级。根据第5.9.3b项之规定,1节椎体压缩性骨折超过 1/3 以上;2 节以上椎体骨折,3 处以上横突、棘突或者椎弓骨折均属轻伤一级。重伤以上均涉及神经损伤,详见其他相应章节。

三、骨盆骨折

(一) 骨盆的解剖学基础

骨盆是由骶骨、尾骨、左右 2 块髋骨及其韧带连接而成的环形支架,其中髋骨是由髂骨、坐骨及耻骨共同组成的不规则骨骼。

骨盆的关节包括耻骨联合、骶髂关节及骶尾关节,由骶结节韧带和骶棘韧带等结构支持连接。骨盆由"骨盆界线"(两侧髂耻线及骶岬上缘的连线)分为上、下两部:界线以上称大骨盆,又名假骨盆,其内腔是腹腔的髂窝部,参与腹腔的组成,假骨盆与产道、性功能无直接关系。界线以下称小骨盆,又名真骨盆,其内腔即盆腔,真骨盆容纳子宫、卵巢、输卵管、阴道及邻近的输尿管、膀胱、尿道、直肠等器官。小骨盆有上、下两口,上口又称为入口,由界线围绕;下口又称为出口,高低不平,呈菱形,其周界由后至前为尾骨尖、骶结节韧带、坐骨结节、坐骨下支、耻骨下支、耻骨联合下缘组成。两侧耻骨下支在耻骨联合下缘所形成的夹角叫耻骨角,男女有别,男性为 $70°\sim75°$;女性角度较大,为 $90°\sim100°$。人体直立时,骨盆上口平面向前下倾斜,女性的倾斜度比男性稍大。女性骨盆是胎儿娩出的产道,所以男、女骨盆有着显著的差异。女性骨盆主要表现为:骨盆短而宽阔,上口为圆形,较宽大,下口的各径(矢状径和横径)均较男性大。

骨盆连接躯干和下肢,起承上启下的作用。同时,还具有支持体重和保护盆腔内部器官的功能。骨盆壁和盆腔内有重要神经、血管和器官,骨盆损伤可引起这些结构的破坏而导致严重后果。

(二) 损伤机制

钝性暴力最常见。直接撞击骨盆侧面可引起髂骨翼骨折、髋臼骨折或股骨头脱位、骶髂关节脱位及耻骨联合分离等;撞击骨盆后侧可造成骶尾骨骨折、脱位,如被人推搡后摔跌,臀部着地致使骨盆骨折的案件时有发生;撞击骨盆前侧可造成耻骨骨折。

(三) 临床表现

损伤部位局部肿胀、疼痛,伤侧下肢活动受限,活动时疼痛加剧。稳定型骨盆骨折不影响骨盆环结构,故不影响骨盆负重;不稳定型骨盆骨折由于骨盆的连接遭到破坏,致使骨盆严重变形,骨盆不对称,下肢缩短,并常遗留骨盆负重障碍等,对日常生活、劳动能力影响较大,在育龄女性甚至可以造成骨性产道的破坏。

(四) 骨盆损伤的检查

有局部压痛、骨盆分离和挤压试验阳性。伤侧下肢被动活动受限、疼痛明显。X 线及 CT 检查可清晰显示损伤情况。

(五) 骨盆骨折的法医学鉴定

1. **损伤的认定** 根据骨盆部位暴力受伤史、骨盆局部表现及检查所见,结合 X 线、CT

及 MRI 检查,骨盆损伤的诊断多无困难。对于判断骨盆损伤系直接外力或间接外力所致,如打击、碰撞、挤压或摔跌,则较困难,可结合案情、损伤当时其他部位伤情,综合分析。

2. 损伤程度鉴定　依据《人体损伤程度鉴定标准》进行。根据第5.8.4a项之规定,骨盆骨折属轻伤二级。根据第5.8.3a项之规定,骨盆2处以上骨折、骨盆骨折畸形骨折、髋臼骨折均属轻伤一级。骨盆骨折畸形愈合,致双下肢相对长度相差5 cm以上及骨盆不稳定性骨折,需手术治疗者,根据第5.8.2a和第5.8.2b项之规定均属重伤二级。

四、锁骨骨折

(一) 锁骨的解剖学基础

锁骨位于胸廓前上方的皮下,第1肋骨前方,呈"S"形,分为内、外侧两端和体3部分。内侧端膨大称为胸骨端,凭借关节面与胸骨的锁骨切迹形成胸锁关节。外侧端为肩峰端,略扁,凭借关节面与肩胛骨的肩峰形成肩锁关节。锁骨体较细而弯曲,位置表浅,受外力作用易发生骨折,其中外侧段较细且凸弯向后,内侧段较粗且凸弯向前,因此其内中1/3处是其薄弱点。该部位受暴力作用最易发生骨折。

(二) 损伤机制

钝器直接打击、碰撞或锐器砍切的直接暴力可致锁骨骨折。

(三) 临床表现

骨折局部组织肿胀、疼痛,伤侧肩臂活动受限,若为开放性骨折,可见骨折断端。X线检查可清晰显示锁骨骨折。完全性骨折常有移位,骨折断端分离、重叠或成角畸形,局部外观隆凸。锁骨骨折愈合后,可不同程度地影响伤侧肩关节活动。

(四) 锁骨骨折的法医学鉴定

1. 损伤的认定　通过案情了解、分析暴力作用方向、查阅病史资料及检查所见,并结合X线片,确定有无骨折及骨折的时间是否与外伤有关。

2. 损伤程度评定　依据《人体损伤程度鉴定标准》第5.6.4c项、第5.6.4d项之规定,锁骨骨折、胸锁关节脱位和肩锁关节脱位均属轻伤二级。

五、四肢骨关节损伤

四肢是人体从事劳动和实现自身运动的器官。在人身伤害案件中,四肢是攻击和防卫的武器,也是容易遭受攻击的目标。因此,四肢骨、关节损伤非常多见。

(一) 损伤机制

四肢骨关节损伤可以由直接暴力或间接暴力引起。直接暴力导致的骨折称直接骨折,多为线形骨折、粉碎性骨折、孔状骨折;暴力通过传导、转化,在远离着力处发生的骨折,称间接骨折,如压缩性骨折、嵌插性骨折、螺旋形骨折、撕脱性骨折等。根据骨折形态,可推断外界暴力作用方式。

（二）临床表现

骨折部位局部肿胀、疼痛，痛点局限，肢体活动障碍，出现反常活动或形成假关节。部分四肢长骨骨折后经临床治疗发生骨性愈合，不遗留明显功能障碍；部分骨折后由于多种原因可发生一系列并发症、继发症并遗留功能障碍。

1. 骨折迟延愈合　一般四肢长骨骨折愈合的时限通常为20周左右，如果超过这个时限尚无骨愈合的征象，即为迟延愈合。此时伤者需要延长外固定的时间或可经再次手术治疗，最后达到骨愈合。这样会增加伤者休息的时间，同时可能造成更多的肌肉萎缩和（或）关节僵硬。

2. 骨折畸形愈合　部分骨折愈合未达到解剖复位，如骨折断端之间形成侧方移位、成角或旋转畸形，称骨折畸形愈合，畸形愈合大到一定程度可影响肢体长度、外观及负重。

3. 再骨折　长骨骨折愈合过程中，抗外力作用的能力较弱，如果该部位又受到外力作用会产生再骨折。多见于年轻、喜好运动的伤者。

4. 骨折并发神经损伤　长骨骨折断端移位可造成邻近部位的神经损伤，而出现相应神经损伤的症状和体征，如近腘窝处胫腓骨上端骨折，骨折明显移位，可能造成腓总神经损伤，致使伤者提足无力而足下垂。

5. 骨髓炎　骨髓炎是指细菌感染骨髓、骨皮质和骨膜而引起的炎症。按病情发展，骨髓炎可分为急性和慢性骨髓炎。临床多见的是化脓性细菌感染，即化脓性骨髓炎。化脓性骨髓炎由化脓性细菌引起，多见于青壮年，男多于女。从发生部位看，以小腿容易致伤，而且软组织损伤较严重的开放性骨折多见。从解剖学特点看，小腿中下1/3处血液循环较差，同时较少软组织覆盖，开放性骨折后更易导致感染。

急性骨髓炎如果不及时治疗或治疗不彻底可转变为慢性骨髓炎，也有伤者一开始即表现为亚急性或慢性骨髓炎。骨髓炎局部常有1个或多个瘘管，时愈时发，经久不愈，反复排出脓液或死骨，瘘管周围皮肤可见色素沉着及瘢痕组织。经年日久局部肌肉萎缩，X线片表现为骨质不规则增厚和硬化，有残留的骨吸收区或空洞，其中可有大小不等的死骨，有时看不到骨髓腔。慢性骨髓炎常常经久不愈，严重影响伤者的日常生活和社会活动。

6. 关节僵硬或强直　邻近关节的长骨骨折愈合过程中或愈合后，可发生关节僵硬或强直，其发生的原因可能有：固定、制动时间过长，或原始损伤时软组织创伤过于严重，缺乏锻炼等。

（三）四肢骨关节损伤的检查

骨折损伤的肢体活动常受限，或出现异常活动，局部肿胀、压痛。检查内容包括：测量肢体长度、观察肌肉萎缩情况，测量肢体周径，检查关节活动度，包括主动活动和被动活动，并做左右对比。

X线、CT检查能较好地显示骨关节损伤。如怀疑伴有神经损伤，应进行神经电生理检查。

（四）四肢骨关节损伤的法医学鉴定

根据原发性损伤及损伤愈合后果综合评定，尤其是涉及关节功能判定损伤程度的，应在损伤愈合完全并经一定时间功能锻炼后进行鉴定。

根据《人体损伤程度鉴定标准》第5.9.5b及c项之规定,肢体关节、肌腱或者韧带损伤和骨挫伤均属轻微伤;另外,依据附则第6.7项,骨皮质的砍(刺)痕或者轻微撕脱性骨折(无功能障碍的),不构成轻伤。

属轻伤二级的损伤:四肢任一大关节功能丧失10%以上(第5.9.4a项规定);肢体大关节韧带断裂、半月板破裂(第5.9.4e项规定);四肢长骨骨折、髌骨骨折(第5.9.4f项规定);骨骺分离(第5.9.4g项规定);损伤致肢体大关节脱位(第5.9.4h项规定)。

属轻伤一级的损伤:四肢任一大关节功能丧失25%以上(第5.9.3a项规定);膝关节韧带断裂伴半月板破裂(第5.9.3c项规定);四肢长骨骨折畸形愈合(第5.9.3d项规定);四肢长骨粉碎性骨折或者2处以上骨折(第5.9.3e);四肢长骨骨折累及关节面(第5.9.3f项规定);股骨颈骨折未见股骨头坏死,已行假体置换(第5.9.3g项规定);髌板断裂(第5.9.3h项规定)。

属重伤二级的损伤:四肢任一大关节强直畸形或者功能丧失50%以上(第5.9.2a);股骨干骨折缩短5.0 cm以上、成角畸形30°以上或者严重旋转畸形(第5.9.2g);胫腓骨骨折缩短5.0 cm以上、成角畸形30°以上或者严重旋转畸形(第5.9.2h);膝关节挛缩畸形屈曲30°以上(第5.9.2i项规定);一侧膝关节交叉韧带完全断裂,遗留旋转不稳(第5.9.2j项规定);股骨颈骨折或者髋关节脱位,致股骨头坏死(第5.9.2k项规定);四肢长骨骨折不愈合或者假关节形成,四肢长骨骨折并发慢性骨髓炎(第5.9.2l项规定)。

属重伤一级的损伤:二肢以上离断或者缺失(上肢腕关节以上、下肢踝关节以上)(第5.9.1a项规定);二肢六大关节功能完全丧失(第5.9.1b项规定)。

讨 论 题

骨折的常见并发症有哪些?

(贺 盟)

第九章 口腔颌面部损伤

第一节 概 述

口腔颌面部指上起前额发际,下至舌骨水平(下颌下缘),左右达两耳根前的区域,包括:额部、眼(眶)部、鼻部、口唇部、颊部、颧部、腮腺咬肌部、耳部、颏下部和颌下部。该区域五官集中、外露,易受各种暴力打击而致伤。在人身伤害的法医学鉴定实践中涉及口腔颌面部损伤很常见,轻则引起进食、语言、咀嚼等功能障碍,影响容貌;重则毁容,甚至危及生命。

一、颌面部解剖生理学特点

(1) 皮下组织疏松,血供丰富。伤后组织肿胀明显,创伤出血多,但伤口易愈合。
(2) 面部损伤后遗留瘢痕、色素改变及面部表情功能障碍,对容貌有影响。
(3) 颌面部与颅底的关系密切,颌面部遭受外力打击时常合并不同程度的颅脑损伤。
(4) 自然腔窦多(如上颌窦、筛窦、蝶窦、额窦等),伤后易并发感染。
(5) 颌面部感觉器官集中,损伤后可致鼻、眼等感觉器官功能障碍。
(6) 颌面部神经丰富,分布表浅,易受伤,伤后可遗留相应的功能障碍。

二、口腔颌面部神经

口腔颌面部神经主要有三叉神经、面神经,以及动眼神经、滑车神经、展神经、舌咽神经、迷走神经、副神经、舌下神经、颈神经丛皮支等。其中以三叉神经和面神经最为重要,也容易受伤。

(一) 三叉神经

1. 三叉神经的走行 三叉神经是最粗大的脑神经,为混合神经。其感觉纤维主要分布于头皮前侧,面部的皮肤,口、鼻腔及鼻窦的黏膜和牙齿。三叉神经分为3支,3支在面部的分布大致以眼裂、口裂为界。其运动支主要支配咀嚼肌、下颌舌骨肌等。

2. 三叉神经损伤的表现　颌面部损伤伴随的三叉神经损伤为周围性损伤,临床表现有:①感觉障碍,主要是神经分布区域感觉的异常。损伤同侧皮肤、口、鼻腔黏膜感觉丧失或出现麻木、刺激症状。眼神经有损伤,伤侧角膜反射可因感觉丧失而消失。②运动障碍,为同侧咀嚼肌瘫痪或萎缩,表现为咀嚼无力。咬肌紧张度减弱、张口时下颌偏向伤侧。

(二) 面神经

1. 面神经的走行　面神经始于脑桥,自茎突孔出颅,主干进入腮腺分为5支:颞支、颧支、颊支、下颌缘支和颈支。各分支在腮腺内外均有吻合,因此,面神经部分分支损伤后,仍具有一定的代偿能力。

2. 面神经损伤的表现　面神经是支配面部表情的运动神经,同时也是最易损伤的脑神经。颌面部损伤,如颞骨骨折和腮腺咬肌部损伤,可引起面神经损伤,同样属周围性神经损伤。最主要的临床表现是面瘫,可分为静态和动态的表现异常。①静态:伤侧额纹消失,鼻唇沟变浅,口角下垂并牵向健侧,不能闭眼;②动态:皱眉不能,鼓腮漏气,张口时口角偏向健侧,说话时唾液从口角滴漏,角膜反射消失。

三、牙与正中咬合

牙是人体最坚硬的器官,嵌于上、下颌骨的牙槽内。牙齿排列成弓形,分别为上牙弓和下牙弓。左、右侧位置对称的同名,其形态、功能基本相似。人类一生有两组牙,即乳牙和恒牙,前者共20枚,后者有32枚。记录牙齿的位置,以牙的方位为准,以 ╋ 记号划分4区,用罗马数字(Ⅰ~Ⅴ)标示乳牙,以阿拉伯数字(1~8)标示恒牙。上、下颌牙颌面接触有两种情况:静态时称颌,动态时称咬合。闭口时,下颌骨向上运动至上、下颌牙列合面接触最广,牙间相互交错的位置,为正中合关系,称正中咬合。

第二节　口腔颌面部检查

口腔颌面部损伤的法医学检查包括颌面部和口腔两个内容。常用的检查方法有视诊、触诊及仪器辅助检查,如X线、CT检查或造影等方法。检查时应对颌面部的损伤做详细、准确记录,并照相或摄像记录,作为原发性损伤证据(或检查所见证据),对理解和解释损伤后继发性改变及判罪量刑具有重要意义。

一、颌面部检查

1. 视诊　观察被检者面部表情,了解其意识状态,注意对比面部左右是否对称。
2. 触诊　检查颌面部皮肤、肌肉和骨骼。运动状态下进行两侧比对,观察是否对称。
3. 探诊　用探针检查瘘管、窦道。

4. 听诊 检查有无骨擦音。

二、口腔检查

口腔检查以视诊为主,结合触诊、叩诊及味觉功能检查。检查时应注意牙齿的数目、位置、形态、色泽、松动度;有无牙齿缺失及缺失牙的数目,检查牙的疾病情况及整个口腔卫生状况,如有无牙龈红肿、萎缩,有无龋齿、牙修补等;记录缺失牙或松动牙周围牙的情况。

牙齿松动度以牙向颊舌侧方向活动的大小,分为3度。

1度:活动度小于1 mm。

2度:活动度在1~2 mm。

3度:活动度大于2 mm。

三、颞下颌关节及张口运动检查

1. 视诊 观察颞下颌关节运动的各向运动,如开闭运动、前后运动及侧方运动是否正常。检查时注意左、右侧方运动是否对称。

2. 扣诊 令被检者做张口、闭口运动,看运动是否协调,开口形状是否正常。同时,还应判断张口度。

张口度以上、下中切牙切缘间距离为标准,正常张口度相当于被检者自身中指、食指、无名指3指末节的宽度(约4.5 cm)。

张口度按张口大小分为3度。

1度(轻度张口受限):上、下中切牙切缘间距可伸入2横指,2~3 cm。

2度(中度张口受限):上、下中切牙切缘间距仅可伸入1横指,1~2 cm。

3度(重度张口受限):上、下中切牙切缘间距不能伸入1指,小于1 cm。

颌面部损伤可致张口度受限。损伤急性期可因骨折或软组织损伤而局部疼痛引起张口受限。随着损伤愈合,张口度可逐渐恢复正常。稳定期张口度受限常见于面颊部瘢痕挛缩、颞下颌关节损伤后遗留纤维性或骨性强直等。

经检查发现张口受限后,应做X线或CT检查,进一步确定张口受限的原因。同时应注意生理性深切牙而导致切牙间距较小的现象。

四、其他辅助检查

(一) X线检查

X线检查可明确有无骨折,以及骨折的部位、数目、性质和类型;了解骨折的愈合情况,有助于推断损伤时间及了解损伤的预后;查明有无牙根折、牙脱位;协助诊断口腔颌面部有无异物留存等。

（二）CT检查

CT检查能很好地诊断颌面部深层的软组织损伤，如血肿、积血，以及并发的颅脑损伤，对颌面部的骨折也有很大的诊断价值，尤其是薄层扫描对诊断细微的牙槽骨骨折或缺损有很大裨益。

（三）神经电生理检查

口腔颌面部损伤累及神经者，除根据临床表现与体征做出初步诊断外，还需进行神经电生理检查以确证，并了解神经损伤的程度及愈合情况。

目前常见的检查方法有：神经兴奋性试验，面神经电图检查，肌电图检查。

第三节　牙与牙槽骨损伤

人身伤害的法医学鉴定中，牙与牙槽骨损伤很常见。单独牙与牙槽骨损伤多见于前牙区，特别是切牙区。

一、牙损伤

牙损伤分为牙挫伤、牙脱位和牙折。

（一）牙挫伤

牙挫伤是指使连接牙齿和牙槽骨的牙周膜和通过根尖孔进入牙髓的神经血管束损伤，牙的完整性未受到破坏，一般伴随牙齿1度松动。常见牙挫伤的原因有跌倒、打击、碰撞等，多见于前牙。

牙挫伤较轻者，一般可自行修复，无需治疗；较重损伤，根尖部牙髓神经、血管束损伤，可继发牙髓坏死（通常为无菌性），伤牙逐渐变色、变脆，受外力作用易发生折断。在法医学鉴定中不少见，但因为缺乏临床资料，对于牙挫伤伤者继发牙髓坏死、自行折断等情况往往难以明确诊断。

（二）牙脱位

牙脱位是指由较强大的暴力作用致使牙齿部分或全部脱出牙槽窝，多发生于上前牙。

1. 部分牙脱位　指伤牙松动（多为1～3度）、移位、疼痛、咬合障碍。

2. 完全牙脱位　指伤牙全部脱离牙槽窝。表现为牙缺失或牙槽窝内无牙，局部牙龈可有撕裂、出血、红肿，也常伴有牙槽骨骨折。

（三）牙折

牙在外力作用下发生牙体组织的断裂，称牙折。常由外力直接撞击作用所致，还可因间接外力致上、下牙列相撞所致，以上中切牙最多见。牙折按折断发生的解剖部位分为冠折、根折和冠根联合断裂3种类型。

1. 冠折　最易发现，如折线穿过牙髓腔，仅部分牙冠缺损，常为切角或切缘缺损，致牙本质暴露,出现牙本质过敏症状,如对酸、冷、热等刺激有疼痛刺激。如骨折线通过牙髓腔,则刺激症状明显。

2. 根折　根折的主要特点是伤牙外观常无明显异常,但有牙松动和有触压感,骨折线越接近牙颈部,松动度越大。轻微或隐蔽的折裂线,肉眼检查常不能发现,必要时需凭借X线检查协助诊断。

3. 冠根联合折断　牙冠部折裂,有活动,但根部相连,在根部可检见裂隙,可有明显咬合痛或压触痛。

二、牙槽骨损伤

牙槽骨损伤指牙槽突受外力作用发生骨折,可由暴力直接或间接作用造成。一般多并发于牙损伤。

第四节　颌面骨骨折

颌面骨骨折包括上颌骨骨折、下颌骨骨折、颧骨颧弓骨折、鼻骨骨折和眶底骨折。颌面骨骨折可造成口腔颌面部的功能障碍,或严重位移者可影响容貌。

一、上颌骨骨折

上颌骨是构成颜面中1/3的最大骨骼,左右成对,外形不规则,骨体内部中空为上颌窦,凭借上颌窦裂孔开口于中鼻道。上颌骨仅在遭受较大暴力时才发生骨折。

二、下颌骨骨折

下颌骨位置突出,是常见的打击目标,在颌面部骨中最易受到损伤发生骨折。常由钝性暴力打击致下颌骨骨折,线形骨折多见。骨折可以是单侧发生,但多发及双侧骨折更为常见。由于下颌骨是颞下颌关节的组成部分,下颌骨骨折愈合不良可致颞下颌关节活动障碍。

下颌骨骨折后的主要表现为骨折段移位,移动方向和程度受肌肉收缩力的影响。下颌骨骨折引起的功能障碍与骨折移位及其程度有关。同时下颌骨骨折常合并牙损伤、颞下颌关节损伤,可造成咬合紊乱、牙列错位及创伤性颞下颌关节炎,致使咀嚼、张口、闭口功能障碍,严重者致呼吸和语言障碍。另外,骨折移位可形成明显的面部畸形不对称,从而影响容貌。

三、颧骨与颧弓骨折

颧骨位于面中部的前外方,较突出,表面仅皮肤及皮下组织覆盖,位置表浅,易受外力作用而致骨折。颧骨、颧弓骨折见于直接外力作用，如斗殴、交通事故等。骨折常发生于颧弓或骨缝处，较少发生颧骨体内骨折。

颧骨、颧弓骨折对人体的影响与骨折发生的类型、移位状况、有无合并伤等有关。颧骨和颧弓骨折移位主要决定于外力打击的方向和强度。颧骨、颧弓骨折后，骨折片常内陷移位，致使颧部和面部侧方塌陷畸形。面部左右不对称，影响容貌；同时由于骨折断端内陷，压迫颞肌，妨碍下颌喙突的运动，引起张口受限和张口疼痛；若错位之骨折未能及时复位，或颞肌损伤严重，发生瘢痕粘连，造成永久性张口困难。另外，颧骨骨折后眼球失去支持，眼肌撕裂及眼睑外侧韧带随颧骨或喙突的移位而出现复视。若伴有眼下肌撕裂，并嵌入骨折线处，可使眼球运动受限，或由于眶内容物下陷并与周围组织发生粘连。骨折错位愈合不可逆转时，遗留永久性复视。

第五节　口腔颌面部损伤的法医学鉴定

口腔颌面部损伤的法医临床学鉴定主要是根据容貌毁损和面部器官功能障碍。

一、损伤的认定

口腔颌面部损伤，可根据受伤过程、伤后症状和体征，结合影像学检查（包括 X 线、CT 等检查）结果，认定有无损伤、何种性质损伤并不困难。

二、损伤程度鉴定

损伤程度鉴定依据《人体损伤程度鉴定标准》，根据口腔颌面部损伤造成的组织缺损、功能障碍及对面容的影响进行。

属重伤二级的有：牙齿脱落或者牙折 7 枚以上（第 5.2.2n 项规定）；损伤致张口困难 3 度（第 5.2.2o 项规定）。

属轻伤一级的有：牙齿脱落或者牙折共 4 枚以上（第 5.2.3m 项规定）；损伤致张口困难 2 度（第 5.2.3n 项规定）。

属轻伤二级的有：双侧上颌骨额突骨折，鼻骨骨折合并上颌骨额突骨折（第 5.2.4o 项规定）；牙齿脱落或者牙折 2 枚以上（第 5.2.4q 项规定）；损伤致张口困难 1 度（第 5.2.4s 项规定）；颌骨骨折（牙槽突骨折及一侧上颌骨额突骨折除外）（第 5.2.4t 项规定）；颧骨骨折（第 5.2.4u 项规定）。

属轻微伤的损伤有：上颌骨额突骨折（第 5.2.5h 项规定）；牙齿脱落或缺损，牙槽突骨折，牙齿松动 2 枚以上或者 3 度松动 1 枚以上（第 5.2.5j 项规定）。

三、法医学鉴定需注意的问题

（一）损伤与疾病的关系

在口腔颌面部损伤程度鉴定中，损伤与疾病的关系判定是很困难的，易引起争议。其中，最常见的是牙损伤。如：牙齿脱落或折断共 7 枚以上（含 7 枚）可评定为重伤。如果被鉴定人原患有口腔疾病，如蛀齿、牙周炎等，牙齿本就有不同程度松动，此时如何进行损伤程度评定呢？首先，应确定损伤牙齿的状况，即伤前有无牙疾病，有无做过根管治疗、蛀齿填充，有无牙龈炎等。做过牙髓治疗的死髓牙，牙齿外形虽完整，但由于牙齿缺乏牙髓的营养，牙齿质地变脆易碎，较轻微外力即可致牙折。此时应常规做牙齿 X 线摄片，可发现损伤牙齿的既往病征，又能确定有无牙齿的损伤。

虽然有部分伤者原患有蛀齿或牙周炎，但程度较轻，X 线片显示牙槽骨正常，伤牙邻近牙无松动等异常表现，此时，牙脱落应视为外力所致，按相关条款进行损伤程度鉴定。

若经检查，发现伤牙原患有严重的牙周炎，牙槽骨普遍疏松、吸收，伤牙邻近或甚至远离伤牙处的残牙也存在 2~3 度松动，该情况下，即便轻微外力即可使多枚牙齿脱落；其原有病变应当被认为是其牙齿脱落的主要因素，而外力作用仅可作为牙脱落的次要（或轻微）因素。此时应当依照《人体损伤程度鉴定标准》第 4.3.3 项之规定，不宜进行损伤程度鉴定，而在检验意见中说明疾病与损伤之间的因果关系即可。

另外，还有伤牙经临床治疗无效需拔除的问题，也很常见。如牙损伤后逐渐出现牙根吸收直至牙冠脱落。此时，应仔细查阅损伤当时牙损伤病史，了解牙齿病理变化过程，结合案情，明确损伤与牙齿病变的关系。

（二）鉴定时限

口腔颌面部软组织损伤，法医临床学鉴定主要依据容貌毁损和功能障碍程度来确定损伤程度。而鉴定时间的选择需视损伤部位、性质及预后来定。如系外伤性牙齿折断、缺失、舌缺失或缺损等，可在损伤当时即可做损伤程度鉴定。由于损伤组织愈合及瘢痕修复需一定的时间，因此，面颊部、唇部的创伤不宜在损伤当时作出损伤程度鉴定结论，需根据面部瘢痕情况进行鉴定的，宜在伤后 3~6 个月进行。另外，涉及面骨骨折、面部神经损伤，有可能影响颞颌关节活动或其他功能的，也应在伤情稳定后进行。

讨 论 题

1. 口腔颌面部损伤程度鉴定时应注意哪些问题？
2. 面颊部的拳击伤可能会造成哪些损伤？检查时应注意哪些问题？

（贺 盟）

第十章

眼、耳、鼻损伤

第一节 眼 损 伤

眼是人的视觉器官,通过眼,人们可以认识外部世界,同时,眼位于面上部,是易受攻击的部位,在人身伤害的法医学鉴定中常见。眼损伤不但可致视觉障碍,而且可能影响容貌。

一、眼的结构和功能

人的眼睛近似球形,位于眼眶内。正常成年人眼的前后径平均 24 mm,垂直径平均 23 mm,最前端突出于眶外 12~14 mm。眼包括眼球、视路和附属器 3 部分。

(一) 眼球

眼球由眼球壁和内容物组成。眼球位于眼眶的前部,前面有眼睑保护。眼球接受外界光线并经屈光系统,透射至视网膜;同时形成正常面部的组成。当正常眼球向前平视时,眼球突出于外侧眼眶缘 12~14 mm,眼球外侧部分暴露在眼眶之外,易受损伤。

1. 眼球壁 共有外、中、内 3 层。

(1) 外层:眼球外层起维持眼球形状和保护眼内组织的作用,由角膜、巩膜组成。前 1/6 为透明的角膜,其余 5/6 为白色的巩膜。角膜是眼球前部的透明部分,接收信息的最前哨,入口光线经此射入眼球。角膜含丰富的神经,感觉敏锐。角膜是光线进入眼内和折射成像的主要结构,也有一定保护作用,是人体知觉的重要部位。

(2) 中层:又称葡萄膜、色素膜,具有丰富的色素和血管,包括虹膜、睫状体和脉络膜 3 部分。①虹膜:呈环圆形,在葡萄膜的最前部分,位于晶状体前,其辐射状皱褶称纹理,表面含不平的隐窝。不同种族人的虹膜颜色不同。虹膜中央有一 2.5~4 mm 的圆孔,称瞳孔。瞳孔随外界光线明暗而发生扩张或收缩。②睫状体:前接虹膜根部,后接脉络膜,外侧为巩膜,内侧则通过悬韧带与晶状体赤道部相连。③脉络膜:位于巩膜和视网膜之间,脉络膜的血液循环营养视网膜外层,其含有的丰富色素,起遮光暗房作用。

(3) 内层：即视网膜。视网膜是一层透明的膜，是视觉形成的神经信息传递的第一站。视网膜的视轴正对终点为黄斑中心凹。黄斑区是视网膜上视觉最敏锐的特殊区域，直径 1~3 mm，其中央为一小凹，即中心凹。黄斑鼻侧约 3 mm 处有一直径 1.5 mm 的淡红色区，为视盘，也称视乳头。它是视网膜上视觉纤维汇集向视觉中枢传递出眼球的部位，无感光细胞，故视野上呈现为固有的暗区，称生理盲点。

2. 眼内容物　眼内容物包括房水、晶状体和玻璃体，三者均透明且有一定的屈光性，与角膜一起共称为屈光介质。①房水：由睫状突产生，有营养角膜、晶状体、玻璃体及维持眼压的作用。②晶状体：为富有弹性的透明体，形如双凸透镜，位于虹膜、瞳孔之后，玻璃体之前。③玻璃体：为透明的胶质体，充满眼球后 4/5 的空腔，主要成分为水。玻璃体有屈光作用，同时起支撑视网膜的作用。

（二）视路

视路是指从视网膜接受视信息到大脑枕叶视觉中枢形成视觉的整个神经冲动传递。视网膜神经节发出的神经纤维汇集成视神经，进入颅腔后在蝶鞍处形成视交叉。来自两眼视网膜鼻侧半的纤维互相交叉至对侧，与同侧未交叉的视网膜颞侧半的纤维合并形成视束。视束终于外侧膝状体，换神经元后发出的神经纤维进入视放射，经内囊到达枕叶视觉中枢。

（三）附属器

眼附属器包括眼眶、眼睑、结膜、泪器和眼外肌。

1. 眼睑　眼睑分上睑和下睑，位于眼眶前，覆盖眼球前面。上睑以眉为界，下睑与颜面皮肤相连。上、下睑间的裂隙称睑裂。两睑相连接处，分别称为内眦及外眦。内眦处有肉状隆起称为泪阜。上、下睑缘的内侧各有一有孔的乳头状突起，称泪点，为泪小管的开口。眼睑的主要功能是保护眼球，由于经常瞬目，可使泪液湿润眼球表面，使角膜保持光泽，并清洁结膜囊内的灰尘及细菌。

2. 结膜　结膜是一层薄而透明的黏膜，覆盖在眼睑后面和眼球前面。按解剖部位分为睑结膜、球结膜和穹隆结膜 3 部分。由结膜形成的囊状间隙称结膜囊。

3. 泪器　包括分泌泪液的泪腺和排泄泪液的泪道。

4. 眼外肌　眼外肌共有 6 条，支配眼球的运动。其中 4 条直肌是：上直肌、下直肌、内直肌和外直肌。2 条斜肌是：上斜肌和下斜肌。

5. 眼眶　由额骨、蝶骨、筛骨、腭骨、泪骨、上颌骨和颧骨 7 块颅骨构成，呈稍向内、向上倾斜，四边锥形的骨窝，其口向前，尖朝后，有上、下、内、外 4 壁。成人眶深 4~5 cm。眶内除眼球、眼外肌、血管、神经、泪腺和筋膜外，各组织之间充满脂肪，起保护作用。

二、眼损伤机制

人身伤害的法医学鉴定所涉及的眼损伤，多是眼部或颜面部的损伤。常见的损伤有钝器打击、锐器切割、砍击、穿刺及火器伤的直接损伤，或因酸碱等液体飞溅伤及眼部。

三、眼损伤表现

(一) 眼睑损伤

眼睑浅表擦挫伤可不遗留瘢痕。若损伤面积大而深,则遗留瘢痕,进而不同程度地影响容貌或眼睑功能。如上眼睑挫伤累及提上睑肌可出现上睑下垂,或眼睑创遗留瘢痕挛缩,导致眼睑闭合不全或眼睑外翻,引起角膜部分或全部暴露,使角膜失去保护产生角膜干燥。轻者出现流泪、眼痛及视力障碍等,严重者可致失明。

(二) 泪器损伤

泪器损伤常常是眼眶机械性外伤的一部分,或是泪小管、泪囊的直接损伤,如刺伤等。伤者常出现溢泪症状。

(三) 角膜损伤

角膜损伤出现眼痛、流泪、异物感、畏光等,浅表损伤愈合后可不留瘢痕;若损伤继发感染或溃疡,或异物取出术后遗留瘢痕,则病变角膜失去其透明性而变混浊,影响视力。对视力的影响程度取决于角膜损伤的部位和瘢痕的大小。

(四) 眼球钝挫伤

1. 结膜、角膜钝挫伤　若不继发感染,一般预后较好,不会造成视力的明显障碍。
2. 虹膜睫状体挫伤　虹膜睫状体富含血管神经,钝挫伤可引起组织破坏和出血。常见表现有:①外伤性虹膜睫状体炎;②外伤性散瞳;③外伤性前房积血;④虹膜撕裂及虹膜根部离断;⑤前房角后退。
3. 晶状体钝挫伤　有晶状体脱位和外伤性白内障,可影响视力。
4. 玻璃体钝挫伤　可引起视力障碍,产生黑矇;晚期玻璃体机化,可致视网膜脱离。
5. 脉络膜钝挫伤　眼部遭受钝性外力作用后,外力可传导至后极部,引起脉络膜血管扩张、通透性增加或血管破裂而出血,临床表现有眼前黑影飘动,视力下降。如出血量少、未累及黄斑或进入玻璃体,则对视功能影响较小。
6. 视网膜钝挫伤　可引起视功能障碍,常见的损伤如下。①视网膜震荡:系眼球钝性暴力作用后短时间内发生的以视网膜水肿为主要表现的损伤,多在1~2周内消退,视网膜可不留痕迹,视力恢复正常。②视网膜挫伤:较大钝性暴力作用所致,视网膜水肿严重,甚至出血,可导致视网膜色素上皮紊乱、视网膜变性萎缩,造成视力损害。③外伤性视网膜脱离:指钝性暴力作用眼球造成眼内组织牵拉撕裂,导致视网膜神经上皮层与色素上皮分离。临床表现有眼前有漂浮物或闪光感,视物模糊,进一步发展可出现视野缺损。若涉及黄斑,则中心视力严重下降,甚至丧失。
7. 视神经钝挫伤　多见于额部、眉弓部损伤伤及视神经管时,由于视神经直接损伤或由于血供障碍,发生原发性视神经萎缩。眼底早期检查可正常;2~3周后,视乳头颜色由蜡黄色转变为苍白色。伤眼瞳孔直接对光反射消失,间接对光反射存在。健侧眼正好相反,直接对光反射存在,间接对光反射消失。

(五) 眼球贯通伤

眼球的直接贯通损伤、异物对眼球的损伤,以及继发眼球内感染和交感性眼炎,常常引起视觉功能严重障碍。

眼球的直接损伤若遗留瘢痕,或眼球凹陷、缺失,还会不同程度地影响容貌。

(六) 眼眶骨折

眶壁骨折常见的致伤原因为眶缘遭受钝性暴力打击,多为单纯性骨折,眼眶爆裂性骨折多为间接外力造成,可出现眼位异常、眼球活动障碍或(和)复视症状。

(七) 眼损伤的并发症

眼损伤的常见并发症有外伤性青光眼和交感性眼炎。

1. 外伤性青光眼　右眼外伤引起的眼压增高即外伤性青光眼。根据发生原因分为房角后退性青光眼、眼内出血性青光眼、晶状体脱位性青光眼等;根据发病基础分为开角型青光眼和闭角型青光眼。由于发生原因和病理基础不同,临床表现也不尽相同,外伤性青光眼导致的视力障碍和视野缺损主要与眼压高的程度、持续时间和眼损伤严重程度有关。

2. 交感性眼炎　指伤眼(又称诱发眼)遭受穿孔性外伤或内眼手术后发生的非化脓性葡萄膜炎,经过一定潜伏期后,健眼(又称交感眼)发生同样病变的炎症,较少见。其发病机制可能与免疫反应有关。主要临床表现为畏光、疼痛、视力下降,睫状充血,房水、玻璃体混浊,虹膜纹理不清、增厚,瞳孔不规则散大,对光反射迟钝,乃至并发白内障、青光眼,最终眼球萎缩、失明。病程迁延、反复、漫长。法医学鉴定可依据诱发眼损伤史、交感眼发病时间(伤后2周至3个月是交感性眼炎高发期),并结合临床表现诊断不难。鉴定结果依据视力障碍及眼球是否摘除等情况,根据相关条款进行鉴定。

四、眼损伤的检查

眼损伤的检查主要是视功能的检查。视力障碍检查具体方法参考《视觉功能障碍法医鉴定指南(SF/Z JD0103004)》。常见的检查方法和内容如下。

(一) 中心视力

正常眼注视一个目标时,由目标反射出来的光线进入眼内,经过眼的屈光系统,透射于黄斑中心凹,由视神经经视路传导至大脑枕叶视中枢而产生视觉。中心视力指视网膜黄斑中心凹的这种功能。中心视力是视觉功能的主要标志,可用近视力、远视力来表示。戴上眼镜查得的视力为矫正视力。法医学鉴定中,视力指最佳矫正视力(表10-1)。

1. 远视力　我国目前采用国际标准视力表("E"字表)。
2. 近视力　根据近视力表的规定,进行近视力检查时,受检者眼距近视力表30 cm。
3. 矫正视力　即为加插眼镜检查所得的视力。

表 10－1　盲及视力损害分级标准(2003 年,WHO)

分　　类	远视力低于	远视力等于或优于
轻度或无视力损害		0.3
中度视力损害(视力损害 1 级)	0.3	0.1
重度视力损害(视力损害 2 级)	0.1	0.05(3 m 指数)
盲(盲目 3 级)	0.05	0.02(1 m 指数)
盲(盲目 4 级)	0.02	光感
盲(盲目 5 级)		无光感

(二) 视野

当一眼注视一个目标时,注视点以外的一定空间内的物体也能看见,这种所能看见的空间范围,称为视野。视野范围内的视力,称为周边视力。周边视力敏感性虽较中心弱,但能感知周围环境物体的方位以及外界物体的运行、速度,完善人的视觉功能。正常视野以白色视野最大,蓝、黄、红、绿色视野依次缩小。

法医鉴定中视野检查是检测周边视野。视野的检查:①周边视野的检查,可用对比视野检查法或周边视野计检查法检测;②中心视野检查,常用平面视野屏进行检查,以检查视野 30°以内有无盲点存在。

五、眼损伤的法医学鉴定

(一) 损伤的认定

有明确的眼部或头部外伤史。通过查阅提供的病史、案情等资料,了解受伤经过及损伤部位,临床首次就诊情况、诊治过程及病变发展过程,有条件的可调阅伤者伤前眼的视觉功能检查资料,或经过调查、询问伤者亲友、同事等知情人,了解伤者以往的眼功能,以便在鉴定时做出正确的鉴定意见。

(二) 眼视觉功能检查

1. 眼的一般检查　肉眼检查并结合使用裂隙灯及检眼镜按顺序检查眼睑、结膜、泪器、角膜、虹膜、前房、瞳孔、晶状体、玻璃体及眼底的视乳头和视网膜、脉络膜的结构,眼球有无运动及运动的情况。

2. 视力的检查　包括检查远视力、近视力。远视力远不及正常者,应做插片法检查矫正视力。

3. 眼部特殊检查　如眼压计检测眼压,以了解有无青光眼存在;三棱镜或眼底造影检查以了解眼底情况;做眼眶或视神经管的 X 线、CT 检查,了解有无眼眶骨折或视神经管损伤,以分析视神经损伤的原因;做眼球 B 超或 CT 检查,了解眼球内有无异物存留。

4. 眼电生理检查　目前视觉电生理检查包括视网膜电图、眼电图及视觉诱发电位三大部分。

(1) 视网膜电图(electro-retinogram,ERG):ERG 是短暂闪光刺激诱发的视网膜综合电位反应,是视觉电生理中有代表性的检查项目。根据刺激光的不同形式分为闪光 ERG(flash ERG,FERG)、图像 ERG(pattern ERG,PERG)和局部视网膜电图(local ERG,LERG)。临床上,ERG 应用于判断视网膜变性,视网膜血管性、炎症性和外伤性等疾患造成的功能损害等。

(2) 眼电图(electro-oculogram,EOG):眼电图是测量在视网膜色素上皮和光感受器细胞之间存在的视网膜静电位,主要反映视网膜色素上皮-光感受器复合体的功能。根据在明、暗适应条件下视网膜静止电位的变化,可反映光感受器细胞的光化学反应和视网膜外层的功能状况,也可用于测定眼球位置及眼球运动的生理变化。临床意义:一般情况下 EOG 反应与 ERG 的反应一致,EOG 可用于某些不接受 ERG 角膜接触镜电极的 EOG 异常而 ERG 正常的伤者;用于眼球运动检查。在文献中由于各家测试的条件和方法不尽相同,所以 EOG 的各数据都有很大的差异,但每个实验室都应建立自己的检测标准。EOG 异常只表明视网膜第一个神经元突触前的病变,也即视网膜最外层的病变,能较客观地反映出器质性病变。

(3) 视觉诱发皮质电位(visual evoked cortical potential,VEP):简称视诱发电位或视诱发反应,是视网膜受闪光或图形刺激后,在枕叶视皮质产生的电活动,主要反映视网膜神经节细胞至视觉中枢的传导功能。VEP 可分为闪光视觉诱发电位(flash VEP,FVEP)和图像视觉诱发电位(pattern VEP,PVEP)。其中 FVEP 主要反映黄斑区的功能、视路的传导功能和视皮质的功能。PVEP 主要反映视网膜黄斑区中心凹的功能、视网膜神经节细胞到视皮质的形觉信息的传递功能和视皮质的功能。临床上,视神经病变、视路病变、黄斑等损伤或病变基础,VEP 可出现潜伏期延长、波幅降低的现象。法医临床鉴定应用:①协助判断视神经、视路损伤,其主要表现为 P100 波潜伏期延长、振幅下降;②鉴别诈盲:主观视力下降而 VEP 正常,提示非器质性损害。实践工作中应注意:由于仪器测试条件未严格执行标准化、未矫正屈光不正或伤者不合作等问题产生的错误结果,且 VEP 与视力的关联性较差,因此 VEP 不能作为唯一的检测、诊断工具,它只是临床眼科和神经科检查中的一项辅助诊断方法,在鉴定中还应结合案情、损伤或病变发生发展情况,综合分析。

(4) 多焦点视网膜电图(multifocal ERG,mfERG)系统:mfERG 是近 10 年发展的新技术,其原理是可以同时刺激视网膜的多个部位并且通过应用多点输入系统分析技术独立采集每一处的反应情况,由于 mfERG 同时记录大量小的视网膜区域的反应,可以在短时间内发现细微的视网膜异常。该技术能够同时获得多区域视网膜电图,这些局部的 ERG 反应可以重新组成视网膜功能地形图。mfERG 在法医临床学的应用可以反映视野改变。

(5) 多焦点视觉诱发电位(multifocal VEP,mfVEP):是用多焦点闪光刺激记录的 VEP 反应。

以上这些检查是无创伤性的视觉功能的客观检查方法,能客观地反映视网膜、视神经等的器质性病变,在法医学鉴定中可用于鉴别伪盲。

(三) 眼损伤法医学鉴定中应注意的问题

1. **伤病关系** 在人身伤害的法医学鉴定中,应将眼部损伤引起的功能障碍与伤者原有疾病区别,如外伤性与非外伤性青光眼的鉴别、外伤性与非外伤性视网膜脱离的鉴别等。特别是遇到眼外伤与眼疾病共存的情况下,更应注意两者的关系。如外伤是眼功能障碍的直接原因,还是仅为诱因,或是辅助原因。如多年高度近视眼患者原有明显的视网膜退行性改变,如眼部遭受外力打击致视网膜脱离,那么,外力可能只是视网膜脱离的诱因,而非直接原因。

2. **鉴别诈盲** 通过客观检查结合眼部损伤情况进行综合分析。

3. **鉴定时限** 不同原因的眼损伤,均有可能导致视力障碍。一些视力障碍可在伤后一段时间后逐渐恢复,如视网膜震荡、前房积血等;有的损伤后则视力障碍进一步加重,如晶状体混浊、视网膜裂孔致视网膜脱离等。同一伤害案例,由于鉴定时间不同,得出的鉴定意见也可能不同。因此,眼部损伤涉及视力障碍的,鉴定应在治疗结束、伤情稳定后进行,一般为损伤3~6个月后。

(四) 损伤程度评定

作为位于面部视觉器官的眼对人体非常重要,如发生眼损伤,不但有视觉功能的损害,也有可能影响面容。因此,眼损伤后损伤程度评定主要依据眼视觉功能的障碍以及对人体容貌影响程度。

眼部挫伤、眼部外伤后影响外观及眼外伤造成视力下降,根据《人体损伤程度鉴定标准》第5.2.5e项、第5.4.5a项规定评定为轻微伤;眼部损伤后遗留明显视觉功能障碍、眼部结构破坏的,根据第5.4.3项、第5.4.4项相关条款规定评定为轻伤;眼部毁损或丧失视觉、视野,根据第5.4.1项、第5.4.2项相关条款规定评定为重伤。

第二节 耳 损 伤

耳是人的听觉器官,位于面部两侧。耳损伤可引起容貌损害和听力障碍,是人身伤害法医学鉴定常见的损伤之一,同时又是难点之一。

一、耳的结构和功能

耳分为外耳、中耳和内耳3部分。

(一) 外耳

外耳是指能从外部看见的部分耳结构,即耳郭和外耳道。

1. **耳郭** 耳郭对称地位于头的两侧,其主要结构为软骨。耳郭有收集声音的功能,双侧耳郭的协同作用有助于判断声源方向,同时耳郭还有保护外耳道和鼓膜的功能。

2. **外耳道** 为一弯曲的管道,长25~35 mm。其外段2/3由软骨组成,靠近鼓膜的

第十章 眼、耳、鼻损伤

1/3 为颅骨所包围。外耳道是声波传导的通道,当声音向鼓膜传送时,外耳道能使声音增强。此外,外耳道具有保护鼓膜的作用,耳道的弯曲形状使异物很难直入鼓膜,耳毛和耳道分泌的耵聍也能阻止进入耳道的小物体触及鼓膜。

(二) 中耳

中耳包括鼓室、咽鼓管、乳突窦和乳突小房。

1. 鼓膜　鼓膜组成鼓室外壁,并与外耳道相间隔。鼓膜为一白色薄层半透明膜,厚约 0.1 mm,斜位于外耳道的末端,呈椭圆形,中心向内凹陷为鼓膜脐。鼓膜分为松弛部和紧张部,鼓膜的上 1/4 的三角区,薄而松弛称松弛部,活体检查时呈浅红色;下 3/4 的部分坚实紧张称紧张部,其前下方有三角形的反光区称光锥。声音以声波方式经外耳道振动鼓膜,使声能通过中耳结构转换成机械能。

2. 鼓室　鼓室内有锤骨、砧骨及镫骨组成的听骨链,接受鼓膜的声能传入内耳。

中耳的主要功能是通过鼓膜和听骨链将空气中的声振动高效率地传递至内耳。

(三) 内耳

内耳是位于颞骨岩部内的一系列管道腔,结构复杂,故又称迷路。内耳包含耳蜗、半规管和前庭 3 部分,是听觉及平衡觉末梢感受器的所在部位。内耳具有感音功能,即将声能转变成神经冲动,然后经过听觉系统传导通路,引起听觉。

1. 前庭　前庭是卵圆窗内微小的、不规则形状的空腔,是半规管、镫骨足板、耳蜗的汇合处。

2. 半规管　可以感知各个方向的运动,起到调节身体平衡的作用。

3. 耳蜗　是被颅骨所包围的像蜗牛一样的结构,故名。内耳在此将中耳传来的机械能转换成神经电冲动传送至大脑。

二、耳损伤的机制及表现

耳损伤的表现有耳痛、耳鸣、耳漏、耳聋、眩晕、面瘫等。

(一) 外耳损伤

外耳损伤可由直接暴力引起,如钝器直接打击引起挫伤、锐器引起切割伤等,另外还有撕裂伤、咬伤等。

1. 耳郭钝器伤　可造成皮下或软骨膜下出血或血肿形成,局部红肿、压痛明显。若血肿吸收缓慢,机化形成永久性增生结缔组织;如增厚变形,或继发感染,形成化脓性软骨炎,引起软骨坏死萎缩,可遗留耳郭瘢痕挛缩畸形,影响耳郭外观,继而使容貌受损。

2. 锐器伤　可引起耳郭破裂、部分或全部耳郭缺损,常继发感染,形成软骨膜炎、软骨炎,遗留畸形。

外耳道损伤愈合后可由于结缔组织增生造成外耳道瘢痕挛缩,致外耳道狭窄或闭锁,影响声音的传导。

(二) 中耳损伤

中耳损伤常和颞骨骨折或严重的外耳损伤同时存在,常累及鼓膜、听骨链等。鼓膜的直接损伤可因外耳道异物或锐器刺伤,或滴入酸碱等腐蚀性液体引起。间接损伤常常指空气压力急剧改变导致鼓膜穿孔破裂。在人身伤害的法医学鉴定中,最常见的鼓膜损伤是耳部掌掴引起的鼓膜穿孔。鼓膜穿孔后出现耳痛、耳鸣、听力障碍,外耳道有少许新鲜血液外溢;耳镜检查可见外耳道或鼓膜充血,鼓膜表面有血迹或血痂,鼓膜穿孔常位于前下方,呈不规则状裂孔,穿孔边缘轻微充血。小穿孔可在伤后3~4周自行愈合,较大裂孔需手术修补。愈合后可遗留听力下降。鼓膜直接性穿孔,常造成传导性耳聋,但程度较轻;间接性鼓膜穿孔,常伴有听觉器超限抑制,可出现混合性耳聋;若内耳迷路同时受到震荡,则可引起严重耳聋。

(三) 内耳损伤

单独的内耳损伤极少发生,常并发于颞骨骨折等损伤,可出现脑脊液耳漏及耳聋。

三、耳损伤的检查

(一) 耳结构的检查

检查耳时,应注意左右比对,外观有无缺损、卷曲、翻卷等畸形,耳郭的损伤应计算耳郭缺损的面积,可使用坐标纸描绘或计算机扫描进行比对计算。

用检耳镜检查外耳道是否通畅、狭窄,有无异物等;鼓膜是否完整,有无穿孔,穿孔的形状、大小、穿孔周围有无充血或血痂附着等。仔细检查,并拍照固定。

(二) 听觉功能检查

听觉功能检查最主要就是听力的检查。听力损害是听觉系统不同部位由于各种原因导致的听觉功能障碍。一般将听力减退统称为耳聋。

听力损失计算应按照1997年WHO推荐的听力减退分级的频率范围,取0.5kHz、1kHz、2kHz、4kHz四个频率气导听阈级的平均值。如果所得均值不是整数,则小数点后之尾数采用4舍5入法修为整数。纯音听阈级测试时,如某一频率纯音气导最大声输出仍无反应时,以最大声输出值作为该频率听阈级。听力障碍分级见表10-2。

表10-2 听力障碍分级

听阈均值(dB HL)	程度	表现
0~25	正常	没有或很轻的听力问题,可以听到耳语
26~40	轻度	能够听到距离1m的正常说话
41~60	中度	能够听到距离1m的大声说话
61~80	重度	能听到一些对着耳朵大声说的词汇
≥81	极度	对大声的说话也不能听到或理解

1. 耳聋分类

(1) 传音性耳聋:经空气传导的声音,由于外耳和中耳的损伤或疾病引起阻碍,使其到达内耳的声能减低,对细胞底部神经末梢的刺激微弱,产生的神经冲动弱小,从而出现的听力减退,又名传导性耳聋。多见于外耳道机械性堵塞、鼓膜穿孔、中耳积血、听骨链断离或骨折等情况。

(2) 感音性耳聋(又称感音神经性耳聋):感音神经性耳聋系指耳蜗、听神经和听觉通路的损伤或病变。感音性耳聋与神经性耳聋临床上不易区分,故名。根据损伤或病变部位分为:耳蜗性聋(毛细胞损伤或病变)、神经性聋(听神经及其传导路径损伤或病变者)和中枢性聋(大脑皮质听中枢损伤或病变)。

(3) 混合性耳聋:声音的传入和感应都出现障碍,称混合性耳聋。

2. 听觉功能检查 听觉功能检查分为主观测听法和客观测听法。

(1) 主观测听法:包括口声试验、表声试验、音叉试验及纯音测听,尽管这些检查方法需要被检者的主观配合,一次检测结果并不作为耳损伤听觉障碍法医学鉴定的依据,但纯音听阈测定仍是法医学鉴定不可缺少的检查内容。如多次检测,其结果重复性高的,则该测试结果应是可信的。

(2) 客观测听法:包括镫骨肌反射测试法、声阻抗测定、听觉诱发电位等,是不受被检者主观意志影响的检查方法。

四、耳损伤的法医学鉴定

(一) 损伤的认定

根据委托方提供的案情、病史资料及检查所见,鉴定耳部的损伤应无问题。但需判断有无听力障碍,因为头部和耳部的损伤均有可能引起听觉障碍,伤后伤者自述有听觉障碍,通过听力检查才能予以认定。

在进行人身伤害的法医学鉴定时,一般以客观听力检查结果作为鉴定依据,主观检查结果只起参考作用。

(二) 伤病关系分析

最常见的是外伤性鼓膜穿孔与中耳炎鼓膜穿孔的鉴别。炎症性穿孔有患耳反复流脓的病史,穿孔可在紧张部,也可在松弛部,穿孔为1个或多个,呈圆形、椭圆形或肾形,穿孔边缘增厚,有脓性分泌物。而外伤性鼓膜穿孔多呈裂隙状,边缘不整齐,有血迹附着或充血。

(三) 年龄问题

人进入中老年后,不少人的听力会减退,一般表现为神经性耳聋。在进行听觉功能鉴定时,应注意年龄对听力减退的影响。纯音气导听阈级应考虑年龄因素,按照《纯音气导阈的年龄修正值(GB7582-87)》听阈级偏差的中值(50%)进行修正。

(四) 鉴定时限

外耳创伤修复需一定时间,由于软骨损伤后易遗留局部畸形愈合,因此,应等待创伤愈合后再进行鉴定。

耳部损伤主要以听力障碍为鉴定依据,应在治疗结束、伤情稳定后才能进行,一般以伤后3~6个月为宜。

(五) 损伤程度评定

耳损伤的损伤程度鉴定主要根据听觉功能障碍及耳外观改变进行。轻微伤、轻伤及重伤的评定根据《人体损伤程度鉴定标准》第5.3项规定进行鉴定。需要注意的是,外伤性鼓膜穿孔的损伤程度鉴定,一般需要在伤后6周进行复查。根据第5.3.5a项规定,外伤性鼓膜穿孔属轻微伤;根据第5.3.4a项规定,外伤性鼓膜穿孔6周不能自行愈合,属轻伤二级。

第三节 鼻损伤

鼻是呼吸系统的入口,位于面部中央,因此鼻损伤除影响容貌外,还可影响嗅觉、呼吸。在人身伤害的法医学鉴定中,鼻损伤非常常见。

一、鼻的结构和功能

鼻位于面部中央,上端位于两眼之间,连于额部称鼻根;下端向前突起,为鼻尖。鼻根与鼻尖之间为鼻梁;鼻梁两侧为鼻背;鼻尖两侧的隆起为鼻翼,鼻尖向下与上唇相连的部分为鼻小柱;鼻小柱两侧为左、右鼻孔。鼻腔被鼻中隔分为左右两侧,鼻腔把鼻孔和咽喉连接起来,其顶部由颅骨的一部分形成,底部则由分隔口腔与鼻腔的腭形成。鼻腔的主要功能是呼吸、嗅觉和共鸣。鼻腔周围的含气骨空腔为鼻窦,共4对:上颌窦、筛窦、额窦和蝶窦。

二、鼻损伤的机制

鼻突出于面中部,易受外力打击。多见直接暴力引起的损伤,如钝器打击、锐器切砍、火器及化学性损伤,还有鼻咬伤等。

三、鼻损伤的表现

(一) 外鼻损伤

1. 软组织损伤 外鼻受外力打击常形成挫伤或挫裂创,局部青紫肿胀,压痛明显,单纯的擦伤或挫伤,可自行愈合而不留明显痕迹。若形成挫裂创,则愈合后遗留瘢痕而影响容貌。颜面部的锐器伤可导致外鼻的局部或全部缺损,愈合后,可遗留瘢痕或组织缺损,影响容貌。

2. 鼻骨骨折 钝器暴力打击常可造成鼻骨骨折,最常见于拳击或棍棒伤。鼻骨上部厚而窄,下部薄而宽,因此鼻骨骨折易发生于下部;鼻骨抵抗正面暴力的能力较强,因此鼻侧面的暴力打击易引起鼻骨骨折。鼻骨骨折后局部出现肿痛,新鲜损伤由于软组织肿胀,即使骨折有移位,鼻外形可无明显畸形。因此应及时摄片检查,及时复位,以免造成畸形愈合,影响外观。

(二)鼻窦损伤

鼻窦损伤最多见的是鼻窦骨折,出现窦内积血。CT检查可确诊。

四、鼻损伤的检查

鼻损伤的检查主要是外观检查,如鼻外形有无歪斜、缺损、凹陷、隆突等;左、右鼻孔是否对称和通畅等;嗅觉检查等。

五、鼻损伤的法医学鉴定

(一)损伤的认定

根据鼻部表现,结合一般检查即可诊断。对外形有畸形的被鉴定人,可结合X线或CT检查,判断有无鼻骨骨折及骨折的类型。CT检查对鼻窦损伤的诊断很有价值。

(二)损伤程度鉴定

外伤后鼻出血、鼻骨线形骨折,根据《人体损伤程度鉴定标准》第5.2.5g项规定,为轻微伤。鼻骨粉碎性骨折、双侧鼻骨骨折、鼻骨骨折合并上颌骨额突骨折、鼻骨骨折合并鼻中隔骨折、双侧上颌骨额突骨折,根据第5.2.4o项规定,为轻伤二级。鼻部离断或者缺损30%以上,根据第5.2.2j项规定,为重伤二级。

讨论题

1. 眼损伤的损伤程度鉴定应注意哪些问题?
2. 耳损伤的损伤程度鉴定应注意哪些问题?

(薛爱民)

第十一章

颈、胸、腹部损伤

第一节 颈部损伤

一、颈部解剖学基础

颈部位于头与躯干之间,上起下颌骨下缘、乳突和上项线的连线,下至胸骨上切迹、胸锁关节、锁骨、肩峰和第7颈椎脊突的连线,两侧以斜方肌前缘为界,其前缘后方为项部。颈部有大血管、神经、气管、食管、甲状腺等重要结构,颈部损伤伤及大血管可危及生命。

二、损伤原因

机械性暴力所致颈部损伤是人身伤害法医学鉴定中最常见的颈部损伤,如刺伤、划伤、切伤、拳击伤等,颈部烧烫伤也不少见,还有机械性窒息(如缢颈、勒颈、扼颈等)所致的颈部损伤。

三、损伤类型及表现

颈部损伤分为开放性损伤和闭合性损伤。

1. 开放性损伤　见于刺创、切创、火器创等。浅表创仅见皮肤软组织损伤,愈合后形成瘢痕,若形成增生性瘢痕或瘢痕挛缩,则可影响颈部活动。较深创可造成颈部大血管、神经、气管、食管,甚至颈椎损伤,可遗留严重后遗症,如伤及喉返神经,可遗留声带瘫痪;伤及食管,可遗留食管瘢痕形成,甚至瘢痕挛缩,致食管狭窄;伤及气管,可造成气管瘢痕,导致气道狭窄,从而影响呼吸及发音。

2. 闭合性损伤　多见于钝性暴力,如拳击、掐、勒颈部等。尽管闭合性损伤无创口,但也可造成颈部神经、血管及咽喉、气管、食管等器官的损伤,致使发音、吞咽时疼痛。

三、颈部损伤的法医学鉴定

1. 损伤的认定　根据案情、病史资料及检查所见,颈部损伤的诊断一般无困难。
2. 损伤程度鉴定　颈部轻微的擦伤(面积4.0 cm² 以上)、挫伤(面积2.0 cm² 以上)、划伤(长度5.0 cm以上)及较小创(创口或者瘢痕长度1.0 cm以上),根据《人体损伤程度鉴定标准》第5.5.5项规定,评定为轻微伤。颈部较长创(创口或者瘢痕长度5.0 cm以上)或有颈部运动功能障碍、颈部损伤出现窒息征象的及颈部损伤伤及甲状腺、咽喉、气管、食管、舌骨、膈神经等的,根据第5.5.3及第5.5.4项相关规定,评定为轻伤一级、轻伤二级。颈部咽喉、气管、食管严重损伤,出现严重并发症或遗留严重功能障碍的,根据第5.5.1及第5.5.2项规定,可评定为重伤一级、重伤二级。

第二节　胸　部　损　伤

一、胸部解剖学基础

胸部的上界为颈部下界,下界为骨性胸廓下口,外界为三角肌前后缘,是人体第二大体腔局部。胸部分为胸腔和胸腔内容两部分。胸椎、12对肋骨和肋软骨与胸骨凭借软骨、韧带和关节连接成扁圆锥形的胸廓构成了胸腔的骨性基础。胸腔又分为胸壁和膈,膈肌封闭于胸廓下口,将胸、腹腔分隔。胸腔内容纳有许多重要器官,两侧胸膜囊包裹着肺,中间的心包包裹着心脏。在纵隔中还有一些运动度不大的器官,如气管与支气管、食管、胸腺等。此外,还有与心脏相连的大血管、淋巴结、淋巴干和胸导管,以及分布于体壁和脏器的神经。

胸部面积较大,受伤的机会也较多。故意伤害案件中,胸部损伤很常见。在人身伤害法医学鉴定实践中钝器伤较锐器伤多见,暴力性的挤压、撞击、穿透等均可造成胸廓的变形、骨折并伤及内部器官。常见的胸部损伤包括:软组织损伤、肋骨骨折、胸骨骨折、心及肺损伤、血管损伤、胸部压迫窒息等。严重的胸部损伤可直接导致呼吸、循环功能障碍而危及生命。

二、胸部软组织损伤

胸部软组织包括皮肤、皮下组织、肌肉及壁层胸膜。

(一) 损伤机制

人身伤害的法医学鉴定中胸部软组织损伤多由机械性暴力所致,如钝器、锐器伤。钝器伤中多见于拳打脚踢、棍棒、砖石等造成的损伤,表现为擦伤、挫伤等;锐器常见刀、匕首等,造成切割伤、划伤及刺创,其中刺创由于口小腔深,易伤及内部重要器官而危及生命,因此检查、治疗时应注意有无内部组织器官的损伤。

(二) 损伤表现及检查

胸壁软组织损伤常见擦伤、挫伤及创，局部有疼痛、红肿，若系锐器伤，可见切创、刺创、砍创、剪创等。检查创，特别是刺创时还要注意伤者的一般情况，必要时做辅助检查以了解胸壁及胸腔内的伤情。

(三) 法医学鉴定

1. 损伤的认定　根据案情、病史，结合检查所见，胸部软组织的损伤认定无困难。

2. 损伤程度鉴定　胸部软组织损伤程度的鉴定参阅《人体损伤程度鉴定标准》第5.11项体表损伤的相关条款。

三、肋骨骨折

人肋骨由骨性肋骨和肋软骨组成，12对共24根，左右对称，为细长的弓形扁骨，分为体和前、后两端。肋骨前端粗糙，接肋软骨，肋软骨为透明软骨，与胸骨侧缘相连形成关节，前端第1~7肋凭借软骨与胸骨相连接，为真肋；第8~10肋凭借肋软骨与上一肋的软骨相连，形成肋弓；第11、第12肋前端游离，称浮肋。肋骨的后端稍膨大即肋头，与胸椎体形成关节。从肋头向后外变细，称肋颈，再向外变扁成肋体，颈与体结合处的后面突起称为肋结节，与胸椎横突形成关节。肋体可分内、外两面和上、下两缘，沿内面下缘有肋沟，沟内有肋间血管和神经通过。

肋骨骨折在胸部伤中占61%~90%。在儿童，肋骨富有弹性，不易折断；而在成人，尤其是老年人，肋骨弹性减弱，在外力作用下容易发生骨折。

(一) 损伤机制

肋骨骨折可由直接暴力和间接暴力形成，不同的外界暴力作用方式所造成的肋骨骨折可具有不同的特点。

1. 直接暴力作用　作用于胸部局限部位的直接暴力所引起的肋骨骨折，如钝器打击、撞击、枪弹及爆炸等引起着力处的骨折，可出现1根或多根肋骨骨折；严重的局限暴力，直接作用在胸部，除肋骨骨折外，还会伤及其下的肺实质，或有尖锐的骨折断端向内移位刺入深部，刺破肺膜、肺或心脏，形成气胸、血胸、血气胸、心包积血等。第1~3肋骨骨折还可伴有气管、支气管损伤及前胸上部大血管的损伤；而第10~12肋骨骨折常可出现膈肌、肝、脾等器官的损伤。

2. 间接暴力作用　间接暴力如胸部前后受到钝性暴力挤压，所造成肋骨骨折的位置常在两侧腋中线部位，断端向外移位，可刺伤胸壁软组织，产生胸壁血肿。

枪弹伤所致肋骨骨折常为粉碎性骨折。偶尔由于剧烈的咳嗽或喷嚏等，胸部肌肉突然强力收缩而引起的肋骨骨折，称为自发性肋骨骨折，好发于有慢性肺部疾病的老年人，多发生在腋窝部的第6~9肋；当肋骨本身有病变时，如原发性肿瘤或转移瘤等，在很轻的外力或没有外力作用下也可发生肋骨骨折，称为病理性肋骨骨折。在进行法医学鉴定时应注意。

(二) 肋骨骨折的临床表现

肋骨骨折根据骨折形态分为线形骨折、粉碎性骨折，前者又可分为不完全性骨折、完全性骨折，其中无移位者称单纯性骨折。

外伤性肋骨骨折多发生在第4～7肋；但是，当暴力强大时，所有肋骨都有可能发生骨折。仅有1根肋骨骨折称为单根肋骨骨折，2根或2根以上肋骨骨折称为多发性肋骨骨折。肋骨骨折可以同时发生在双侧胸部。每肋仅一处折断者称为单处骨折，有2处及以上折断者称为双处或多处骨折。序列性多根多处肋骨骨折或多根肋骨骨折合并多根肋软骨骨骺脱离或双侧多根肋软骨骨折或骨骺脱离，则造成胸壁软化，形成浮动胸壁，称为连枷胸。

1. 局部疼痛　局部疼痛是肋骨骨折最明显的症状，且随咳嗽、深呼吸或身体转动等运动而加重，有时伤者可同时自己听到或感觉到肋骨骨折处有"咯噔咯噔"的骨摩擦感。疼痛以及胸廓稳定性受破坏，可使呼吸活动受限，伤者不敢咳嗽、深呼吸。发生连枷胸吸气时，胸腔负压增加，软化部分胸壁向内凹陷；呼气时，胸腔压力增高，损伤的胸壁浮动凸出，这与其他胸壁的运动相反，称为"反常呼吸运动"。反常呼吸运动可使两侧胸腔压力不平衡，纵隔随呼吸运动而向左右来回移动，称为"纵隔摆动"，影响血液回流，造成循环功能紊乱，继而出现严重的呼吸困难及低氧血症。

2. 合并损伤　肋骨所处部位胸腹腔内有重要器官，肋骨骨折的同时可合并这些器官的严重损伤。如：第1或第2肋骨骨折常合并锁骨或肩胛骨骨折，并可能合并胸腔内器官如心、肺挫伤或挫裂伤，大血管损伤，支气管或气管断裂等；下胸部肋骨骨折可能合并腹腔内器官损伤，如肝、脾和肾破裂，有时会合并脊柱骨折，从而出现相应器官损伤的表现。

(三) 肋骨骨折的诊断

肋骨骨折的诊断主要依据胸部明确的外伤史、临床表现和X线胸片及CT检查。

按压胸骨或肋骨的非骨折部位(胸廓挤压试验)而出现骨折处疼痛(间接压痛)，或直接按压肋骨骨折处出现直接压痛阳性或可同时听到骨擦音、手感觉到骨摩擦感和肋骨异常动度等症状和体征，可初步判断肋骨骨折。

X线胸片上大多能够显示肋骨骨折及损伤部位、损伤程度，但是，对于肋软骨骨折、"青枝骨折"、线形骨折无错位、或肋骨中段骨折在胸片上因两侧的肋骨相互重叠处，均不易发现，可在伤后1周复查。此时，由于骨折处骨痂形成，而易被发现。肋软骨骨折需凭借CT检查明确诊断。

(四) 肋骨骨折的法医学鉴定

1. 损伤的认定　根据胸部外伤史，胸廓有直接及间接挤压痛，局部骨擦音，结合X线、CT检查，诊断肋骨骨折难度不大。有时，由于伤者疏于复查，至鉴定复查发现肋骨骨折漏诊，造成鉴定意见与临床诊断不一致的现象，值得注意。

2. 损伤程度鉴定　单纯的肋骨骨折，损伤程度自轻微伤至轻伤一级；肋骨骨折伴有内脏器官结构损伤，则可能构成轻伤或重伤。根据《人体损伤程度鉴定标准》第5.6.5a项规定,肋骨骨折、肋软骨骨折属轻微伤;第5.6.4b项规定,肋骨骨折2处以上,构成轻伤二级;第5.6.3b项规定,肋骨骨折6处以上,构成轻伤一级。在鉴定时需注意单根肋骨可以有多处骨折。

四、胸骨骨折

胸骨为扁骨,形似短剑,位于胸前壁正中,分柄、体、剑突3部分。

胸骨柄上缘中部微凹,称颈静脉切迹,其两侧有锁骨切迹,与锁骨形成胸锁关节。柄侧缘接第1肋软骨。下缘与胸骨体连接处微向前突,称胸骨角。胸骨角从体表可以触及,因其两侧恰与第2肋软骨形成关节,所以是确定肋骨序数的重要标志。胸骨体扁而长,两侧有第2～7肋软骨相连接的切迹。剑突形状多变,位居左、右肋弓之间。

(一)损伤机制

胸骨骨折较少见,一般由直接暴力打击所致,见于胸部钝器打击或挤压,常为横形骨折,如交通事故时方向盘向驾驶员胸部撞击。

(二)临床表现

胸骨骨折后局部软组织肿胀、疼痛和压痛,并随呼吸运动而疼痛加剧。如伴有心、肺、呼吸道、胸腔血管或脊柱损伤,可出现相应的症状和体征。

(三)诊断

胸骨骨折多为横断形,可有2处以上骨折线,可发生移位。摄片时以侧位片显示为佳。

(四)胸骨骨折的法医学鉴定

1. 损伤的确认 鉴定时依据胸部外伤史、临床资料,诊断无很大困难。只是要避免阅片时将X线片上胸骨柄切迹误认为骨折。

2. 损伤程度的鉴定 根据《人体损伤程度鉴定标准》第5.6.4c项规定,胸骨骨折属轻伤二级。

五、肺损伤

肺位于胸腔内纵隔的两侧,左右各一,通过支气管、气管上通咽喉,是人体进行气体交换的器官。肺上端钝圆称肺尖,向上经胸廓上口突入颈根部,底位于膈上,朝向纵隔的面叫内侧面。该面中央有支气管、血管、淋巴管和神经出入,称为肺门。这些出入肺门的结构,被结缔组织包裹在一起称肺根。左肺由斜裂分为上、下2个肺叶,右肺由斜裂、水平裂分为上、中、下3个肺叶。肺以支气管反复分支形成的支气管树为基础,最后形成肺泡,肺泡之间的间质内含有丰富的毛细血管网,血液和肺泡内气体在此进行气体交换。

(一)损伤机制

强大暴力作用于胸壁,使胸腔体积缩小,增高的胸内压压迫肺脏,引起肺实质出血、水肿;外力消除后,变形的胸廓弹回,使胸腔产生负压的瞬间又导致原损伤区的损伤加重。肺损伤后,水与细胞成分进入肺组织使肺实变,红细胞和水肿液充满肺泡腔,肺泡间质出血,导致气体交换障碍,从而出现一系列症状和体征。

(二) 损伤分类

常见的肺损伤包括肺挫伤和肺裂创。

1. **肺挫伤** 在钝器形成的闭合性胸部损伤中,肺挫伤比较常见。挤压、拳击等暴力作用于胸部,可以造成打击部位下方或对侧的肺组织挫伤。爆炸冲击波也可以引起肺挫伤。肺挫伤的严重程度与外力的大小及胸壁的厚薄和弹性有关,若合并肋骨骨折,则更易发生肺挫伤。

2. **肺裂创** 有直接损伤和间接损伤。①直接损伤:由锐器伤或火器伤所致,造成肺穿入或穿透性损伤。也有肋骨骨折断端内陷或肺组织随呼吸运动与锐利的肋骨骨折断端相摩擦造成肺裂创,属肋骨骨折性肺裂创;②间接损伤:有由于胸腹部受钝性外力打击或挤压,造成气压改变而形成的肺裂创。

(三) 临床表现

根据肺损伤的严重程度,伤者的临床表现为不同程度的胸痛、咳嗽,有时可有痰中带血,严重者,可出现呼吸困难、发绀。听诊时,伤侧肺呼吸音减弱,或出现湿啰音等。早期X线片显示肺部局限性斑点状浸润,严重的则有弥漫性和局限性斑点相融合。

(四) 诊断

根据胸部外伤史、胸痛、咳嗽、痰中带血表现及结合放射影像学检查,尤其是CT扫描,对诊断肺损伤应无问题。

(五) 肺损伤的法医学鉴定

1. **损伤的认定** 胸部外伤史、结合临床表现和辅助检查,损伤的诊断可以明确。

2. **损伤程度鉴定** 肺损伤多合并胸部其他组织器官的损伤,损伤程度较重。根据《人体损伤程度鉴定标准》第5.6.2f项规定,肺破裂,需手术治疗,构成重伤二级;根据第5.6.1b项规定,肺损伤致一侧全肺切除或者双肺三肺叶切除,构成重伤一级。

六、心损伤

人的心如本人的拳头大小,外形如同倒置的前后略扁的圆锥体,位于胸腔内,膈肌之上,二肺之间,约2/3在中线左侧,是循环系统的动力,通过心肌的泵动力推动血液流动,向器官、组织提供充足的血流量,以供应氧和各种营养物质,并带走代谢的终产物(如二氧化碳、尿素和尿酸等),使细胞维持正常的代谢和功能。

心是由心肌构成的中空肌性器官,有左心房、左心室、右心房、右心室4个腔。左、右心房之间和左、右心室之间均由间隔隔开,故互不相通,心房与心室之间有瓣膜(左侧为二尖瓣、右侧为三尖瓣),使血液只能由心房流入心室而不能倒流,心室与主动脉、肺动脉也有瓣膜(主动脉瓣、肺动脉瓣),使心血流向外周和肺。

心损伤由于损伤后果严重,常导致急性死亡,故人身伤害法医学鉴定中较少见。

(一) 损伤机制

心损伤可分为穿透性和非穿透性损伤两类。

穿透性心损伤是胸部受到锐器或火器作用,锐器、弹头或弹片穿破胸壁并进入心,或临床介入性诊断和治疗技术操作所引起的医源性损伤,心的完整性发生破坏。在人身伤害的法医学鉴定中较非穿透性心损伤常见,常危及生命,死亡率很高,但此类损伤容易发现和鉴定。

非穿透性心损伤又称闭合性心损伤或钝力性心损伤,指胸部,特别是心前区受到钝性外力作用后,胸廓完整,但心的组织结构和(或)功能受到破坏,有时也会引起严重的心功能障碍。

1. 直接作用 钝性暴力直接作用于心前区,造成心肌挫伤,同时可伴有胸壁、心外膜损伤;或由外力引起胸骨或肋骨骨折,骨折断端刺伤心脏。

2. 间接作用 腹部突然遭受压迫时,腹腔内较多的血液骤然涌入心腔或大血管内,使其内压剧增,造成心脏挫伤。

心脏钝性暴力作用可引起不同程度和类型的损伤。①心包损伤:心包挫伤或破裂,一般合并于心其他部位损伤;②心肌挫伤:心肌挫伤可以是小片状心外膜或内膜下出血瘀斑(心震荡伤),也可以是致命性全层心肌的撕裂、出血、水肿和坏死等;③心脏破裂:心脏破裂大多数发生在受伤即刻即引起大出血或心包填塞,常危及生命;④瓣膜损伤:以主动脉瓣最多见,表现为撕裂或穿孔,其次为二尖瓣,常为腱索或乳头肌断裂。

(二) 损伤表现

1. 心挫伤 伤者大多数表现为心绞痛,如诉心前区疼痛、心悸、胸闷、恶心等,心电图检查可发现心律失常。心绞痛可伴呼吸困难或休克,不为扩张冠状动脉的药物所缓解。心律失常多为心动过速、期前收缩和阵发性房颤。单纯心肌挫伤很少有阳性体征,心电图检查诊断价值较大,表现为 ST 段抬高和 T 波倒置、低平。实验室检查血清磷酸肌酸激酶同工酶(CPK-MB)和乳酸脱氢酶同工酶(LDH_1 和 LDH_2)升高有诊断价值。

2. 心脏破裂 多发生于胸部遭受强大暴力作用,常危及生命。

3. 心脏贯通伤 见于刀刺伤和枪弹伤,常危及生命。

(三) 诊断

1. 心破裂及心贯通伤 根据临床资料记载容易诊断。

2. 心挫伤的诊断依据 ①胸背部或腹部的外伤史;②伤后出现心肌缺血或心肌梗死症状;③伴有胸骨骨折或肋骨骨折;④无法解释的低血压;⑤心电图显示心律不齐;⑥受伤后出现心包摩擦音;⑦心包腔内积液。

(四) 心损伤的法医学鉴定

1. 损伤的认定 胸前区或胸背部的外伤史,结合临床表现、实验室检查及放射影像学检查或手术记录,心损伤的诊断可以明确。

2. 损伤程度鉴定 根据《人体损伤程度鉴定标准》第 5.6.2b 项规定,心脏破裂、心包破裂为重伤二级;根据第5.6.3a项规定,心脏挫伤致心包积血,构成轻伤一级。若临床症状明显、经治疗后仍遗留严重心功能不全者,属重伤二级(心功能Ⅲ级)或重伤一级(心功能Ⅳ级)。

第三节 腹部损伤

一、腹部解剖学基础

人的腹部是胸部和骨盆之间的躯干部分,骨盆入口和膈肌之间的空腔称为腹腔。腹部是大部分消化道所在部位,如下食管、胃、十二指肠、空肠、回肠、盲肠、阑尾、升结肠、横结肠、降结肠、乙状结肠和直肠。其他重要的实质器官有肝(附胆囊)、肾(左右两侧)、胰、脾和膀胱。当然还有大血管、神经分布。

腹部占体表面积较大,遭受暴力的机会也较多。引起腹部损伤的暴力有钝器、锐器和火器,形成的损伤有闭合性损伤、开放性损伤。腹腔内器官众多,当腹部损伤时,可伤及内部器官而导致严重后果。

二、腹部软组织损伤

腹前壁由6层组织构成,自外向内分别为皮肤、浅筋膜、肌层(腹外斜肌、腹内斜肌、腹直肌等)、腹横筋膜、脂肪层和腹膜壁层。

(一)损伤机制

钝性暴力作用于腹部,常造成腹部闭合性损伤,多见于拳打脚踢、钝物撞击、挤压等;锐器暴力如刀切、砍、利器刺或火器,常造成开放性损伤。

(二)临床表现

单纯的腹部软组织损伤症状较轻,为局部疼痛、肿胀。若为开放性损伤,可见创形成。

(三)检查

可见挫伤、擦伤或创,检查时需注意结合影像学检查观察创的深度及伤者全身症状和体征。

三、胃肠损伤

胃肠是人体中空性消化器官,承担食物摄入、吸收和排泄的功能。在腹部占很大空间,当腹部遭受外力作用时易受伤。

胃分贲门、胃底、胃体和胃窦4部分,其总容量为1 000~3 000 ml。胃壁黏膜中含大量腺体,分泌胃液,其主要成分有盐酸、钠、钾、氯化物、消化酶、黏蛋白等,呈酸性。胃液的主要作用是容纳和消化食物、杀灭食物中的细菌、保护胃黏膜以及润滑食物,使食物在胃内易于通过。由食管进入胃内的食物,经胃内机械性消化和化学性消化后形成食糜,食糜凭借胃的运动逐次被排入十二指肠。

十二指肠是小肠的起始段,长度相当于其本人十二个手指的指幅(25~30 cm),故名。十二指肠呈"C"形弯曲,在腹中部包绕胰头,分为上部、降部、下部和升部4部分。十二指肠的主要功能是分泌黏液、刺激胰消化酶和胆汁的分泌,是蛋白质的重要消化场所。

空、回肠均属小肠,两者之间无明显界限,空肠起自十二指肠空肠曲,下连回肠,回肠连接盲肠。全长约其人体身高的4倍,空肠的长度占全长的2/5,回肠占3/5。空、回肠的主要功能是消化食物和吸收营养。

大肠为消化道的下段,包括盲肠、阑尾、结肠和直肠4部分。成人大肠全长约1.5 m,起自回肠,全程形似方框,围绕在空、回肠的周围。大肠的主要功能是进一步吸收水分和电解质,形成、贮存和排泄粪便。

(一)损伤机制

可以由直接暴力或间接暴力造成胃肠挫伤、破裂或撕裂伤。

直接暴力见于腹部锐器伤,如刺伤、切伤或火器伤,通常为开放性损伤,造成胃肠一处或多处破裂;间接暴力多见于胃肠充盈时,其位置下移,且因流体力学作用,遭受钝性暴力打击,如拳打脚踢、棍棒击打等,胃肠发生剧烈震荡而破裂。由于胃内容物为半流体性状,压力均衡地向四周扩散,破裂点不一定位于受力处,而常位于胃壁较薄弱点。

胃肠破裂后,胃肠内容物溢入腹腔,可引起腹膜炎等严重并发症,甚至危及生命。

(二)临床表现

胃肠损伤后出现剧烈腹痛、恶心、呕吐。严重者,可出现休克症状。

(三)检查及诊断

腹部可见挫伤、擦伤或创,全腹压痛、反跳痛、腹肌肌抵抗,可有移动性浊音,腹腔穿刺可抽出胃肠内容物及血液,X线检查可见膈下游离气体。

四、肝损伤

肝是人体最大的腺体,也是最大的实质性器官,弹性较小、不易移动,正常大小范围为长(左右距离)(25~30)cm×宽(上下距离)(19~21)cm×厚(前后距离最厚处)(6~9)cm,重量1 300~1 500 g。其大部分位于右季肋部和上腹部,小部分位于左季肋部。由镰状韧带分为左、右两叶,右端圆钝厚重,左端窄薄呈楔形,因此,肝右叶受伤机会大于左叶的4~5倍。肝有上、下两面,前、后、左、右四缘,有丰富的血液供应,呈棕红色,质软而脆,外力作用下易致破裂。上面隆凸贴于膈肌,下面略凹,有胆囊窝容纳胆囊及门静脉、肝动脉、肝管、神经及淋巴管的出入处(称肝门)。肝上界与膈穹隆一致,成人肝的上界一般在锁骨中线交于第5肋水平。肝大部分为肋弓所覆盖,仅在腹上部左、右肋弓之间露出3~5 cm,贴靠腹前壁,所以,正常时在右肋缘下不易触及肝下界。腹上部以及右季肋区如受到暴力打击或肋骨骨折时,可导致肝破裂。小儿肝相对较大,外力作用下更易发生破裂。

(一) 损伤机制

肝损伤可由直接暴力和间接暴力引起。肝钝器伤可由钝器直接作用或间接作用引起,造成挫伤、血肿或破裂。肝锐器伤常直接作用引起损伤,见于上腹部刺创、火器伤,通常造成破裂出血,根据致伤物不同而形成条状、星芒状、孔状破裂口。

(二) 临床表现

肝损伤由于致伤物、致伤方式不同可有不同的形态改变。较轻微钝性暴力作用可致肝局部挫伤,经临床保守治疗,出血可吸收。肝破裂时被膜与实质同时破裂者称真性破裂。被膜下破裂可形成较为局限的被膜下血肿。被膜下破裂可于数小时后才穿破而致腹腔内大出血。有时肝中心破裂,而被膜完整,或伴有肝周围韧带撕裂伤等。肝表面的破裂口可呈条状、星芒状、龟壳状。

肝损伤者常出现腹痛,破裂口大则可致急性大量出血而发生出血性休克,危及生命。

(三) 检查及诊断

腹部可见挫伤、擦伤或创,全腹压痛、反跳痛,腹肌肌抵抗,可及移动性浊音,腹腔穿刺可抽出血液,B超或CT检查可确诊。

五、脾损伤

脾位于左上腹部,胃后方,横膈下方。一般成年人脾大小为长(12~14)cm×宽(8~9)cm×厚(3~4)cm,重量140~180 g。脾组织分为红髓及白髓,红髓的主要功能是过滤和贮存血液,白髓则为对抗外来微生物及感染。当人体失血时,血窦收缩,将这部分血液释放到外周以补充血容量,此时脾的体积会变小。

(一) 损伤机制

脾损伤,尤其是脾破裂,是最常见的腹部器官损伤。脾的质地较脆且血运丰富,因此一旦受到较强大外力打击,就很容易破裂。钝性暴力有直接作用或间接作用,如钝器打击或挤压,均可引起闭合性脾损伤,如脾挫伤、血肿形成或脾破裂。直接作用可造成穿透性脾损伤(脾破裂),多因锐器、火器直接作用所致。

外力大小与脾损伤的机会和程度有时并不完全一致。若原来有脾脏疾病,损伤轻微也可发生致命后果。如患有各种肝硬化、白血病、淋巴瘤、慢性疟疾等可致脾大的疾病伤者;或脾本身的疾病,如脾炎、囊肿、结核和肿瘤等,均可使脾更易发生破裂。其中以各种肝硬化致淤血性脾大最常见,而且肝硬化时凝血机制发生障碍,在外力作用下更易发生出血,尤其是受到较轻微外力作用而导致的脾破裂,易引起纠纷。在进行法医学鉴定时,应注意疾病与损伤的关系。

(二) 临床表现

脾破裂按损伤范围分为被膜下、中央型及真性破裂3种;按时间分为急性、迟发性两种。外伤性脾破裂多在外伤后立即发生,称为急性脾破裂;如在受伤后先有被膜下或脾内出血,数天、数周甚至更长时间后出血范围增大发生被膜穿破,称为外伤性迟发性脾破裂。这种出血者,损伤后多有明显的诱因,如腹压突然增大(如剧烈咳嗽、憋气)、剧烈活动、受较轻外伤等。

脾破裂会导致严重的大出血而危及生命。临床表现主要是腹痛,急性大量出血可导致出血性休克。临床上较小的脾破裂可以缝合修补,但很多时候难免要将脾切除。与肝不同,脾切除后患者可以正常生活,但免疫力可受影响。

(三) 检查和诊断

腹部可见挫伤、擦伤或创,或无明显损伤。全腹压痛、反跳痛,腹肌肌抵抗,可及移动性浊音,腹腔穿刺可抽出血液,B超或CT检查可确诊。

六、胰损伤

胰是人体的第二大消化腺,在胃的后方,横行于腹后壁,横跨在第1、2腰椎的前面。呈长条状,质地柔软,呈灰红或淡红色,可分为头、体、尾3部分。正常大小(长)18 cm×(宽)4.5 cm×(厚)3.8 cm,重量90~120 g。胰头膨大位于右侧,被十二指肠环抱,胰腺管的末端穿入十二指肠壁,汇合胆总管,开口于十二指肠乳头。

胰表面覆以结缔组织被膜,腺内结缔组织将腺实质分成许多小叶。胰腺由内分泌部和外分泌部组成。外分泌部占大部分,由腺泡(腺细胞)和腺管组成,腺泡分泌胰液,内含多种消化酶,有消化蛋白质、脂肪和糖类的作用。腺管是胰液排出的通道。胰液经各级导管,流入胰腺管。胰腺管与胆总管共同开口于十二指肠。内分泌部较少,由散在于外分泌腺之间大小不同的细胞团——胰岛所组成,胰岛分泌激素,如胰岛素、胰高血糖素等,进入血液循环参与糖代谢的调节。如胰岛素分泌不足,可引起糖尿病。

(一) 损伤机制

一般来说,由于胰位于腹腔的深部,靠近脊柱,前面有胃、肠覆盖,故相对其他腹腔内器官较少发生外伤性损害。除刺器和枪弹直接损伤外,钝器打击(如拳击、脚踢或石块砸击)等也可致伤,形成胰挫伤、破裂等。

胰损伤分为开放性和闭合性两类。

胰闭合性损伤常因钝性暴力所致。当暴力来自椎体右方时,挤压胰头部可引起胰头挫伤,常合并肝脏、胆总管和十二指肠损伤。上腹正中的暴力作用于横跨椎体的胰腺,常引起胰体部横断伤;而来自左方的暴力常易引起胰尾部损伤,可合并脾破裂。

胰开放性损伤也即穿透性胰损伤,多由枪弹和锐器直接作用所致。

(二) 临床表现

胰损伤的主要临床表现是内出血及胰液性腹膜炎的临床表现,尤其是在严重胰损伤或主胰管破裂时,可出现上腹剧烈疼痛,放射至肩背部,伴恶心、呕吐和腹胀,肠鸣音减弱或消失,严重时可因内出血和体液大量丢失而出现休克。部分伤者脐周皮肤出现不规则瘀斑(Cullen征),或腰部出现青紫色(Grey-Turner征)。

第十一章 颈、胸、腹部损伤

(三) 检查和诊断

开放性胰损伤的诊断并不难,如上腹部的锐器伤、枪弹伤等。闭合性胰腺损伤的诊断甚难。由于胰损伤较少见,且常被其他损伤所引起的临床表现掩盖,实验室胰淀粉酶的检测对诊断胰损伤的敏感度及准确性有限。腹部X线平片可显示腹膜后肿块;B超检查有助于明确胰腺周围液体积聚情况;CT检查可显示胰腺肿胀、出血、破裂等。有时胰腺损伤临床上经剖腹探查才得以明确诊断。

七、腹部损伤的法医学鉴定

(一) 损伤的认定

根据腹部外伤史、临床病史,特别是手术记录,腹部损伤的诊断应无问题。但要注意某些腹腔内器官破裂的伤病关系,如外伤性破裂和病理性破裂的鉴别;需综合考虑病理状态下器官外伤后破裂时,外伤所起的作用等。

(二) 损伤程度鉴定

根据《人体损伤程度鉴定标准》第5.11项规定,腹壁软组织损伤参照体表损伤鉴定。根据第5.7.3项规定,空腔器官(胃、肠、胆囊、胆道)非全层破裂,实质脏器(肝、脾、胰)包膜破裂或实质内血肿直径2.0 cm以上,构成轻伤一级;而空腔器官挫伤,实质脏器包膜下或实质内出血,腹腔积血或者腹膜后血肿,腹壁穿透创则属于轻伤二级。根据第5.7.2项规定,腹部损伤致空腔器官穿孔破裂或实质器官破裂、血肿形成,须手术治疗的,或继发感染致弥漫性腹膜炎、感染性休克等严重危害人身健康的,均属重伤二级;而遗留严重功能障碍的,如肝功能损害(重度),或胃肠道损伤致消化吸收功能严重障碍,依赖肠外营养,才构成重伤一级。

(三) 伤病关系处理

由于某些伤者的实质器官原本就有严重的疾患,如肝、脾大,质地变脆弱,在外力作用下非常容易破裂,此时评定损伤程度时应慎重对待,需结合案情、病史资料及检查结果,仔细判别损伤在所致后果中所起的作用,根据《人体损伤程度鉴定标准》第4.3项伤病关系处理原则,进行损伤程度的鉴定。

【案例】

李**(女,45岁)于2017年3月21日因故被他人殴打倒地,送医院救治,发现脾破裂,脾被切除。

据临床病史资料记载:2017年3月21日21:30,被人踢伤左上腹、中上腹半小时,无昏迷、呕吐。查体:神清,腹平坦,中上腹、左上腹压痛,无反跳痛,脾区叩痛。CT片、B超检查示:肝硬化、巨脾、腹腔积液。左下腹腹穿抽出少量不凝血。21:30测心率

120次/分,血压105/50 mmHg;23:00测心率110次/分,血压115/46 mmHg;22日0:00测心率100次/分,血压108/51 mmHg。急诊入院行剖腹探查+脾切除+肝活检+腹腔引流术,术中见腹腔内不凝血及凝血块约1 000 ml,脾脏明显增大,活动出血。术后诊断:外伤性脾破裂,失血性休克,肝硬化,脾功能亢进。病理学诊断示:脾重700 g,大小约19.5 cm×11.5 cm×(3.5~7.0)cm,脏面脾缘处见长约7.0 cm裂口,其上附少量血块。诊断:淤血性脾大,伴破裂出血;淋巴结反应性增生;肝细胞水肿,假小叶形成,中央静脉偏位,汇管区淋巴细胞浸润,符合结节性肝硬化。

2017年4月6日进行损伤程度鉴定。主诉:咳痰,腰背部游走性疼痛,伤口处疼痛。查体:神清,反应可,对答切题,检查合作。全身皮肤、巩膜无明显黄染。腹中线手术瘢痕,长17.5 cm,伴3处减张瘢痕;左下腹引流瘢痕,长0.7 cm,腹平软无明显压痛、反跳痛。口唇轻度苍白,下肢无水肿。左季肋区、背部未见明显异常。阅送检CT片示:腹腔内积液,脾巨大,部分进入盆腔内。

分析说明及鉴定意见:根据案情、病史资料,2017年3月21日,李**被殴打后发生脾破裂,术中见其脾体积巨大,于脾脏面脾缘见一破裂口,伴腹腔内积血1 000 ml;病理诊断:结节性肝硬化、淤血性脾大[脾重700 g,大小为19.5 cm×11.5 cm×(3.5~7.0)cm],伴破裂出血;CT片示:脾脏巨大,其局部进入盆腔。伤后16天体检,其左季肋区及左腰背部未见明显擦伤、挫伤。综合分析认为,李**原患有结节性肝硬化、淤血性脾大,在被他人殴打时,导致脾破裂,原有疾病为脾破裂的主要原因,外力作用系诱因。据此认为,李**的伤势不宜进行损伤程度鉴定,只说明因果关系。

讨论题

1. 如何进行肋骨骨折的法医学鉴定?
2. 对外伤后脾破裂的损伤程度鉴定应注意哪些问题?

(薛爱民)

第十二章

泌尿生殖器及会阴部损伤

第一节 解剖学基础

一、泌尿系统

泌尿系统由肾、输尿管、膀胱和尿道组成。

（一）肾

肾是实质性器官，呈蚕豆形，左右各一，位于腹后壁脊柱两侧，上端平第11、12胸椎，下端平第3腰椎，后面贴腹后壁肌，前面被腹膜覆盖。肾上方为肾上腺。

肾分上下端，内外缘，前后面。肾表面有3层结缔组织包裹，即纤维囊、脂肪囊和肾筋膜，这些结构起着固定与保护肾的功能。左、右肾前面的邻近结构不同，左肾前面为胃、胰和结肠左曲，右肾前面为肝、十二指肠和结肠右曲。肾的内侧缘中部有血管、淋巴管、神经和肾盂出入区域，称为肾门，出入肾门的这些结构合称肾蒂。它们的排列关系：由前向后分别为肾静脉、肾动脉和肾盂，由上向下分别为肾动脉、肾静脉和肾盂，为判断左右侧肾提供依据。由肾门向肾内续于肾窦。窦内有肾动脉、肾静脉、肾小盏、肾大盏。肾小盏呈漏斗形，紧紧包绕着肾乳头，一肾小盏包绕着1个或2个肾乳头，每2~3个小盏集合成肾大盏，2~3个肾大盏合并形成漏斗形的肾盂，出肾门后续于输尿管。

肾的主要功能是调节体内的水量，维持体液浓度与酸碱平衡。通过过滤血液，以尿的形式排泄废物和过剩的水来完成上述维持生命的功能。

（二）输尿管

成人输尿管全长20~30 cm，起自肾盂，沿腹后壁下行，再沿盆腔侧壁至盆底向内下斜穿膀胱壁，开口于膀胱。输尿管分3段，即腹段、盆段、壁内段，有3处生理性狭窄，即起始部、与髂血管交叉处、壁内段。输尿管有3个交叉，即与生殖腺血管交叉、与髂外血管交叉、与子宫动脉（男性为输精管）交叉。

输尿管的功能是传输尿液并吸收部分水分以浓缩尿液。

(三) 膀胱

膀胱位于小骨盆腔内,是贮存尿液的地方。前为耻骨联合,其后方的结构因性别不同而异,在男性有精囊腺、输精管和直肠,在女性有子宫和阴道。膀胱上连输尿管,下接尿道,空虚时呈锥形,分膀胱尖、膀胱底、膀胱体、膀胱颈。在膀胱底内面有膀胱三角,是尿道内口和左、右输尿管开口的部位。

(四) 尿道

尿道是泌尿系统的最后一段,由膀胱下口(尿道内口)开始,末端直接开口于体表。男、女尿道有很大不同。

男性尿道细长曲,既是排尿管道又是排精管道。它起于尿道内口,止于阴茎头末端的尿道外口,成人尿道长约18 cm,全程可分为3部:前列腺部(穿过前列腺的部分)、膜部(穿过尿生殖膈的部分,长约1.2 cm)和海绵体部(穿过尿道海绵体的部分),临床上将前列腺部和膜部称为后尿道,海绵体部称为前尿道。

女性尿道短、阔、直,功能单一。

二、生殖系统

男、女性生殖系统虽然都包括内生殖器和外生殖器,但其组成和结构完全不同。

(一) 男性生殖系统

男性内生殖器由生殖腺(睾丸)、输精管道(附睾、输精管、射精管和尿道)和附属腺(精囊腺、前列腺、尿道球腺)组成。外生殖器包括阴囊和阴茎。本节介绍其部分主要的结构。

1. 男性内生殖器

(1) 睾丸:睾丸是产生精子和分泌男性激素的器官,位于阴囊内,左右各一。睾丸产生的精子,贮存于附睾和输精管内,当射精时经射精管和尿道排出体外。附属腺分泌的液体与精子相混合构成精液,以增加精子的活动,并供给其营养。睾丸的表面包被致密结缔组织——白膜,睾丸后缘白膜增厚并突入睾丸实质内形成放射状的隔,把睾丸实质分隔成许多锥体形的睾丸小叶,每个小叶内含2~3条曲细精管,曲细精管的上皮是产生精子的场所。曲细精管之间的结缔组织内有间质细胞,可分泌男性激素。

(2) 附睾、输精管和射精管:附睾紧贴睾丸的上端和后缘,分头、体、尾3部。附睾的功能除贮存精子外,还能分泌附睾液,含有某些激素、酶和特异的营养物质,它们有助于精子的成熟。输精管、射精管和精索输精管长约40 cm,管壁肌膜发达,呈紧硬圆索状。输精管从阴囊到外部皮下,再通过腹股沟管入腹腔和盆腔,在膀胱底的后面精囊腺的内侧,膨大形成输精管壶腹,其末端变细,与精囊腺的排泄管合成射精管,穿通道列腺实质,开口于尿道前列腺部。

(3) 前列腺:前列腺是分泌精液的主要腺体,呈栗子形,位于盆腔底部,其上方是膀胱,下方是尿道,前方是耻骨,后方是直肠,内部有尿道前列腺部穿过。前列腺的左右由许多韧带和筋膜固定。前列腺与输精管、精囊紧密相邻,射精管由上部进入前列腺,并开口于前列腺中间的隐窝之中。前列腺分为5叶,分别称作前叶、中叶、后叶和两侧叶。前列腺由腺组织和平滑肌构成,内有30~50个管状腺埋藏于肌肉组织中,形成15~30个排泄管开口在前列腺中间两侧的隐窝中,前列腺分泌的前列腺液即由此排出。前列腺的表面有被膜覆盖包住,由3层组成:外层为丰富的静脉和疏松结缔组织,纤维鞘和肌层。肌层与间质组织内的大量肌肉纤维相连,较坚硬。前列腺每天分泌约2 ml前列腺液,是构成精液的主要成分,为均匀、稀薄的乳白色浆液性液体,正常时呈弱碱性(pH7.2),含有多种酶。射精时,前列腺液连同精囊、输精管的分泌物与精子一起射出。

小儿前列腺较小,性成熟期后生长迅速;老年后腺组织退化,结缔组织增生,造成前列腺肥大。

2. **男性外生殖器**

(1) 阴囊:阴囊是由皮肤构成的囊,皮肤薄而柔软,皮下组织内含有大量平滑肌纤维(肉膜),肉膜在正中线上形成阴囊中隔将两侧睾丸和附睾隔开。肉膜遇冷收缩,遇热舒张,借以调节阴囊内的温度,利于精子的产生和生存。

(2) 阴茎:阴茎由2个阴茎海绵体和1个尿道海绵体构成,外面包以筋膜和皮肤,分为阴茎头、阴茎体和阴茎根3部分。阴茎头为阴茎前端的膨大部分,尖端有尿道外口,头后稍细的部分叫阴茎颈。阴茎根藏在皮肤深面,固定于耻骨下支和坐骨支上。根、颈之间的部分为阴茎体。2个阴茎海绵体紧密结合,并列于阴茎的背侧部,前端嵌入阴茎头后面的凹窝中,后端分离,即阴茎根。尿道海绵体位于阴茎海体腹侧中央,尿道贯穿其全长,前端膨大即阴茎头,后端膨大形成尿道球,固定于尿生殖膈上。海绵体是一种勃起组织,外面包有坚厚的白膜,内部由结缔组织和平滑肌组成海绵状支架,其腔隙与血管相通。当腔隙内充满血液时,阴茎变粗、变硬而勃起。阴茎皮肤薄而软,皮下组织疏松,易于伸展。但阴茎头的皮肤无皮下组织,不能活动。

(二) 女性生殖系统

女性生殖系统包括内生殖器和外生殖器2部分。

1. **内生殖器** 由生殖腺(卵巢)、输卵管道(输卵管、子宫、阴道)和附属腺(前庭大腺)组成。

(1) 卵巢:卵巢位于骨盆侧壁的卵巢窝内,呈扁椭圆形,为实质性器官,浅层为皮质,深层为髓质。分上下端、前后缘、内外面。前缘有血管神经出入,称卵巢门。卵巢上、下端分别有卵巢悬韧带和卵巢固有韧带固定。卵巢表面无腹膜,由生发上皮覆盖,其内有一层纤维组织即白膜。白膜下的卵巢组织可分为皮质和髓质两部分。皮质在外层,其中有数以万计的始基卵泡及致密的结缔组织,髓质在卵巢的中心部分,含有疏松结缔组织和丰富的血管、神经、淋巴管及少量与卵巢悬韧带相连续的平滑肌纤维,髓质内无卵泡。

卵巢的主要作用是产生卵子和激素,从而使女子具备正常的生理特征和生育能力。青春期前,卵巢表面光滑。青春期开始排卵后,表面逐渐凹凸不平,成年女子的卵巢大小约4 cm×3 cm×1 cm,重5~6 g,呈灰白色。绝经期后卵巢萎缩变小、变硬。

(2) 输卵管:输卵管是一对弯曲的肌性管,长10~12 cm,内端连子宫,外端开口于腹膜腔。由内向外分 4 部,子宫部最细,输卵管峡部短而狭窄,输卵管壶腹粗而长,输卵管漏斗为末端膨大部分。输卵管是输送卵细胞的通道。

(3) 子宫:子宫呈倒置梨形,位于小骨盆腔中央,在膀胱和直肠之间,下端接阴道,两侧有输卵管和卵巢。成年女子子宫的正常位置呈轻度前倾前屈位。子宫分底、体、颈 3 部分。上端向上隆凸是底,下部变细为颈,底与颈之间称体。底、体内的腔称为子宫腔。颈的内腔为宫颈管,上口为子宫内口,通子宫腔;下口称子宫外口,通阴道。子宫壁由黏膜、肌膜和浆膜 3 层构成。子宫由多条韧带固定,如子宫阔韧带、子宫圆韧带、子宫主韧带和骶子宫韧带。

(4) 阴道:阴道是一前后压扁的肌性管道,上连子宫颈,两者间形成阴道穹隆,下部穿过尿生殖膈,开口于阴道前庭。处女的阴道口周围有处女膜附着。

2. 外生殖器 女性外生殖器包括阴阜、大阴唇、小阴唇、阴蒂、阴道前庭、前庭球等结构。

第二节 泌尿系统损伤

一、肾损伤

肾位于腹腔后面,表面包以纤维性被膜,周围有较厚的脂肪包绕,后面上半部有肋骨,受到周围结构的保护,且正常肾脏有 1~2 cm 的活动度,故而直接受伤机会较少;但腹部侧方局限性强烈的直接暴力,如钝器打击、撞击,或钝性暴力的间接作用也可引起肾损伤,甚至破裂。

肾损伤在肾疾病的发病率不高(低于 1%)。在人身伤害的法医学鉴定中却不少见,且肾损伤常是严重多发性损伤的一部分。有报道在腹部闭合性损伤案例中,涉及肾损伤的占 14.1%;腹部开放性损伤中,涉及肾损伤的占 7.5%。但实际上肾损伤的发病率要比这些数字所显示的高,因为严重的多发性损伤案例,临床常忽视了肾损伤,而轻微的肾损伤常因不伴有严重症状而易被漏诊。在法医学鉴定中,由于被害人出于种种原因,对腹部或腰背部受到轻微损伤后出现的肾区不适感或其他症状而就诊,肾损伤的出现率就相对较高。

在临床或法医学鉴定中,另有自发肾破裂的情况发生,可无明显外来暴力或轻微外力作用而发生破裂,这类"自发性"的肾破裂常由于肾原有较严重病变,如肾盂积水、肿瘤、结石和慢性炎症等所引起。在鉴定实践工作中应注意。损伤与疾病同时存在的情况,需结合病史和损伤情况,综合分析。

(一)损伤机制

直接暴力或间接暴力均可引起肾损伤。从致伤物看,以钝器所致闭合性损伤多见,而锐器所致开放性损伤常合并腹腔其他器官损伤。

1. 直接暴力　肾区受到钝器直接打击（局部拳击伤、脚踢伤、棍棒伤等）、挤压（摔跌硬物之间、挤压等）或锐器直接戳刺、火器伤等。

2. 间接暴力　多为减速性损伤所致，如人自高处跌落时，双足或臀部着地，身体运动突然停止的瞬间，肾脏由于惯性作用继续运动，牵拉肾蒂，进而造成血管内膜的撕裂或血管的破裂。

（二）损伤类型

肾损伤按损伤是否合并创形成分为闭合性损伤（如肾挫伤和肾裂伤）和开放性损伤（如枪弹伤、刺伤）两类。

按损伤严重程度分以下类型。

1. 肾轻度挫伤　肾轻度挫伤局限于部分肾实质，形成实质内瘀斑、血肿或局部包膜下小血肿，也可涉及肾集合系统而有少量血尿。由于损伤部位的肾实质分泌尿液功能减低，故甚少有尿外渗。一般症状轻微，愈合迅速。

2. 肾挫裂伤　肾挫裂伤是肾实质挫裂伤，如伴有肾包膜破裂，可致肾周血肿。如肾盂、肾盏黏膜破裂，则可见明显的血尿。但一般不引起严重尿外渗。

3. 肾全层裂伤　肾实质严重挫伤时，外及肾包膜，内达肾盂、肾盏黏膜，此时常伴有肾周血肿和尿外渗。如肾周筋膜破裂，外渗血尿可沿后腹膜外渗。血肿如破入集合系统，则可引起严重血尿。

4. 肾蒂损伤　肾蒂血管撕裂时可致大出血、休克。如在胸腹部联合损伤时，肾蒂完全断裂，伤肾发生移位，甚至可被挤压通过破裂的横膈进入胸腔。

（三）临床表现

各类型肾损伤的临床表现颇不一致，有其他器官同时受伤时，较轻微肾损伤的症状可能被忽略而不易觉察。单独肾损伤的主要临床表现有：肾区疼痛、叩击痛、血尿、伤侧腹壁强直和腰部肿胀等。肾挫伤者经超声及CT检查影像学检查，可发现肾肿大、挫伤或血肿。

1. 血尿　90%以上肾损伤的伤者有血尿，轻者为镜下血尿，但以肉眼血尿较多见。严重者血尿甚浓，可伴有条状或铸型血块和肾绞痛。多数伤者的血尿是一过性的，开始血尿量多，数天后逐渐消退。起床活动、用力、继发感染是继发血尿的常见诱因，多见于伤后2~3周。部分病例血尿可延续很长时间，甚至数月。没有血尿不能排除肾损伤的存在，而尿内血量的多少也不能断定损伤的范围和严重程度。如肾盂遭受广泛损伤、肾血管受伤、输尿管断裂或被血块或肾组织碎片完全堵塞，血液流入腹腔，以及血和尿同时外渗到肾周围组织等损伤情况时，尽管伤情严重，但血尿可不明显。

2. 疼痛与腹壁强直　伤侧肾区有痛感、压痛和强直，身体移动时疼痛加重。但轻重程度不一。这种痛感是由于肾实质损伤和肾被膜膨胀所引起。疼痛可局限于腰部或上腹，或散布到全腹，放射到背后、肩部、髋区或腰骶部位。当血块通过输尿管时可有剧烈的肾绞痛。

3. 腰区肿胀　肾破裂时，血或尿外渗在腰部可形成不规则的弥漫性肿块。如肾周筋膜完整，则肿块局限，否则在腹膜后间隙可造成一广泛性的血肿。后期皮下可出现瘀斑，从肿胀的进展程度可以推测肾损伤的严重程度。

(三) 法医学鉴定

1. 损伤的认定　根据腰背部外伤史、腰部疼痛、尿液检查,结合超声、CT 检查和 X 线尿路造影等,肾损伤诊断不难。如 B 型超声检查不但可以随访血肿的大小和进展,也可用于鉴别肝、脾包膜下血肿。血尿的出现、减少及消失的变化应符合外伤性肾损伤愈合的一般规律,否则应排除其他原因引起的血尿。

2. 损伤程度的评定　肾损伤表现为一过性血尿,一般来说损伤较为轻微,按《人体损伤程度鉴定标准》第 5.7.5a 项规定,属轻微伤;检查发现肾包膜下或者实质内出血,急性肾功能障碍(可恢复),按《人体损伤程度鉴定标准》第 5.7.4e、g 项规定,为轻伤二级;肾功能不全(代偿期)构成轻伤一级;而肾破裂、输尿管损伤致尿外渗、肾周血肿或者肾包膜下血肿,需手术治疗,或肾损伤后出现肾功能不全(失代偿期)、肾性高血压、外伤性肾积水、外伤性肾动脉瘤、外伤性肾动静脉瘘,则构成重伤二级;肾功能不全(尿毒症期)构成重伤一级。

二、膀胱损伤

由于膀胱壁具有较厚的肌层,有较大的伸展性、膨胀性及游动性,故在膀胱空虚时不易发生损伤,而膀胱充盈时较易发生损伤。各种钝性暴力(足踢、撞击、挤压等)可引起各种不同损伤。

(一) 损伤表现

1. 膀胱挫伤　可引起膀胱黏膜、肌层出血和水肿,导致血尿发生。
2. 膀胱壁裂创　常因在膀胱充盈状态时受到较强大的钝性暴力引起。常见的裂创如下。①腹膜外裂创:多发生于骨盆骨折。膀胱颈部及膀胱前壁和侧壁无腹膜覆盖,如发生裂创不与腹腔相通,因此,尿液仅局限于膀胱的周围组织,引起腹膜外盆腔蜂窝织炎。骨盆骨折时合并膀胱颈的裂创,可引起腹膜外广泛出血和巨大血肿形成;②腹膜内裂创:多发生在膀胱顶部和后壁。如膀胱壁与覆盖其上的腹膜同时破裂,尿液溢入腹腔内引起弥漫性腹膜炎。

(二) 损伤程度评定

根据《人体损伤程度鉴定标准》第 5.8.2e 项规定,膀胱破裂须手术治疗属重伤二级;根据第 5.8.4c 项规定,膀胱挫裂伤属轻伤二级。

第三节　生殖器官损伤

一、男性生殖器官损伤

(一) 阴茎损伤

阴茎损伤分闭合性损伤和开放性损伤两种。阴茎损伤与法医学的关系甚为密切,多与性犯罪或性变态有关。常见的损伤如下。

1. 阴茎的创伤与离断　阴茎的创伤以部分缺损多见。常是被人或牲畜咬伤所致。如果用力较轻,可不造成缺损,仅在表面留有牙痕。离断常由剪器、切器和弹片造成。剪切的部位多见于冠状沟或阴茎根部,可造成大出血及休克、死亡。弹片可伤及阴茎的表面,也可形成创或贯穿阴茎,使尿液从创口流出,影响排尿和射精的功能。

2. 阴茎的折断　阴茎勃起时,受到暴力直接打击或顿挫所致。由于海绵体和纤维膜破裂而发生折断,阴茎随即变软,剧烈疼痛,阴茎因内出血迅速胀大。破裂的海绵体和纤维膜愈合后形成瘢痕,可造成阴茎勃起时阴茎弯曲畸形,严重的可遗留性交障碍等后遗症。

(二) 阴囊及睾丸损伤

阴囊及睾丸损伤是指机械暴力所致阴囊及其内容物损伤。开放性损伤可由火器所致,也可由自己或他人切割所致,损伤除皮肤缺损外,还可合并睾丸不同程度的损伤、精索离断或血管出血。闭合性损伤可因踢伤、挤压伤所致,轻者可致阴囊软组织挫伤,重者可发生血肿或鞘膜积血。

睾丸损伤系因暴力造成睾丸结构破坏、位置移位或功能障碍。睾丸位于阴囊内,呈球状,易活动,表面有坚韧的白膜保护,损伤的机会较少。睾丸损伤分为开放伤和闭合伤两类。闭合伤根据损伤程度分为:睾丸挫伤、破裂、脱位。常见闭合性损伤病理改变有以下两种类型。

1. 睾丸鞘膜外伤性积水　直接暴力作用于阴囊,引起阴囊挫伤。随后流出的血液刺激鞘膜,引起液体渗出、形成积液。

2. 睾丸损伤　睾丸损伤可引起白膜内血肿和白膜破裂,造成睾丸鞘膜积血。出血广泛时,日久可引起睾丸萎缩、性功能障碍。

二、女性生殖器官损伤

(一) 子宫损伤

不多见,因子宫位于盆腔深部,位置较固定,活动度小,从腹壁外着力很少引起损伤。子宫损伤主要见于器械性堕胎,尤其是非法堕胎。主要损伤是子宫穿孔。

(二) 阴道损伤

几乎均由直接暴力造成。多见于性犯罪中,有用刺器(如火通条、尖刀等)刺破阴道壁,有的凶犯用手直接撕破、抠抓被害人的阴道致伤。

三、生殖器官损伤的法医学鉴定

会阴、阴囊、阴茎单纯性创口及阴囊、睾丸、阴茎挫伤等损伤,根据《人体损伤程度鉴定标准》第5.8.5项规定,均属轻微伤。阴茎挫伤致排尿困难或阴茎部分缺损、畸形,阴囊撕脱伤,阴囊血肿,鞘膜积血,一侧睾丸脱位、扭转或者萎缩,会阴、阴囊创口长度达 4.0 cm,阴茎创口长度达 2.0 cm,以及阴道撕裂伤、子宫或者附件等损伤,根据第 5.8.4 项规定,均应评定为轻伤。阴囊皮肤撕脱伤面积占阴囊皮肤面积 50% 以上或双侧睾丸、附睾、输精管损伤致丧失生育能力,女性损伤引起子宫或者附件穿孔、破裂,幼女外阴或者阴道严重损伤,根据第 5.8.2 项规定,为重伤二级。男性阴茎及睾丸全部缺失,女性子宫及卵巢全部缺失,则构成重伤一级。

讨 论 题

对外伤后血尿的损伤程度鉴定有关条款,你的观点是什么?

(薛爱民)

第十三章

与医疗损害有关的法医学鉴定

医疗纠纷(medical tangle)是当前社会关注的热点,也是全世界面临的难题。2010年7月1日起实施的《中华人民共和国侵权责任法》第七章"医疗损害责任",规定了11条医疗损害责任的适用条款。"医疗损害责任"的提出,明确了司法程序处理医疗纠纷的途径和法律依据,解决了长期以来医患之间矛盾的处理缺乏法律依据的问题。

医疗纠纷、医疗事故(medical negligence)及医疗过错三者之间存在密切的关联又有所不同。医疗纠纷包括的范围较广,而医疗事故、医疗过错仅为医疗纠纷中很少的一部分。医疗事故与医疗过错,均为医疗机构及其医务人员在医疗活动中违反医疗卫生管理法律、行政法规、部门规章和诊疗护理规范、常规,过错造成患者的医疗损害。医疗过错除涵盖医疗事故所述人身损害外,还包括没有达到伤害程度但具有伤害风险的情形。

目前,国内医疗纠纷的鉴定包括医疗损害责任司法鉴定与医疗事故技术鉴定,两者的法律依据、鉴定主体不同。医疗损害责任司法鉴定主要由人民法院委托具有司法鉴定资质的法医学鉴定机构完成,法律依据为《中华人民共和国侵权责任法》,但也有委托医疗事故鉴定委员会进行鉴定的情形。而医疗事故技术鉴定的主体为中华医学会所属或其下设各级医疗事故鉴定委员会,法律依据为2002年9月1日起实施的《医疗事故处理条例》,目前仍然是处理医疗纠纷案件的一条重要途径。

医疗损害责任司法鉴定与医疗事故技术鉴定,均依据是否存在医疗过错、是否存在不良医疗后果、医疗过错与不良后果之间是否存在因果关系的原则,最终判断医方是否承担医疗损害责任或构成医疗事故。

一、医疗损害及医疗损害司法鉴定的概念

医疗损害(medical damage)是指患者在医疗机构接受诊断和治疗的过程中所产生的不利后果,分为广义的医疗损害和狭义的医疗损害。广义的医疗损害是指医疗行为所导致的患者机体组织破坏或者生理功能障碍的后果,这种损害的后果可以是正常医疗行为的必然后果,也可以是医疗过错行为导致患者出现的各种不利后果。狭义的医疗损害是指后者,即因医疗过错行为导致患者出现的各种不利后果。由于正常医疗行为(无过错医疗行为)对患者所造成的不利后果不属于"侵权"行为,不属于法律意义上的"医疗损害",

因此,法医学上的医疗损害特指狭义的医疗损害。

医疗损害是一种特殊的人身损害,专业性强、复杂性高,鉴定难度大。在我国,医疗损害责任主要是由法医学鉴定人通过司法鉴定进行判定,但各省市有不同的政策规定,部分仍是法院委托医学会组织鉴定。

医疗损害司法鉴定是指法医学鉴定人根据委托单位(一般为人民法院)所提供的鉴定资料,结合法医学检查结果,运用临床医学知识和法医学知识分析判断医方在诊断、治疗、护理、管理等行为中是否存在过错,以及过错行为与损害后果之间的因果关系,并出具司法鉴定意见的过程。由于医疗损害司法鉴定的主要任务是判定医疗机构及其医务人员的医疗行为是否存在过错,所以又称为医疗过错司法鉴定。

医疗损害司法鉴定的主要内容:医方医疗行为是否存在过错;患者是否存在损害后果;医方医疗过错行为与患者损害后果之间是否存在因果关系;医疗过错行为的责任(医疗过错行为导致或参与患者损害后果的比例程度,即参与度)。

二、医疗过错的形式及医疗损害的内容与后果

医疗机构在诊疗护理过程中是否存在医疗过错,是医疗损害司法鉴定的关键问题。鉴定人主要依据委托单位所提供的患者临床资料和法医学检查结果(尸体解剖、活体检查)等,判定医疗机构是否存在违反医疗相关的法律、法规、规章、制度以及诊疗规范等行为。

(一) 常见医疗过错的形式

1. 未尽到告知义务　医方未向患者或其近亲属明确告知必要的病情、医疗措施、医疗替代方案以及存在的医疗风险(可能发生的不良后果)。如需要实施手术、特殊检查、特殊治疗的,医务人员未及时向患者或其近亲属说明医疗风险、替代医疗方案等情况,并取得其书面同意。如医务人员未尽到告知义务,造成患者损害的,医疗机构应当承担赔偿责任。

2. 未尽到诊疗义务　医务人员在诊疗活动中未尽到与当时的医疗水平相应的诊疗义务,医方未给予患者及时、规范、正确的诊断与治疗。包括误诊(诊断的错误)、漏诊(未及时作出全面与完整的诊断)、误治(治疗方案或治疗方法错误,也包括未及时进行全面与系统的治疗)等。

3. 未尽到注意义务　医务人员在诊疗活动中未尽到密切注意病情变化,积极防范医疗风险,避免不良后果发生的义务。

医疗机构是否尽到以上3种义务,除了依据法律法规、卫生医疗技术规范,包括医疗部门规章制度、诊疗护理规范及权威或者公认的医学文献进行判断,还应注意结合不同时间、不同地域、不同等级医院医疗水平的现状进行分析。

(二) 医疗损害的内容

医疗损害除了对患者的人身权(生命权、健康权、身体权)、财产权损害以外,还包括患

者的名誉权、隐私权、肖像权损害,有时还包括患者及亲属的精神损害。

(三) 医疗损害的后果

1. 死亡　患者死亡的原因既可以是错误的医疗行为直接所致,也可以是过错医疗行为与其他因素合并导致。确定死亡原因原则上应通过尸体解剖确定。对于部分尸体已经火化,无法通过尸体解剖确定死亡原因的,可以通过临床病历资料分析死亡原因。

2. 残疾　医疗过错行为导致患者机体组织结构的破坏和功能障碍,严重的可以导致残疾。例如,前臂骨折后,医生给予石膏托外固定治疗,但未仔细观察患肢外固定后出现的肿胀、疼痛、皮肤表面的张力性水疱等现象,最终因骨筋膜室综合征导致患肢神经坏死、肌肉萎缩,遗留严重残疾。

3. 治疗时间延长　医疗过错行为因为没有达到应有的治疗效果,或者给患者造成了新的损害,患者需要继续住院治疗,甚至需要再次手术治疗。治疗时间的延长势必造成患者额外的痛苦,增加医疗费用。

4. 出生缺陷或错误出生　主要是指患儿在胚胎发育过程中存在先天性疾病或者某种缺陷,这种疾病或者缺陷应该通过孕期检查发现并及时终止妊娠。但是由于医疗机构在对孕妇的例行检查中未能发现,使患有重大疾病的患儿出生,导致患方经济与精神负担加重。

5. 发生可以避免的并发症　并发症一般是指某一种疾病在治疗过程中,发生了与这种疾病有关的另一种或几种病症。由于医方在诊疗过程中,未尽到注意义务,使原本可以避免发生的并发症未能避免。需注意医疗过程中发生难以避免的并发症,如孕妇分娩过程中发生羊水栓塞,医方不承担过错责任。

6. 其他情况　医方常见过错行为还有以下一些情况:手术部位错误、输液错误、输血错误和用药错误,手术器械或者其他异物遗留体内以及过度医疗等。

三、医疗损害的司法鉴定

(一) 医疗损害司法鉴定的程序

1. 鉴定的委托　医疗损害司法鉴定的委托人应该是处理医疗纠纷案件的司法行政机关。例如,人民法院、卫生行政机关等。鉴定资料由委托单位审查、质证、认可并提交。因委托方所提供的鉴定材料不真实导致鉴定意见错误的,由委托方承担责任。

2. 鉴定的受理　鉴定机构对于委托方提供的鉴定资料进行审查,以确保鉴定资料的合法性、相关性和客观性。鉴定资料符合鉴定要求时,鉴定机关与委托方签署司法鉴定委托书,约定收费情况、鉴定时限等。

3. 鉴定的实施　司法鉴定人通过对鉴定材料进行审查,明确鉴定的主要内容,选择司法鉴定的方式并进行必要的法医学检查。目前对医疗损害司法鉴定的程序无明确的规定,鉴定机构一般按照医学会医疗事故鉴定的听证会方式,邀请临床医学专家参与鉴定过程。

4. 出具司法鉴定意见书　司法鉴定人根据委托方所提供司法鉴定资料以及听证会的意见或者鉴定小组讨论后形成的意见,按照司法鉴定文书格式的要求,制作并出具司法鉴定意见书交付委托方。

(二) 医疗损害因果关系的判定

在医疗损害责任司法鉴定过程中,鉴定人需要运用临床医学与法医学专业知识,分析医疗过错行为与患者损害后果之间的内在客观联系,进而分析、归纳、确定导致后果的原因。只有在医疗损害的结果实际发生的情况下,才需要确定存在医疗过错的医疗机构的损害赔偿责任。

1. 确定医疗损害的参与因素及作用　通过仔细审阅病历及辅助检查等鉴定资料,寻找可能造成患者损害后果的所有参与因素,如患者的年龄、自身疾病或者损伤情况、个体体质与状态、具体的医疗行为等,然后通过收集相关病例的流行病学资料,临床研究的结果与理论,判定各相关因素的作用。就案件的关键点和临床医生进行探讨,了解临床诊疗技术常规和现状,作为判定因果关系的参考依据。

2. 医疗损害因果关系的类型　医疗过程中导致医疗损害后果的可能因素很多,主要包括医疗的过失、患者自身的因素、医疗机构的条件和水平等,损害后果既可能是其中一个因素作用的结果,也可能是多因素共同作用的结果。医疗过错行为与医疗损害后果之间因果关系的类型,一般分为主要因果关系、临界因果关系、次要因果关系、直接因果关系与间接因果关系等。

3. 医疗损害责任参与度　医疗过错行为与疾病等因素共同存在的情况下导致患者的损害,需要对医疗过错行为在损害后果与损害责任中所占的比例进行分析,即医疗损害责任参与度的鉴定。一般是根据原因力大小对医疗过错行为与损害后果因果关系进行定量划分,常见以下6种情况。

(1) 完全责任:损害后果完全由医疗过错行为所致,医方承担全部责任(过错参与度为100%)。

(2) 主要责任:损害后果主要由医疗过错行为所致,医方承担主要责任(过错参与度为75%左右)。

(3) 同等责任:损害后果由医疗过错行为与患者自身疾病等因素共同所致,医方承担同等责任(过错参与度为50%左右)。

(4) 次要责任:损害后果主要由自身疾病(或损伤)等所致,医方存在的医疗过错行为是次要因素,医方承担次要责任(过错参与度为35%左右)。

(5) 轻微责任:损害后果主要由自身疾病(或损伤)等所致,医方的过错行为仅为诱发或者加重的因素,医方承担轻微责任(过错参与度为20%以下)。

(6) 无责任:医方的诊疗行为等无过错,与损害后果之间无因果关系,医方不承担赔偿责任。

4. 医疗损害责任鉴定应注意的问题　对于是否存在医疗过错行为与损害后果,医患双方均负有举证责任,如毁灭证据或因证据灭失使之不能举证或不能查证时,应承担举证

第十三章 与医疗损害有关的法医学鉴定

不利的责任。《中华人民共和国侵权责任法》第五十八条规定,医疗机构隐匿或者拒绝提供与纠纷有关的病历资料,伪造、篡改或者销毁病历资料,推定医疗机构有过错。

医疗损害赔偿责任判定时应注意医疗技术的时效性、地域性及不同等级医疗机构所应有的医疗条件和技术水平。此外,还需要考虑患者自身疾病的具体情况,以及患者是否配合治疗等情况。

医疗损害的后果中除死亡外,活体的伤残等级评定,一般参照《人体损伤致残程度分级》进行评定,委托方另有要求的按照鉴定要求执行。

讨 论 题

1. 医疗损害责任司法鉴定的程序是什么?
2. 比较医疗损害责任司法鉴定与医疗事故技术鉴定的异同点。

(薛爱民)

第十四章 诈病（伤）、造作伤

人身伤害的法医学鉴定实践中，有时被鉴定人因出于某种目的伪装伤病、夸大伤情、或故意造作某些伤病的症状、体征，使法医学鉴定更加复杂化。因此，进行法医学鉴定时，应仔细分析被鉴定人的伤病情、了解案情，并根据客观检查结果作出实事求是的科学鉴定。

第一节 诈病（伤）

一、概念

身体健康的人，为了达到某种目的，假装或伪装患有某种损伤或疾病，称为诈病（simulation）。在人身伤害的法医学鉴定中，诈病多见于伤害案件的被害人。如头部受伤后，被害人伪装头痛、耳聋、眼盲，甚至瘫痪，大、小便失禁等。被鉴定人对自己受伤害的症状和体征故意夸大，称为夸大病情（aggravation），轻病（伤）装重病（伤），小病（伤）装大病（伤）。在法医学鉴定中，被鉴定人希望通过夸大伤病情加重自己的损伤程度或伤残等级，以达到某种目的。陈述伤病情时夸大症状，被检查时反应过分强烈或故意伪装功能障碍等。

二、诈病的特点

诈病（伤）之伪装，常常来自伪装者本人的医学知识、过去损伤或患病的经历，或模仿他人患病之表现，通常与其所受的教育程度有密切关系。

1. 多选择靠一般方法不易鉴别的疾病（损伤）进行伪装　诈病（伤）者常选择一般检查方法不易鉴别的症状进行伪装，如伪装头痛、失明、耳聋、精神障碍等，而且所选择的疾病或损伤常与其知识水平有关。

2. 症状混乱而矛盾　诈病（伤）者对所述伤、病情和经过常前后矛盾，症状与体征不符，由于诈病（伤）者或对医学完全不懂，或仅一知半解，不很清楚某种损伤、疾病应有的主要症状体征及其内在的关系。因此,在陈述自己的"损伤""疾病"表现时,常常前后矛盾,叙述重复越多,漏洞也就越多。

3. 不正常的病(伤)程　诈病(伤)者常突然发病,经药物治疗,"病情"常无好转或改善,甚至有时反而会加重;当其目的或要求达到或不可能达到时,病情很快痊愈。

4. 诈病常与损伤联系在一起　如头部损伤后出现头皮血肿等较轻微损伤,被害人为达到某种目的,伪装成瘫痪、耳聋、失明、失语等严重损伤表现。

5. 体检不配合　诈病(伤)者由于害怕被揭穿伪装,常常对检查不配合,甚至拒绝做检查,对鉴定人或医生的言行非常敏感,唯恐暴露其伪装行为。

三、常见诈病(伤)及其法医学鉴定

诈病(伤)的表现形式多种多样的,几乎人体所有系统、器官和组织都可能发生诈病(伤)。现就常见的诈病(伤)进行介绍。

(一) 诈聋(伪聋)

常见于头部或耳部损伤后,仅有轻微损害或轻度听力减退,但为了诉讼或获得经济利益等目的,被害人故意伪装或夸大其听力缺损。常表现为单耳聋或双耳聋,以单耳聋较常见。因单耳聋伪装较容易,不易被识破,又不明显影响工作和生活。双耳聋者表现为什么声响都听不见;单耳聋者,常将健耳偏向说话者或响声处,对声响反应迟钝或无反应,说话声调较高。诈聋者说话的声音并不增大。

1. 诈聋的表现　诈聋者对检查十分敏感,时时克制自己不露痕迹,以防被人识破。对疑为诈聋者,应详细询问病史,注意其回答问题的内容、方式、举止及神态。诈聋者测听检查时反应迟疑,同一检查方法的多次检测结果常不一致,且差异较大。

2. 诈聋的检查方法

(1) 双耳诈聋的检查。①眼睑反射:在被检者附近突然给予一声巨响,如果出现闭眼现象,表明被检者有听力;如果无反应说明系真耳聋。此法也可以用听诊器来检测。②听觉瞳孔反射试验:突然给予异响,被检者瞳孔缩小,表明诈聋。③探究反应:采用上一方法,诈聋者会将头偏向声源处,说明有听力;真聋者则无此反应。Lombard 测验(或称噪声干扰测验):人在说话时常根据周围环境噪声的强弱而调整自己发音的强度,噪声强时正常人会提高自己语声以使其强度高于外界噪声,噪声弱时则不自觉降低说话声调。测试时令被检者不间断地朗读文章或报纸,一边反复加大或减弱室内的噪声,诈聋者的朗读声调随噪声的强弱而改变;确系耳聋者,不管周围环境噪声强弱改变,其朗读的声调不变;⑤听觉脑干反应(auditory brainstem response, ABR):可测出被检耳的分贝值,检查结果正常或减退者可判定为诈聋或夸大伤情,该方法不受被检查人的主观影响,得到的结果较可靠、准确,稳定性较好,且 ABR 前 5 个波主要来自听神经和脑桥内,可以反映这一段听觉通路情况,因此,常用于鉴别真伪耳聋及判断损伤部位。⑥其他电反应测听技术:如耳声发射(otoacoustic emission, OAE)、40 赫兹听觉相关电位(40 Hertz auditory event-

related potential，40赫兹AERP)、声导抗(acoustic immittance)等。

(2) 单耳诈聋的检查。①眼睑反射。②听觉瞳孔反射试验。③探究反应。④Stenger测验(又称响度优势测验)：先测两耳的500 Hz、1 000 Hz、2 000 Hz听阈，然后任选其中一频率，以高于健耳听阈的强声刺激"聋耳"，并用该频率复测健耳听阈，如健耳阈值升高，表明"聋耳"为诈聋。可再用其他频率测试以确认。⑤听诊器检测：从身后将听诊器耳塞塞于受检者双耳内，捏紧通向健耳一侧的胶管，敲击听诊器令其记数，能正确记数者为诈聋。⑥纯音听阈测定(pure tone audiometry)：以500 Hz、1 000 Hz、2 000 Hz、4 000 Hz的纯音进行反复测试，出现下列情况者可确定诈聋。同一次检查中，同一频率听阈相差15 dB以上；通过双耳机，在同一频率上信号由一耳迅速转向另一耳，所得的听阈相差15 dB以上；每隔2～3天连续做2～3次检查，听阈相差>10 dB。⑦同频音掩蔽试验：用一音叉如C1(256 Hz)震动后由远及近检测被检者健耳能听到声音的距离，如为15 cm，反复测试3次，结果相同后，用另一相同频率的音叉，将两支音叉同时震动，一支音叉置于聋耳前10 cm处，另一音叉测健耳能听得到音叉震动声的距离，若距离不变系耳聋，若健耳在小于10 cm才能听到时，为诈聋。⑧脑干听觉诱发电位等电反应测听，可客观检测被检者的听觉反应阈。

(二) 诈盲(伪盲)

1. 表现 可表现为单眼盲或双眼盲，由于双眼盲伪装比较困难，且难以持久，易暴露破绽，因此，单眼诈盲较双眼诈盲多见。

2. 检查 诈盲者常拒绝检查，或检查不合作。对疑为诈盲者可使用下列方法辨明真伪。

(1) 双眼诈盲者的检查。①瞳孔对光反射(该试验不适合外侧膝状体以后的视路损害)：若双眼全盲，则双眼瞳孔的直接和间接对光反射都消失；若直接或间接对光反射存在，表明有视力，可考虑为诈盲。②闭目试验：在检查过程中，令其睁眼，突然用手或其他物件在被检者眼前晃动或击去，若立即出现瞬目反应闭眼者，为诈盲。③步行试验：双眼伪盲者通过障碍物时不会绊脚，搀扶被检者进入暗室向前行走，然后突然除去搀扶，令其继续前进，诈盲者此时常能继续前进，而盲者行走不能。④视觉诱发电位检查：诈盲者只要能配合注视监视器和视力不低于0.1者，若F-VEP和P-VEP均正常，则为诈盲。

(2) 单眼诈盲者的检查。①瞳孔对光反射。②闭目试验。③障碍阅读法：在被检者双眼和横排书报读物之间放置一垂直笔杆，距离眼睛约10 cm，嘱其头部及读物固定然后阅读如被检者阅读不受干扰则可视为诈盲。④视野检测法：检查健侧眼视野，不遮蔽"盲眼"，如果鼻侧视野超过60°，可考虑诈盲。⑤雾视法(试镜法、柱镜换轴试验相似)：在健眼前放置+6.00Ds镜片，"盲眼"前插置-0.25Ds或+0.25Ds屈光度球镜片，令被检者双眼同时看视力表，其读出的视标即为"盲眼"的视力(因健眼前放置+6.00Ds镜片后已无法分辨视力表上的视标)。⑥变换测试距离：适用伪装视力减退者。正常检测视力在距视力表5 m处进行。诈盲者常伪装只能看清视力表的固定某排，用活动视标视力表无顺序地移动测试距离，若检查结果无改变(改善或下降)，则可视为诈盲。其他：三棱镜试验等以及各

第十四章 诈病(伤)、造作伤

种眼电生理检查,如眼电图、视网膜电图、视觉诱发电位等客观检查。

(三) 诈瘫(伪装运动障碍)

1. 表现 常在头部损伤或脊髓损伤后,谎称肢体无法运动,有伪装单瘫、偏瘫或截瘫,甚至四肢瘫,可以是痉挛性瘫痪,也可以是弛缓性瘫痪。

2. 检查 诈瘫者,颅脑CT检查无病损、病理征阴性,症状与体征不符(如肌肉无明显萎缩)。经过定位检查,结合腱反射情况、神经电生理检查及临床病史资料,应能鉴别诈瘫。

(四) 伪装疼痛

由于疼痛可不伴有体征,仅凭其主诉为主要依据,因此伪装疼痛最多见,也最难识别。

1. 表现 被检者常称原损伤部位疼痛,如假装头痛、胸痛、关节痛等,因不伴有体征,体格检查无法识别,给法医学鉴定带来一定困难。一些部位的损伤后引起的疼痛又很常见,易被模仿和假装,而蒙骗鉴定人。

2. 检查 伪装疼痛常在法医面前呻吟,或抱头、或捂胸等,看起来似乎非常痛苦。但经检查,无发热、无损伤或损伤不明显。给予用药,效果不明显。伪装者远离检查者后,常表现为正常人,毫无痛苦状。

(五) 伪装血尿

血尿可见于泌尿系统损伤,也见于全身性疾病、泌尿系统疾病(炎症、结石、肿瘤等)。在人身伤害的法医学鉴定中,腰背部外伤的被害人常常以血尿为由,要求做损伤程度评定。

1. 表现 血尿可以为肉眼血尿,也有镜下血尿;伪装血尿持续时间长短不一,反复无常,有时镜下血尿可持续数月以上。

2. 检查 ①全身检查:有无眼睑、下肢肿胀,贫血,体表有无损伤,肾区有无压痛、叩击痛。②尿液检测:尿内含血量不同表现不同,红细胞多者肉眼可见尿液呈暗红色或红色,放置后尿液分层,上层尿液清亮,下层呈红色并有沉淀物;血量少者,可在显微镜下检见红细胞。实验室检查时,应同时做尿蛋白、尿素氮、尿比重等项目检查,还要仔细检查有无管型、炎症细胞等的观测和记数。同时注意,为了防止被检者向尿中掺血,检查应在同性人员监督下排尿取样,若间隔或连续3次检查中无红细胞者,应视为伪装血尿。

四、鉴定时应注意的问题

(一) 了解案情

仔细查阅卷宗,了解损伤情况,如有必要,可调查当时目击证人及就诊医生,掌握第一手资料。

(二) 查询病情并慎重对待临床资料

耐心听取被鉴定人对事件发生经过及伤病发展变化的陈述,态度要认真、诚恳,同时注意观察其表情、态度、不经意间的细微动作,对周围环境变化的反应等,做到听其言、观其色。查询病情过程中,注意发现、分析其伪装伤病的蛛丝马迹,发现互相矛盾、混乱的证据。如发现其陈述有不真实时,不要有鄙视、指责的态度。在查阅病史资料时,一方面详细了解伤病的发生发展过程,注意其伤病变化过程是否符合该伤病的发生、发展及转归的规律,或找出其矛盾所在。另一方面,注意其提供的病史资料的真实性,注意有无冒名顶替现象,有无用他人的病历、化验报告、疾病证明或他人的化验样本;是否伪装、假造临床诊断意见书;有无涂改病历及其他临床资料的迹象及影像学资料的同一性。

(三) 应用多种检查方法

由于诈病(伤)的种类不同,没有统一固定的检查方法。因此,除了常规的体格检查外,可根据不同的表现,选用特殊的检查方法,尤其是注意应用客观方法检查的结果,如 X 线、CT 检查、脑干诱发电位等神经电生理检查结果,作为鉴定的依据。

第二节 造 作 伤

人身伤害的法医学鉴定实践中,有时被鉴定人因某些原因,为达到某种目的故意造作某些伤病的症状、体征,使法医学鉴定复杂化。因此,进行鉴定时,法医应仔细分析病情、了解案情,并根据客观检查结果做出实事求是的鉴定。

一、概念

自己或授意他人对自己人身造成伤害,或故意夸大、改变原有伤情的,称为造作伤(artificial injury)。有时意欲造作轻伤而意外酿成重伤,甚至死亡。

造作伤的致伤方式包括物理性损伤、化学性损伤及生物学性损伤。法医学鉴定中常见的是物理性损伤,其中又以机械性损伤最常见,如锐器(剃刀、水果刀、匕首等)切割造成的损伤,砍创、刺创少见,钝器、火器致伤也均较少见。

二、造作伤的共同特点

(一) 造作伤有明确的目的

造作者对自己造成损伤,一定有其明确的目的,且该损伤常与其目的相符。如有以下目的。

(1) 为了逃避惩罚或掩盖罪行:犯罪嫌疑人作案后,为表明自己手有外伤或腿部有损伤,不能作案,而自己砍伤自己的有利手或造成自己的下肢骨折等。

(2) 为了骗取某种荣誉或信任:如有保安值班,自己在左前臂造成损伤,谎称值班时遇见有人作案,在与他人搏斗时受伤,以骗取荣誉。

第十四章 诈病（伤）、造作伤

(3) 为了逃避某职能或义务。

(4) 为了骗取休假或待遇。

(5) 为了骗取保险赔偿：有故意购买高额意外险者，择机砍断手指、砸断脚趾等，报案谎称意外受伤致残以骗取赔偿。

（二）损伤轻微

造作伤常为不危及生命的损伤，采用的致伤手段较保险。但有时由于掌握的医学知识有限或措施不当，可造成意外的严重伤害或遗留严重后遗症。

（三）损伤易诊断

造作伤一般是显而易见的症状和体征，易被发现或检查出来。造作者对待检查或治疗合作、主动要求治疗，对医治过程非常配合，甚至有时造作伤者会提醒或暗示检查者损伤所在部位，唯恐被漏诊。

三、造作伤的特征

法医学鉴定工作中遇到的造作伤大多是其本人亲手所为，有一些典型的特征，在一定条件下，比较容易鉴别。

（一）造作伤的一般特征

1. 造作伤的部位

(1) 显而易见：造作伤多见于易被发现、暴露的部位，如头部、四肢等处。

(2) 利手可达：造作伤多在其本人利手容易达到的区域，如颈部、胸腹部前侧、四肢等；而授意他人所形成的造作伤，则损伤可以在身体任何部位。

(3) 与目的相符：造作伤的部位常与造作伤的目的相一致。如为了躲避兵役，自己切割手指自残。或为了骗取见义勇为、奋不顾身与犯罪嫌疑人搏斗受伤的荣誉，两前臂尺侧可见造作的抵抗伤。

(4) 不毁容、不致命：造作伤一般不会毁损自己的容貌，因此面部尤其是中心区域的造作损伤很少见；造作伤也不会在危及自己生命的部位。即使授意他人所为，因与其本意不符，也不会在脸面部或生命重要部位造成严重损伤。

2. 损伤轻微　造作伤的损伤程度大多轻微，一般无致命之虞。

3. 造作伤的种类　造作伤以钝器伤和锐器伤多见，前者如砖头、石块等钝器，常形成擦伤、挫伤、挫裂创、皮下出血等损伤；后者如水果刀、匕首、菜刀、剃刀等锐器造成切割创多见，砍创、刺创少见，火器伤更少见。法医学鉴定实践中，造作伤以锐器创多见。

4. 造作伤处衣物无破损、无血液污染　造作伤者自伤前常不自觉将衣袖捋起再切割或砍切，因此损伤部位相应的衣物上可无破损及血液玷污，或血液沾染部位与伤口位置不一致。

5. 造作伤现场多整齐不乱　现场物件、家具一般较整齐不凌乱，没有搏斗痕迹。现场上遗留的指纹、血迹等生物学检材经检验分析，可以说明现场仅就当事人一人。而且现场血迹分布常呈静态滴注状,与被害时躲避、搏斗情形不符。

(二) 造作伤的特征

造作伤由于致伤物不同,形成的造作损伤也各异。在此以最常见的锐器切割伤为例说明。

1. 损伤数目　损伤数多,外伤形态、大小常较一致。
2. 形态　损伤排列整齐,方向一致,密度大,间距小。
3. 程度　轻,较均匀一致,一般不伴有神经肌腱断裂及骨折。
4. 创口形状　随体表生理弧度而弯曲。
5. 试切痕　造作者由于其怕痛、矛盾的复杂心理,常有试切痕,表现为平行的表皮划痕或轻微浅表切创。这是判断造作伤的重要依据。

【案例】

某男于某年9月10日在某保险公司购买了保额为人民币200万元的意外伤害险。同年10月19日以左手受伤致残疾为由向保险公司申请理赔。伤者自诉:切鸭子时左手拇指、食指被菜刀一刀切断。

鉴定时法医根据送检的照片(临床医生所摄)、病史及影像学资料鉴定。伤者术前X片、术前伤指照片及手术记录提示,伤者左手食指中段以远离断,而游离指体仅为甲根以远的部分,表明左手食指残指与游离指体间有组织缺失,同时术前伤指照片显示左手食指残端创缘有一处皮瓣,形成明显的2个创面,且创面均较平整(见书后彩图8)。

鉴定意见:某男左手拇指及食指的离断系被锐器(如菜刀类工具)砍切所致,但一次不能形成,即其左手损伤与其所述一次外伤不符。事后查明,该男子因经济困窘萌生造作伤致残欲骗取保险赔偿。

四、造作伤的法医学鉴定

(一) 疑是造作伤鉴定时需解决的问题

(1) 被检查者有无损伤?若有损伤,损伤部位、数量、大小、形态、方向等表现、特点如何?是否符合造作伤的特点?

(2) 若是造作伤,该伤是如何形成的?该伤是被检者自己所为还是他人所为?

(3) 推断致伤物。

(二) 鉴定要点

1. 案情调查　详细的案情对判断案件性质非常重要。通过分析伤者对自己受伤经过的描述,可以发现与其损伤表现不相符合的疑点,从而有助于案件分析。

2. 损伤的检查　被检人的损伤检查是判断其造作伤的依据。检查时应注意损伤的特

第十四章 诈病(伤)、造作伤

点:分布、形状、深浅等,并注意损伤是否其有利手可及,或现场有无可借助的器械、工具等。

3. **衣服的检查** 仔细检查衣物破损的部位、破损的层次、数目、形状、大小、方向,破损的边缘是否整齐,并与身体上的损伤做对比,看两者之间是否一致。另外,应仔细观察衣物上血迹及流注方向与损伤是否相符。

4. **现场勘查** 现场勘查时应注意观察血迹分布、滴注形态及方向等。

5. **事件重建** 对于可疑造作伤案件,事件重建可以揭穿造作伤者的谎言。在现场,可令伤者回忆受伤当时情景,并演示受伤经过,从中发现其叙述与损伤有矛盾、不相符之处,而认定损伤性质。

讨 论 题

1. 何谓造作伤?造作伤的特点有哪些?
2. 何谓诈病?诈病的特点有哪些?

(沈忆文)

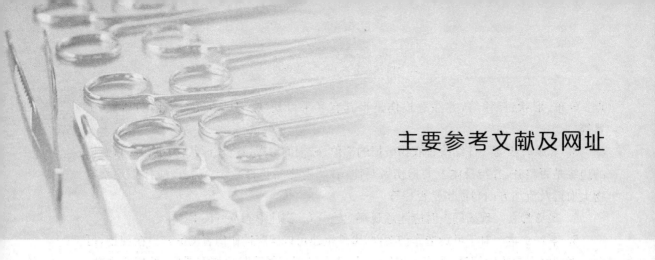

主要参考文献及网址

1. 沈忆文主编. 人身伤害的法医学鉴定. 上海：复旦大学出版社,2008
2. 刘技辉主编. 法医临床学. 第5版. 北京：人民卫生出版社,2016
3. 丛斌主编. 法医病理学. 第5版. 北京：人民卫生出版社,2016
4. 沈忆文主编. 法医学. 上海：复旦大学出版社,2015
5. 司法部司法鉴定管理局.《人体损伤程度鉴定标准》适用指南. 北京：法律出版社,2013
6. 夏文涛,邓振华. 眼损伤的法医学鉴定. 北京：中国检察出版社,2008
7. 中国法医鉴定网（www.cnfyjd.com）

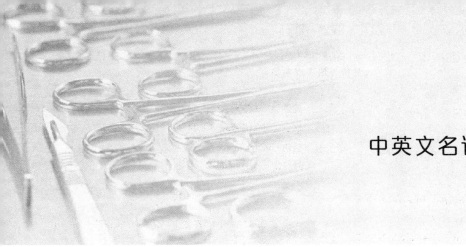

中英文名词对照索引

40 赫兹听觉相关电位 40 Hertz auditory event-related potential，40 赫兹 AERP 131

A

凹陷性瘢痕 depression scar 21
瘢痕 scar 20
瘢痕疙瘩 keloid 21

B

爆炸伤 explosion injuries 15

C

擦伤 abrasion 11
残疾 disability 41
冲击性脑挫伤 coup brain contusion 58
出血 bleeding 19
创 wound 13
创伤性心功能不全 post traumatic cardiac insufficiency 21
创伤愈合 wound healing 19
纯音听阈测定 pure tone audiometry 132
刺创 stab wound 13
挫裂创 laceration 13
挫伤 contusion 12
挫伤轮 abrasion collar 15

D

抵抗伤 defense wound 14
冻伤 frostbite，exposure to cold 18
对冲性脑挫伤 contrecoup brain contusion 58
多焦点视觉诱发电位 multifocal VEP, mfVEP 97
多焦点视网膜电图 multifocal ERG，mfERG 97

E

耳声发射 otoacoustic emission，OAE 131

F

法医病理学 forensic pathology 5
法医毒理学 forensic toxicology 6
法医毒物分析 forensic toxicological analysis 6
法医精神病学 forensic psychiatry 6
法医昆虫学 forensic entomology 6
法医临床学 forensic clinical medicine 5
法医人类学 forensic anthropology 6
法医物证学 science of medico-legal physical evidence 6
法医学 forensic medicine，legal medicine 5
法医牙科学 forensic dentistry 6
非致命伤 non-fatal injury 37

G

感觉神经动作电位 sensory nerve active potential，SNAP 73
感染 infection 19
高坠伤 injury due to fall from height 10
格拉斯哥评分法 Glasgow coma scale，GCS 50
骨折 fracture 15
关节脱位 dislocation of joint 15

H

呼吸窘迫综合征 acute respiratory distress syndrome，ARDS 21

火器伤　firearm injury　14
火药颗粒　smudging　15
火药烟晕　soot　15

J

机械性损伤　mechanical injury　10
肌电图　electromyography, EMG　72
肌肉动作电位　muscle active potential, MAP　73
急性肾衰竭　acute renal failure, ARF　20
挤压综合征　crush syndrome　21
脊髓挫伤　spinal cord contusion　66
脊髓损伤　spinal cord injury　64
脊髓休克　spinal shock　66
脊髓压迫　spinal cord compression　66
脊髓震荡　spinal cord concussion　66
剪创　scissoring wound　14
绝对致命伤　absolutely fatal injury　37

K

砍创　chop wound　14
夸大病情　aggravation　130

L

劳动能力　labor capacity　40
劳动能力丧失　labor incapacity　40
临床法医学　clinic forensic medicine　6
颅　skull　46
颅脑损伤　cranio-cerebral injury　46

N

弥漫性轴索损伤　diffuse axonal injury, DAI　57
脑挫伤　brain contusion　57
脑震荡　cerebral concussion　57
内脏破裂　rupture of viscera　16

O

呕吐　vomiting　50

P

皮内出血　intradermal hemorrhage　12
皮下出血　subcutaneous hemorrhage　12

Q

浅表性瘢痕　superficial scar　20

枪弹创　bullet wound　14
切创　incised wound　14
轻伤　minor injury　35
轻微伤　slight injury　36

R

人身伤害的法医学鉴定　forensic identification to human injury　7

S

烧伤　burning, burn injury　17
射出口　exit bullet wound　15
射创管　bullet wound track　15
射入口　entrance bullet wound　15
神经电图　electroneurography　72
生活反应　vital reaction　23
声导抗　acoustic immittance　131
失语　aphasia　50
试切创　tentative cut　14
视觉诱发皮质电位　visual evoked cortical potential, VEP　97
视网膜电图　electro-retinogram, ERG　96
撕裂创　tearing wound　13
损伤　injury　10
损伤程度　injury degree　32

T

瘫痪　paralysis　50
烫伤　scalding, scald injury　17
体感诱发电位　somatosensory evoked potential, SEP　73
条件致命伤　conditional fatal injury　37
听觉脑干反应　auditory brainstem response, ABR　131
头痛　headache　50
头晕　dizziness　50
头晕与眩晕　50

W

外伤性癫痫　traumatic epilepsy　61
萎缩性瘢痕　atrophic scar　21
污垢轮　grease collar　15

中英文名词对照索引

X

熊猫眼 black eye 12
休克 shock 19
眩晕 vertigo 50

Y

炎症 inflammatory 19
眼电图 electro-oculogram, EOG 97
一般劳动能力 general labor capacity 40
医疗纠纷 medical tangle 125
医疗事故 medical negligence 125
医疗损害 medical damage 125
意识障碍 disturbance of consciousness 50
硬脑膜外血肿 epidural hematoma, EDH 53
硬脑膜下血肿 subdural hematoma, SDH 54

犹豫伤 hesitation mark 14
诱发电位 evoked potential 72

Z

造作伤 artificial injury 134
增殖性瘢痕 proliferating scar 20
诈病 simulation 130
肢体断离 amputation 16
职业劳动能力 occupational labor capacity 40
致命伤 fatal injury 37
肿胀 swelling 19
重伤 serious injury 32
周围神经 peripheral nerve 68
蛛网膜下隙出血 subarachnoid hemorrhage, SAH 55
组织间桥 tissue bridge 13

附录 1

全国人民代表大会常务委员会关于司法鉴定管理问题的决定

(2005年2月28日第十届全国人民代表大会常务委员会第十四次会议通过)

为了加强对鉴定人和鉴定机构的管理,适应司法机关和公民、组织进行诉讼的需要,保障诉讼活动的顺利进行,特作如下决定:

一、司法鉴定是指在诉讼活动中鉴定人运用科学技术或者专门知识对诉讼涉及的专门性问题进行鉴别和判断并提供鉴定意见的活动。

二、国家对从事下列司法鉴定业务的鉴定人和鉴定机构实行登记管理制度:

(一) 法医类鉴定;

(二) 物证类鉴定;

(三) 声像资料鉴定;

(四) 根据诉讼需要由国务院司法行政部门商最高人民法院、最高人民检察院确定的其他应当对鉴定人和鉴定机构实行登记管理的鉴定事项。

法律对前款规定事项的鉴定人和鉴定机构的管理另有规定的,从其规定。

三、国务院司法行政部门主管全国鉴定人和鉴定机构的登记管理工作。省级人民政府司法行政部门依照本决定的规定,负责对鉴定人和鉴定机构的登记、名册编制和公告。

四、具备下列条件之一的人员,可以申请登记从事司法鉴定业务:

(一) 具有与所申请从事的司法鉴定业务相关的高级专业技术职称;

(二) 具有与所申请从事的司法鉴定业务相关的专业执业资格或者高等院校相关专业本科以上学历,从事相关工作五年以上;

(三) 具有与所申请从事的司法鉴定业务相关工作十年以上经历,具有较强的专业技能。因故意犯罪或者职务过失犯罪受过刑事处罚的,受过开除公职处分的,以及被撤销鉴定人登记的人员,不得从事司法鉴定业务。

五、法人或者其他组织申请从事司法鉴定业务的,应当具备下列条件:

(一) 有明确的业务范围;

(二) 有在业务范围内进行司法鉴定所必需的仪器、设备;

(三) 有在业务范围内进行司法鉴定所必需的依法通过计量认证或者实验室认可的检测实验室;

(四) 每项司法鉴定业务有三名以上鉴定人。

六、申请从事司法鉴定业务的个人、法人或者其他组织,由省级人民政府司法行政部门审核,对符合条件的予以登记,编入鉴定人和鉴定机构名册并公告。省级人民政府司法行政部门应当根据鉴定人或者鉴定机构的增加和撤销登记情况,定期更新所编制的鉴定人和鉴定机构名册并公告。

七、侦查机关根据侦查工作的需要设立的鉴定机构,不得面向社会接受委托从事司法鉴定业务。人民法院和司法行政部门不得设立鉴定机构。

八、各鉴定机构之间没有隶属关系;鉴定机构接受委托从事司法鉴定业务,不受地域范围的限制。鉴定人应当在一个鉴定机构中从事司法鉴定业务。

九、在诉讼中,对本决定第二条所规定的鉴定事项发生争议,需要鉴定的,应当委托列入鉴定人名册的鉴定人进行鉴定。鉴定人从事司法鉴定业务,由所在的鉴定机构统一接受委托。

附录 1

鉴定人和鉴定机构应当在鉴定人和鉴定机构名册注明的业务范围内从事司法鉴定业务。

鉴定人应当依照诉讼法律规定实行回避。

十、司法鉴定实行鉴定人负责制度。鉴定人应当独立进行鉴定,对鉴定意见负责并在鉴定书上签名或者盖章。多人参加的鉴定,对鉴定意见有不同意见的,应当注明。

十一、在诉讼中,当事人对鉴定意见有异议的,经人民法院依法通知,鉴定人应当出庭作证。

十二、鉴定人和鉴定机构从事司法鉴定业务,应当遵守法律、法规,遵守职业道德和职业纪律,尊重科学,遵守技术操作规范。

十三、鉴定人或者鉴定机构有违反本决定规定行为的,由省级人民政府司法行政部门予以警告,责令改正。鉴定人或者鉴定机构有下列情形之一的,由省级人民政府司法行政部门给予停止从事司法鉴定业务三个月以上一年以下的处罚;情节严重的,撤销登记:

(一)因严重不负责任给当事人合法权益造成重大损失的;

(二)提供虚假证明文件或者采取其他欺诈手段,骗取登记的;

(三)经人民法院依法通知,拒绝出庭作证的;

(四)法律、行政法规规定的其他情形。鉴定人故意作虚假鉴定,构成犯罪的,依法追究刑事责任;尚不构成犯罪的,依照前款规定处罚。

十四、司法行政部门在鉴定人和鉴定机构的登记管理工作中,应当严格依法办事,积极推进司法鉴定的规范化、法制化。对于滥用职权、玩忽职守,造成严重后果的直接责任人员,应当追究相应的法律责任。

十五、司法鉴定的收费项目和收费标准由国务院司法行政部门商国务院价格主管部门确定。

十六、对鉴定人和鉴定机构进行登记、名册编制和公告的具体办法,由国务院司法行政部门制定,报国务院批准。

十七、本决定下列用语的含义是:

(一)法医类鉴定,包括法医病理鉴定、法医临床鉴定、法医精神病鉴定、法医物证鉴定和法医毒物鉴定。

(二)物证类鉴定,包括文书鉴定、痕迹鉴定和微量鉴定。

(三)声像资料鉴定,包括对录音带、录像带、磁盘、光盘、图片等载体上记录的声音、图像信息的真实性、完整性及其所反映的情况过程进行的鉴定和对记录的声音、图像中的语言、人体、物体作出种类或者同一认定。

十八、本决定自 2005 年 10 月 1 日起施行。

附录 2

中华人民共和国司法部令
第 132 号

《司法鉴定程序通则》已经 2015 年 12 月 24 日司法部部务会议修订通过,现将修订后的《司法鉴定程序通则》发布,自 2016 年 5 月 1 日起施行。

部长　吴爱英
2016 年 3 月 2 日

司法鉴定程序通则

第一章　总　则

第一条　为了规范司法鉴定机构和司法鉴定人的司法鉴定活动,保障司法鉴定质量,保障诉讼活动的顺利进行,根据《全国人民代表大会常务委员会关于司法鉴定管理问题的决定》和有关法律、法规的规定,制定本通则。

第二条　司法鉴定是指在诉讼活动中鉴定人运用科学技术或者专门知识对诉讼涉及的专门性问题进行鉴别和判断并提供鉴定意见的活动。司法鉴定程序是指司法鉴定机构和司法鉴定人进行司法鉴定活动的方式、步骤以及相关规则的总称。

第三条　本通则适用于司法鉴定机构和司法鉴定人从事各类司法鉴定业务的活动。

第四条　司法鉴定机构和司法鉴定人进行司法鉴定活动,应当遵守法律、法规、规章,遵守职业道德和执业纪律,尊重科学,遵守技术操作规范。

第五条　司法鉴定实行鉴定人负责制度。司法鉴定人应当依法独立、客观、公正地进行鉴定,并对自己作出的鉴定意见负责。司法鉴定人不得违反规定会见诉讼当事人及其委托的人。

第六条　司法鉴定机构和司法鉴定人应当保守在执业活动中知悉的国家秘密、商业秘密,不得泄露个人隐私。

第七条　司法鉴定人在执业活动中应当依照有关诉讼法律和本通则规定实行回避。

第八条　司法鉴定收费执行国家有关规定。

第九条　司法鉴定机构和司法鉴定人进行司法鉴定活动应当依法接受监督。对于有违反有关法律、法规、规章规定行为的,由司法行政机关依法给予相应的行政处罚;对于有违反司法鉴定行业规范行为的,由司法鉴定协会给予相应的行业处分。

第十条　司法鉴定机构应当加强对司法鉴定人执业活动的管理和监督。司法鉴定人违反本通则规定的,司法鉴定机构应当予以纠正。

第二章　司法鉴定的委托与受理

第十一条　司法鉴定机构应当统一受理办案机关的司法鉴定委托。

第十二条　委托人委托鉴定的,应当向司法鉴定机构提供真实、完整、充分的鉴定材料,并对鉴定材料的真实性、合法性负责。司法鉴定机构应当核对并记录鉴定材料的名称、种类、数量、性状、保存状况、收到时间等。

诉讼当事人对鉴定材料有异议的,应当向委托人提出。

本通则所称鉴定材料包括生物检材和非生物检材、比对样本材料以及其他与鉴定事项有关的鉴定资料。

第十三条　司法鉴定机构应当自收到委托之日起七个工作日内作出是否受理的决定。对于复杂、疑难或者特殊鉴定事项的委托，司法鉴定机构可以与委托人协商决定受理的时间。

第十四条　司法鉴定机构应当对委托鉴定事项、鉴定材料等进行审查。对属于本机构司法鉴定业务范围，鉴定用途合法，提供的鉴定材料能够满足鉴定需要的，应当受理。

对于鉴定材料不完整、不充分，不能满足鉴定需要的，司法鉴定机构可以要求委托人补充；经补充后能够满足鉴定需要的，应当受理。

第十五条　具有下列情形之一的鉴定委托，司法鉴定机构不得受理：

（一）委托鉴定事项超出本机构司法鉴定业务范围的；

（二）发现鉴定材料不真实、不完整、不充分或者取得方式不合法的；

（三）鉴定用途不合法或者违背社会公德的；

（四）鉴定要求不符合司法鉴定执业规则或者相关鉴定技术规范的；

（五）鉴定要求超出本机构技术条件或者鉴定能力的；

（六）委托人就同一鉴定事项同时委托其他司法鉴定机构进行鉴定的；

（七）其他不符合法律、法规、规章规定的情形。

第十六条　司法鉴定机构决定受理鉴定委托的，应当与委托人签订司法鉴定委托书。司法鉴定委托书应当载明委托人名称、司法鉴定机构名称、委托鉴定事项、是否属于重新鉴定、鉴定用途、与鉴定有关的基本案情、鉴定材料的提供和退还、鉴定风险，以及双方商定的鉴定时限、鉴定费用及收取方式、双方权利义务等其他需要载明的事项。

第十七条　司法鉴定机构决定不予受理鉴定委托的，应当向委托人说明理由，退还鉴定材料。

第三章　司法鉴定的实施

第十八条　司法鉴定机构受理鉴定委托后，应当指定本机构具有该鉴定事项执业资格的司法鉴定人进行鉴定。

委托人有特殊要求的，经双方协商一致，也可以从本机构中选择符合条件的司法鉴定人进行鉴定。

委托人不得要求或者暗示司法鉴定机构、司法鉴定人按其意图或者特定目的提供鉴定意见。

第十九条　司法鉴定机构对同一鉴定事项，应当指定或者选择二名司法鉴定人进行鉴定；对复杂、疑难或者特殊鉴定事项，可以指定或者选择多名司法鉴定人进行鉴定。

第二十条　司法鉴定人本人或者其近亲属与诉讼当事人、鉴定事项涉及的案件有利害关系，可能影响其独立、客观、公正进行鉴定的，应当回避。

司法鉴定人曾经参加过同一鉴定事项鉴定的，或者曾经作为专家提供过咨询意见的，或者曾被聘请为有专门知识的人参与过同一鉴定事项法庭质证的，应当回避。

第二十一条　司法鉴定人自行提出回避的，由其所属的司法鉴定机构决定；委托人要求司法鉴定人回避的，应当向该司法鉴定人所属的司法鉴定机构提出，由司法鉴定机构决定。

委托人对司法鉴定机构作出的司法鉴定人是否回避的决定有异议的，可以撤销鉴定委托。

第二十二条　司法鉴定机构应当建立鉴定材料管理制度，严格监控鉴定材料的接收、保管、使用和退还。

司法鉴定机构和司法鉴定人在鉴定过程中应当严格依照技术规范保管和使用鉴定材料，因严重不负责任造成鉴定材料损毁、遗失的，应当依法承担责任。

第二十三条　司法鉴定人进行鉴定,应当依下列顺序遵守和采用该专业领域的技术标准、技术规范和技术方法:

（一）国家标准;

（二）行业标准和技术规范;

（三）该专业领域多数专家认可的技术方法。

第二十四条　司法鉴定人有权了解进行鉴定所需要的案件材料,可以查阅、复制相关资料,必要时可以询问诉讼当事人、证人。

经委托人同意,司法鉴定机构可以派员到现场提取鉴定材料。现场提取鉴定材料应当由不少于二名司法鉴定机构的工作人员进行,其中至少一名应为该鉴定事项的司法鉴定人。现场提取鉴定材料时,应当有委托人指派或者委托的人员在场见证并在提取记录上签名。

第二十五条　鉴定过程中,需要对无民事行为能力人或者限制民事行为能力人进行身体检查的,应当通知其监护人或者近亲属到场见证;必要时,可以通知委托人到场见证。

对被鉴定人进行法医精神病鉴定的,应当通知委托人或者被鉴定人的近亲属或者监护人到场见证。

对需要进行尸体解剖的,应当通知委托人或者死者的近亲属或者监护人到场见证。

到场见证人员应当在鉴定记录上签名。见证人员未到场的,司法鉴定人不得开展相关鉴定活动,延误时间不计入鉴定时限。

第二十六条　鉴定过程中,需要对被鉴定人身体进行法医临床检查的,应当采取必要措施保护其隐私。

第二十七条　司法鉴定人应当对鉴定过程进行实时记录并签名。记录可以采取笔记、录音、录像、拍照等方式。记录应当载明主要的鉴定方法和过程,检查、检验、检测结果,以及仪器设备使用情况等。记录的内容应当真实、客观、准确、完整、清晰,记录的文本资料、音像资料等应当存入鉴定档案。

第二十八条　司法鉴定机构应当自司法鉴定委托书生效之日起三十个工作日内完成鉴定。

鉴定事项涉及复杂、疑难、特殊技术问题或者鉴定过程需要较长时间的,经本机构负责人批准,完成鉴定的时限可以延长,延长时限一般不得超过三十个工作日。鉴定时限延长的,应当及时告知委托人。

司法鉴定机构与委托人对鉴定时限另有约定的,从其约定。

在鉴定过程中补充或者重新提取鉴定材料所需的时间,不计入鉴定时限。

第二十九条　司法鉴定机构在鉴定过程中,有下列情形之一的,可以终止鉴定:

（一）发现有本通则第十五条第二项至第七项规定情形的;

（二）鉴定材料发生耗损,委托人不能补充提供的;

（三）委托人拒不履行司法鉴定委托书规定的义务、被鉴定人拒不配合或者鉴定活动受到严重干扰,致使鉴定无法继续进行的;

（四）委托人主动撤销鉴定委托,或者委托人、诉讼当事人拒绝支付鉴定费用的;

（五）因不可抗力致使鉴定无法继续进行的;

（六）其他需要终止鉴定的情形。

终止鉴定的,司法鉴定机构应当书面通知委托人,说明理由并退还鉴定材料。

第三十条　有下列情形之一的,司法鉴定机构可以根据委托人的要求进行补充鉴定:

（一）原委托鉴定事项有遗漏的;

（二）委托人就原委托鉴定事项提供新的鉴定材料的;

（三）其他需要补充鉴定的情形。

补充鉴定是原委托鉴定的组成部分,应当由原司法鉴定人进行。

附录 2

第三十一条 有下列情形之一的,司法鉴定机构可以接受办案机关委托进行重新鉴定:
(一)原司法鉴定人不具有从事委托鉴定事项执业资格的;
(二)原司法鉴定机构超出登记的业务范围组织鉴定的;
(三)原司法鉴定人应当回避没有回避的;
(四)办案机关认为需要重新鉴定的;
(五)法律规定的其他情形。

第三十二条 重新鉴定应当委托原司法鉴定机构以外的其他司法鉴定机构进行;因特殊原因,委托人也可以委托原司法鉴定机构进行,但原司法鉴定机构应当指定原司法鉴定人以外的其他符合条件的司法鉴定人进行。

接受重新鉴定委托的司法鉴定机构的资质条件应当不低于原司法鉴定机构,进行重新鉴定的司法鉴定人中应当至少有一名具有相关专业高级专业技术职称。

第三十三条 鉴定过程中,涉及复杂、疑难、特殊技术问题的,可以向本机构以外的相关专业领域的专家进行咨询,但最终的鉴定意见应当由本机构的司法鉴定人出具。

专家提供咨询意见应当签名,并存入鉴定档案。

第三十四条 对于涉及重大案件或者特别复杂、疑难、特殊技术问题或者多个鉴定类别的鉴定事项,办案机关可以委托司法鉴定行业协会组织协调多个司法鉴定机构进行鉴定。

第三十五条 司法鉴定人完成鉴定后,司法鉴定机构应当指定具有相应资质的人员对鉴定程序和鉴定意见进行复核;对于涉及复杂、疑难、特殊技术问题或者重新鉴定的鉴定事项,可以组织三名以上的专家进行复核。

复核人员完成复核后,应当提出复核意见并签名,存入鉴定档案。

第四章 司法鉴定意见书的出具

第三十六条 司法鉴定机构和司法鉴定人应当按照统一规定的文本格式制作司法鉴定意见书。

第三十七条 司法鉴定意见书应当由司法鉴定人签名。多人参加的鉴定,对鉴定意见有不同意见的,应当注明。

第三十八条 司法鉴定意见书应当加盖司法鉴定机构的司法鉴定专用章。

第三十九条 司法鉴定意见书应当一式四份,三份交委托人收执,一份由司法鉴定机构存档。司法鉴定机构应当按照有关规定或者与委托人约定的方式,向委托人发送司法鉴定意见书。

第四十条 委托人对鉴定过程、鉴定意见提出询问的,司法鉴定机构和司法鉴定人应当给予解释或者说明。

第四十一条 司法鉴定意见书出具后,发现有下列情形之一的,司法鉴定机构可以进行补正:
(一)图像、谱图、表格不清晰的;
(二)签名、盖章或者编号不符合制作要求的;
(三)文字表达有瑕疵或者错别字,但不影响司法鉴定意见的。

补正应当在原司法鉴定意见书上进行,由至少一名司法鉴定人在补正处签名。必要时,可以出具补正书。

对司法鉴定意见书进行补正,不得改变司法鉴定意见的原意。

第四十二条 司法鉴定机构应当按照规定将司法鉴定意见书以及有关资料整理立卷、归档保管。

第五章 司法鉴定人出庭作证

第四十三条 经人民法院依法通知,司法鉴定人应当出庭作证,回答与鉴定事项有关的问题。

第四十四条　司法鉴定机构接到出庭通知后,应当及时与人民法院确认司法鉴定人出庭的时间、地点、人数、费用、要求等。

第四十五条　司法鉴定机构应当支持司法鉴定人出庭作证,为司法鉴定人依法出庭提供必要条件。

第四十六条　司法鉴定人出庭作证,应当举止文明,遵守法庭纪律。

第六章　附　则

第四十七条　本通则是司法鉴定机构和司法鉴定人进行司法鉴定活动应当遵守和采用的一般程序规则,不同专业领域对鉴定程序有特殊要求的,可以依据本通则制定鉴定程序细则。

第四十八条　本通则所称办案机关,是指办理诉讼案件的侦查机关、审查起诉机关和审判机关。

第四十九条　在诉讼活动之外,司法鉴定机构和司法鉴定人依法开展相关鉴定业务的,参照本通则规定执行。

第五十条　本通则自 2016 年 5 月 1 日起施行。司法部 2007 年 8 月 7 日发布的《司法鉴定程序通则》(司法部第 107 号令)同时废止。

附录3

最高人民法院　最高人民检察院
公安部　　国家安全部　　司法部
关于发布《人体损伤程度鉴定标准》的公告

为进一步加强人身损伤程度鉴定标准化、规范化工作，现将《人体损伤程度鉴定标准》发布，自2014年1月1日起施行。《人体重伤鉴定标准》（司发〔1990〕070号）、《人体轻伤鉴定标准（试行）》（法（司）发〔1990〕6号）和《人体轻微伤的鉴定》（GA/T146-1996）同时废止。

最高人民法院　最高人民检察院

公安部　国家安全部　司法部

2013年8月30日

人体损伤程度鉴定标准

1　范围

本标准规定了人体损伤程度鉴定的原则、方法、内容和等级划分。

本标准适用于《中华人民共和国刑法》及其他法律、法规所涉及的人体损伤程度鉴定。

2　规范性引用文件

下列文件对于本文件的应用是必不可少的。本标准引用文件的最新版本适用于本标准。

GB18667　道路交通事故受伤人员伤残评定

GB/T16180　劳动能力鉴定　职工工伤与职业病致残等级

GB/T26341-2010　残疾人残疾分类和分级

3　术语和定义

3.1　重伤

使人肢体残废、毁人容貌、丧失听觉、丧失视觉、丧失其他器官功能或者其他对于人身健康有重大伤害的损伤，包括重伤一级和重伤二级。

3.2　轻伤

使人肢体或者容貌损害，听觉、视觉或者其他器官功能部分障碍或者其他对于人身健康有中度伤害的损伤，包括轻伤一级和轻伤二级。

3.3　轻微伤

各种致伤因素所致的原发性损伤，造成组织器官结构轻微损害或者轻微功能障碍。

4　总则

4.1　鉴定原则

4.1.1　遵循实事求是的原则，坚持以致伤因素对人体直接造成的原发性损伤及由损伤引起的并发症或者后遗症为依据，全面分析，综合鉴定。

4.1.2 对于以原发性损伤及其并发症作为鉴定依据的,鉴定时应以损伤当时伤情为主,损伤的后果为辅,综合鉴定。

4.1.3 对于以容貌损害或者组织器官功能障碍作为鉴定依据的,鉴定时应以损伤的后果为主,损伤当时伤情为辅,综合鉴定。

4.2 鉴定时机

4.2.1 以原发性损伤为主要鉴定依据的,伤后即可进行鉴定;以损伤所致的并发症为主要鉴定依据的,在伤情稳定后进行鉴定。

4.2.2 以容貌损害或者组织器官功能障碍为主要鉴定依据的,在损伤 90 日后进行鉴定;在特殊情况下可以根据原发性损伤及其并发症出具鉴定意见,但须对有可能出现的后遗症加以说明,必要时应进行复检并予以补充鉴定。

4.2.3 疑难、复杂的损伤,在临床治疗终结或者伤情稳定后进行鉴定。

4.3 伤病关系处理原则

4.3.1 损伤为主要作用的,既往伤/病为次要或者轻微作用的,应依据本标准相应条款进行鉴定。

4.3.2 损伤与既往伤/病共同作用的,即二者作用相当的,应依据本标准相应条款适度降低损伤程度等级,即等级为重伤一级和重伤二级的,可视具体情况鉴定为轻伤一级或者轻伤二级,等级为轻伤一级和轻伤二级的,均鉴定为轻微伤。

4.3.3 既往伤/病为主要作用的,即损伤为次要或者轻微作用的,不宜进行损伤程度鉴定,只说明因果关系。

5 损伤程度分级

5.1 颅脑、脊髓损伤

5.1.1 重伤一级

a) 植物生存状态。
b) 四肢瘫(三肢以上肌力 3 级以下)。
c) 偏瘫、截瘫(肌力 2 级以下),伴大便、小便失禁。
d) 非肢体瘫的运动障碍(重度)。
e) 重度智能减退或者器质性精神障碍,生活完全不能自理。

5.1.2 重伤二级

a) 头皮缺损面积累计 75.0 cm² 以上。
b) 开放性颅骨骨折伴硬脑膜破裂。
c) 颅骨凹陷性或者粉碎性骨折,出现脑受压症状和体征,须手术治疗。
d) 颅底骨折,伴脑脊液漏持续 4 周以上。
e) 颅底骨折,伴面神经或者听神经损伤引起相应神经功能障碍。
f) 外伤性蛛网膜下腔出血,伴神经系统症状和体征。
g) 脑挫(裂)伤,伴神经系统症状和体征。
h) 颅内出血,伴脑受压症状和体征。
i) 外伤性脑梗死,伴神经系统症状和体征。
j) 外伤性脑脓肿。
k) 外伤性脑动脉瘤,须手术治疗。
l) 外伤性迟发性癫痫。
m) 外伤性脑积水,须手术治疗。

附录 3

n) 外伤性颈动脉海绵窦瘘。
o) 外伤性下丘脑综合征。
p) 外伤性尿崩症。
q) 单肢瘫(肌力 3 级以下)。
r) 脊髓损伤致重度肛门失禁或者重度排尿障碍。

5.1.3 轻伤一级
a) 头皮创口或者瘢痕长度累计 20.0 cm 以上。
b) 头皮撕脱伤面积累计 50.0 cm² 以上；头皮缺损面积累计 24.0 cm² 以上。
c) 颅骨凹陷性或者粉碎性骨折。
d) 颅底骨折伴脑脊液漏。
e) 脑挫(裂)伤；颅内出血；慢性颅内血肿；外伤性硬脑膜下积液。
f) 外伤性脑积水；外伤性颅内动脉瘤；外伤性脑梗死；外伤性颅内低压综合征。
g) 脊髓损伤致排便或者排尿功能障碍(轻度)。
h) 脊髓挫裂伤。

5.1.4 轻伤二级
a) 头皮创口或者瘢痕长度累计 8.0 cm 以上。
b) 头皮撕脱伤面积累计 20.0 cm² 以上；头皮缺损面积累计 10.0 cm² 以上。
c) 帽状腱膜下血肿范围 50.0 cm² 以上。
d) 颅骨骨折。
e) 外伤性蛛网膜下腔出血。
f) 脑神经损伤引起相应神经功能障碍。

5.1.5 轻微伤
a) 头部外伤后伴有神经症状。
b) 头皮擦伤面积 5.0 cm² 以上；头皮挫伤；头皮下血肿。
c) 头皮创口或者瘢痕。

5.2 面部、耳郭损伤

5.2.1 重伤一级
a) 容貌毁损(重度)。

5.2.2 重伤二级
a) 面部条状瘢痕(50%以上位于中心区)，单条长度 10.0 cm 以上，或者两条以上长度累计 15.0 cm 以上。
b) 面部块状瘢痕(50%以上位于中心区)，单块面积 6.0 cm² 以上，或者两块以上面积累计 10.0 cm² 以上。
c) 面部片状细小瘢痕或者显著色素异常，面积累计达面部 30%。
d) 一侧眼球萎缩或者缺失。
e) 眼睑缺失相当于一侧上眼睑 1/2 以上。
f) 一侧眼睑重度外翻或者双侧眼睑中度外翻。
g) 一侧上睑下垂完全覆盖瞳孔。
h) 一侧眼眶骨折致眼球内陷 0.5 cm 以上。
i) 一侧鼻泪管和内眦韧带断裂。
j) 鼻部离断或者缺损 30%以上。

k) 耳郭离断、缺损或者挛缩畸形累计相当于一侧耳郭面积50%以上。

l) 口唇离断或者缺损致牙齿外露3枚以上。

m) 舌体离断或者缺损达舌系带。

n) 牙齿脱落或者牙折共7枚以上。

o) 损伤致张口困难Ⅲ度。

p) 面神经损伤致一侧面肌大部分瘫痪,遗留眼睑闭合不全和口角歪斜。

q) 容貌毁损(轻度)。

5.2.3 轻伤一级

a) 面部单个创口或者瘢痕长度6.0 cm以上;多个创口或者瘢痕长度累计10.0 cm以上。

b) 面部块状瘢痕,单块面积4.0 cm² 以上;多块面积累计7.0 cm² 以上。

c) 面部片状细小瘢痕或者明显色素异常,面积累计30.0 cm²以上。

d) 眼睑缺失相当于一侧上眼睑1/4以上。

e) 一侧眼睑中度外翻;双侧眼睑轻度外翻。

f) 一侧上眼睑下垂覆盖瞳孔超过1/2。

g) 两处以上不同眶壁骨折;一侧眶壁骨折致眼球内陷0.2 cm以上。

h) 双侧泪器损伤伴溢泪。

i) 一侧鼻泪管断裂;一侧内眦韧带断裂。

j) 耳郭离断、缺损或者挛缩畸形累计相当于一侧耳郭面积30%以上。

k) 鼻部离断或者缺损15%以上。

l) 口唇离断或者缺损致牙齿外露1枚以上。

m) 牙齿脱落或者牙折共4枚以上。

n) 损伤致张口困难Ⅱ度。

o) 腮腺总导管完全断裂。

p) 面神经损伤致一侧面肌部分瘫痪,遗留眼睑闭合不全或者口角歪斜。

5.2.4 轻伤二级

a) 面部单个创口或者瘢痕长度4.5 cm以上;多个创口或者瘢痕长度累计6.0 cm以上。

b) 面颊穿透创,皮肤创口或者瘢痕长度1.0 cm以上。

c) 口唇全层裂创,皮肤创口或者瘢痕长度1.0 cm以上。

d) 面部块状瘢痕,单块面积3.0 cm² 以上或多块面积累计5.0 cm² 以上。

e) 面部片状细小瘢痕或者色素异常,面积累计8.0 cm² 以上。

f) 眶壁骨折(单纯眶内壁骨折除外)。

g) 眼睑缺损。

h) 一侧眼睑轻度外翻。

i) 一侧上眼睑下垂覆盖瞳孔。

j) 一侧眼睑闭合不全。

k) 一侧泪器损伤伴溢泪。

l) 耳郭创口或者瘢痕长度累计6.0 cm以上。

m) 耳郭离断、缺损或者挛缩畸形累计相当于一侧耳郭面积15%以上。

n) 鼻尖或者一侧鼻翼缺损。

o) 鼻骨粉碎性骨折;双侧鼻骨骨折;鼻骨骨折合并上颌骨额突骨折;鼻骨骨折合并鼻中隔骨折;双侧

上颌骨额突骨折。

  p) 舌缺损。

  q) 牙齿脱落或者牙折2枚以上。

  r) 腮腺、颌下腺或者舌下腺实质性损伤。

  s) 损伤致张口困难Ⅰ度。

  t) 颌骨骨折(牙槽突骨折及一侧上颌骨额突骨折除外)。

  u) 颧骨骨折。

5.2.5 轻微伤

  a) 面部软组织创。

  b) 面部损伤留有瘢痕或者色素改变。

  c) 面部皮肤擦伤,面积2.0 cm² 以上;面部软组织挫伤;面部划伤4.0 cm 以上。

  d) 眶内壁骨折。

  e) 眼部挫伤;眼部外伤后影响外观。

  f) 耳郭创。

  g) 鼻骨骨折;鼻出血。

  h) 上颌骨额突骨折。

  i) 口腔黏膜破损;舌损伤。

  j) 牙齿脱落或者缺损;牙槽突骨折;牙齿松动2枚以上或者Ⅲ度松动1枚以上。

5.3 听器听力损伤

5.3.1 重伤一级

  a) 双耳听力障碍(≥91 dB HL)。

5.3.2 重伤二级

  a) 一耳听力障碍(≥91 dB HL)。

  b) 一耳听力障碍(≥81 dB HL),另一耳听力障碍(≥41 dB HL)。

  c) 一耳听力障碍(≥81 dB HL),伴同侧前庭平衡功能障碍。

  d) 双耳听力障碍(≥61 dB HL)。

  e) 双侧前庭平衡功能丧失,睁眼行走困难,不能并足站立。

5.3.3 轻伤一级

  a) 双耳听力障碍(≥41 dB HL)。

  b) 双耳外耳道闭锁。

5.3.4 轻伤二级

  a) 外伤性鼓膜穿孔6周不能自行愈合。

  b) 听骨骨折或者脱位;听骨链固定。

  c) 一耳听力障碍(≥41 dB HL)。

  d) 一侧前庭平衡功能障碍,伴同侧听力减退。

  e) 一耳外耳道横截面1/2以上狭窄。

5.3.5 轻微伤

  a) 外伤性鼓膜穿孔。

  b) 鼓室积血。

  c) 外伤后听力减退。

5.4 视器视力损伤

5.4.1 重伤一级

a) 一眼眼球萎缩或者缺失,另一眼盲目3级。

b) 一眼视野完全缺损,另一眼视野半径20°以下(视野有效值32%以下)。

c) 双眼盲目4级。

5.4.2 重伤二级

a) 一眼盲目3级。

b) 一眼重度视力损害,另一眼中度视力损害。

c) 一眼视野半径10°以下(视野有效值16%以下)。

d) 双眼偏盲;双眼残留视野半径30°以下(视野有效值48%以下)。

5.4.3 轻伤一级

a) 外伤性青光眼,经治疗难以控制眼压。

b) 一眼虹膜完全缺损。

c) 一眼重度视力损害;双眼中度视力损害。

d) 一眼视野半径30°以下(视野有效值48%以下);双眼视野半径50°以下(视野有效值80%以下)。

5.4.4 轻伤二级

a) 眼球穿通伤或者眼球破裂伤;前房积血须手术治疗;房角后退;虹膜根部离断或者虹膜缺损超过1个象限;睫状体脱离;晶状体脱位;玻璃体积血;外伤性视网膜脱离;外伤性视网膜出血;外伤性黄斑裂孔;外伤性脉络膜脱离。

b) 角膜斑翳或者血管翳;外伤性白内障;外伤性低眼压;外伤性青光眼。

c) 瞳孔括约肌损伤致瞳孔显著变形或者瞳孔散大(直径0.6 cm以上)。

d) 斜视;复视。

e) 睑球粘连。

f) 一眼矫正视力减退至0.5以下(或者较伤前视力下降0.3以上);双眼矫正视力减退至0.7以下(或者较伤前视力下降0.2以上);原单眼中度以上视力损害者,伤后视力降低一个级别。

g) 一眼视野半径50°以下(视野有效值80%以下)。

5.4.5 轻微伤

a) 眼球损伤影响视力。

5.5 颈部损伤

5.5.1 重伤一级

a) 颈部大血管破裂。

b) 咽喉部广泛毁损,呼吸完全依赖气管套管或者造口。

c) 咽或者食管广泛毁损,进食完全依赖胃管或者造口。

5.5.2 重伤二级

a) 甲状旁腺功能低下(重度)。

b) 甲状腺功能低下,药物依赖。

c) 咽部、咽后区、喉或者气管穿孔。

d) 咽喉或者颈部气管损伤,遗留呼吸困难(3级)。

e) 咽或者食管损伤,遗留吞咽功能障碍(只能进流食)。

f) 喉损伤遗留发声障碍(重度)。

g) 颈内动脉血栓形成,血管腔狭窄(50%以上)。

h) 颈总动脉血栓形成,血管腔狭窄(25%以上)。

i) 颈前三角区增生瘢痕,面积累计 30.0 cm² 以上。

5.5.3　轻伤一级

a) 颈前部单个创口或者瘢痕长度 10.0 cm 以上;多个创口或者瘢痕长度累计 16.0 cm 以上。

b) 颈前三角区瘢痕,单块面积 10.0 cm² 以上;多块面积累计 12.0 cm² 以上。

c) 咽喉部损伤遗留发声或者构音障碍。

d) 咽或者食管损伤,遗留吞咽功能障碍(只能进半流食)。

e) 颈总动脉血栓形成;颈内动脉血栓形成;颈外动脉血栓形成;椎动脉血栓形成。

5.5.4　轻伤二级

a) 颈前部单个创口或者瘢痕长度 5.0 cm 以上;多个创口或者瘢痕长度累计 8.0 cm 以上。

b) 颈前部瘢痕,单块面积 4.0 cm² 以上,或者两块以上面积累计 6.0 cm² 以上。

c) 甲状腺挫裂伤。

d) 咽喉软骨骨折。

e) 喉或者气管损伤。

f) 舌骨骨折。

g) 膈神经损伤。

h) 颈部损伤出现窒息征象。

5.5.5　轻微伤

a) 颈部创口或者瘢痕长度 1.0 cm 以上。

b) 颈部擦伤面积 4.0 cm² 以上。

c) 颈部挫伤面积 2.0 cm² 以上。

d) 颈部划伤长度 5.0 cm 以上。

5.6　胸部损伤

5.6.1　重伤一级

a) 心脏损伤,遗留心功能不全(心功能Ⅳ级)。

b) 肺损伤致一侧全肺切除或者双肺三肺叶切除。

5.6.2　重伤二级

a) 心脏损伤,遗留心功能不全(心功能Ⅲ级)。

b) 心脏破裂;心包破裂。

c) 女性双侧乳房损伤,完全丧失哺乳功能;女性一侧乳房大部分缺失。

d) 纵隔血肿或者气肿,须手术治疗。

e) 气管或者支气管破裂,须手术治疗。

f) 肺破裂,须手术治疗。

g) 血胸、气胸或者血气胸,伴一侧肺萎陷 70% 以上,或者双侧肺萎陷均在 50% 以上。

h) 食管穿孔或者全层破裂,须手术治疗。

i) 脓胸或者肺脓肿;乳糜胸;支气管胸膜瘘;食管胸膜瘘;食管支气管瘘。

j) 胸腔大血管破裂。

k) 膈肌破裂。

5.6.3　轻伤一级

a) 心脏挫伤致心包积血。
b) 女性一侧乳房损伤,丧失哺乳功能。
c) 肋骨骨折6处以上。
d) 纵隔血肿;纵隔气肿。
e) 血胸、气胸或者血气胸,伴一侧肺萎陷30%以上,或者双侧肺萎陷均在20%以上。
f) 食管挫裂伤。

5.6.4 轻伤二级

a) 女性一侧乳房部分缺失或者乳腺导管损伤。
b) 肋骨骨折2处以上。
c) 胸骨骨折;锁骨骨折;肩胛骨骨折。
d) 胸锁关节脱位;肩锁关节脱位。
e) 胸部损伤,致皮下气肿1周不能自行吸收。
f) 胸腔积血;胸腔积气。
g) 胸壁穿透创。
h) 胸部挤压出现窒息征象。

5.6.5 轻微伤

a) 肋骨骨折;肋软骨骨折。
b) 女性乳房擦挫伤。

5.7 腹部损伤

5.7.1 重伤一级

a) 肝功能损害(重度)。
b) 胃肠道损伤致消化吸收功能严重障碍,依赖肠外营养。
c) 肾功能不全(尿毒症期)。

5.7.2 重伤二级

a) 腹腔大血管破裂。
b) 胃、肠、胆囊或者胆道全层破裂,须手术治疗。
c) 肝、脾、胰或者肾破裂,须手术治疗。
d) 输尿管损伤致尿外渗,须手术治疗。
e) 腹部损伤致肠瘘或者尿瘘。
f) 腹部损伤引起弥漫性腹膜炎或者感染性休克。
g) 肾周血肿或者肾包膜下血肿,须手术治疗。
h) 肾功能不全(失代偿期)。
i) 肾损伤致肾性高血压。
j) 外伤性肾积水;外伤性肾动脉瘤;外伤性肾动静脉瘘。
k) 腹腔积血或者腹膜后血肿,须手术治疗。

5.7.3 轻伤一级

a) 胃、肠、胆囊或者胆道非全层破裂。
b) 肝包膜破裂;肝脏实质内血肿直径2.0 cm以上。
c) 脾包膜破裂;脾实质内血肿直径2.0 cm以上。
d) 胰腺包膜破裂。

e) 肾功能不全(代偿期)。

5.7.4 轻伤二级

a) 胃、肠、胆囊或者胆道挫伤。

b) 肝包膜下或者实质内出血。

c) 脾包膜下或者实质内出血。

d) 胰腺挫伤。

e) 肾包膜下或者实质内出血。

f) 肝功能损害(轻度)。

g) 急性肾功能障碍(可恢复)。

h) 腹腔积血或者腹膜后血肿。

i) 腹壁穿透创。

5.7.5 轻微伤

a) 外伤性血尿。

5.8 盆部及会阴损伤

5.8.1 重伤一级

a) 阴茎及睾丸全部缺失。

b) 子宫及卵巢全部缺失。

5.8.2 重伤二级

a) 骨盆骨折畸形愈合,致双下肢相对长度相差5.0 cm以上。

b) 骨盆不稳定性骨折,须手术治疗。

c) 直肠破裂,须手术治疗。

d) 肛管损伤致大便失禁或者肛管重度狭窄,须手术治疗。

e) 膀胱破裂,须手术治疗。

f) 后尿道破裂,须手术治疗。

g) 尿道损伤致重度狭窄。

h) 损伤致早产或者死胎;损伤致胎盘早期剥离或者流产,合并轻度休克。

i) 子宫破裂,须手术治疗。

j) 卵巢或者输卵管破裂,须手术治疗。

k) 阴道重度狭窄。

l) 幼女阴道Ⅱ度撕裂伤。

m) 女性会阴或者阴道Ⅲ度撕裂伤。

n) 龟头缺失达冠状沟。

o) 阴囊皮肤撕脱伤面积占阴囊皮肤面积50%以上。

p) 双侧睾丸损伤,丧失生育能力。

q) 双侧附睾或者输精管损伤,丧失生育能力。

r) 直肠阴道瘘;膀胱阴道瘘;直肠膀胱瘘。

s) 重度排尿障碍。

5.8.3 轻伤一级

a) 骨盆2处以上骨折;骨盆骨折畸形愈合;髋臼骨折。

b) 前尿道破裂,须手术治疗。

c) 输尿管狭窄。

d) 一侧卵巢缺失或者萎缩。

e) 阴道轻度狭窄。

f) 龟头缺失1/2以上。

g) 阴囊皮肤撕脱伤面积占阴囊皮肤面积30%以上。

h) 一侧睾丸或者附睾缺失;一侧睾丸或者附睾萎缩。

5.8.4 轻伤二级

a) 骨盆骨折。

b) 直肠或者肛管挫裂伤。

c) 一侧输尿管挫裂伤;膀胱挫裂伤;尿道挫裂伤。

d) 子宫挫裂伤;一侧卵巢或者输卵管挫裂伤。

e) 阴道撕裂伤。

f) 女性外阴皮肤创口或者瘢痕长度累计4.0 cm以上。

g) 龟头部分缺损。

h) 阴茎撕脱伤;阴茎皮肤创口或者瘢痕长度2.0 cm以上;阴茎海绵体出血并形成硬结。

i) 阴囊壁贯通创;阴囊皮肤创口或者瘢痕长度累计4.0 cm以上;阴囊内积血,2周内未完全吸收。

j) 一侧睾丸破裂、血肿、脱位或者扭转。

k) 一侧输精管破裂。

l) 轻度肛门失禁或者轻度肛门狭窄。

m) 轻度排尿障碍。

n) 外伤性难免流产;外伤性胎盘早剥。

5.8.5 轻微伤

a) 会阴部软组织挫伤。

b) 会阴创;阴囊创;阴茎创。

c) 阴囊皮肤挫伤。

d) 睾丸或者阴茎挫伤。

e) 外伤性先兆流产。

5.9 脊柱四肢损伤

5.9.1 重伤一级

a) 二肢以上离断或者缺失(上肢腕关节以上、下肢踝关节以上)。

b) 二肢六大关节功能完全丧失。

5.9.2 重伤二级

a) 四肢任一大关节强直畸形或者功能丧失50%以上。

b) 臂丛神经干性或者束性损伤,遗留肌瘫(肌力3级以下)。

c) 正中神经肘部以上损伤,遗留肌瘫(肌力3级以下)。

d) 桡神经肘部以上损伤,遗留肌瘫(肌力3级以下)。

e) 尺神经肘部以上损伤,遗留肌瘫(肌力3级以下)。

f) 骶丛神经或者坐骨神经损伤,遗留肌瘫(肌力3级以下)。

g) 股骨干骨折缩短5.0 cm以上、成角畸形30°以上或者严重旋转畸形。

h) 胫腓骨骨折缩短5.0 cm以上、成角畸形30°以上或者严重旋转畸形。

i) 膝关节挛缩畸形屈曲30°以上。

j) 一侧膝关节交叉韧带完全断裂遗留旋转不稳。

k) 股骨颈骨折或者髋关节脱位，致股骨头坏死。

l) 四肢长骨骨折不愈合或者假关节形成；四肢长骨骨折并发慢性骨髓炎。

m) 一足离断或者缺失50%以上；足跟离断或者缺失50%以上。

n) 一足的第一趾和其余任何二趾离断或者缺失；一足除第一趾外，离断或者缺失4趾。

o) 两足5个以上足趾离断或者缺失。

p) 一足第一趾及其相连的跖骨离断或者缺失。

q) 一足除第一趾外，任何三趾及其相连的跖骨离断或者缺失。

5.9.3 轻伤一级

a) 四肢任一大关节功能丧失25%以上。

b) 一节椎体压缩骨折超过1/3以上；二节以上椎体骨折；三处以上横突、棘突或者椎弓骨折。

c) 膝关节韧带断裂伴半月板破裂。

d) 四肢长骨骨折畸形愈合。

e) 四肢长骨粉碎性骨折或者两处以上骨折。

f) 四肢长骨骨折累及关节面。

g) 股骨颈骨折未见股骨头坏死，已行假体置换。

h) 髌板断裂。

i) 一足离断或者缺失10%以上；足跟离断或者缺失20%以上。

j) 一足的第一趾离断或者缺失；一足除第一趾外的任何二趾离断或者缺失。

k) 三个以上足趾离断或者缺失。

l) 除第一趾外任何一趾及其相连的跖骨离断或者缺失。

m) 肢体皮肤创口或者瘢痕长度累计45.0 cm以上。

5.9.4 轻伤二级

a) 四肢任一大关节功能丧失10%以上。

b) 四肢重要神经损伤。

c) 四肢重要血管破裂。

d) 椎骨骨折或者脊椎脱位(尾椎脱位不影响功能的除外)；外伤性椎间盘突出。

e) 肢体大关节韧带断裂；半月板破裂。

f) 四肢长骨骨折；髌骨骨折。

g) 骨骺分离。

h) 损伤致肢体大关节脱位。

i) 第一趾缺失超过趾间关节；除第一趾外，任何二趾缺失超过趾间关节；一趾缺失。

j) 两节趾骨骨折；一节趾骨骨折合并一跖骨骨折。

k) 两跖骨骨折或者一跖骨完全骨折；距骨、跟骨、骰骨、楔骨或者足舟骨骨折；跗跖关节脱位。

l) 肢体皮肤一处创口或者瘢痕长度10.0 cm以上；两处以上创口或者瘢痕长度累计15.0 cm以上。

5.9.5 轻微伤

a) 肢体一处创口或者瘢痕长度1.0 cm以上；两处以上创口或者瘢痕长度累计1.5 cm以上；刺创深达肌层。

b) 肢体关节、肌腱或者韧带损伤。

c) 骨挫伤。
d) 足骨骨折。
e) 外伤致趾甲脱落,甲床暴露;甲床出血。
f) 尾椎脱位。

5.10 手损伤

5.10.1 重伤一级

a) 双手离断、缺失或者功能完全丧失。

5.10.2 重伤二级

a) 手功能丧失累计达一手功能36%。
b) 一手拇指挛缩畸形不能对指和握物。
c) 一手除拇指外,其余任何三指挛缩畸形,不能对指和握物。
d) 一手拇指离断或者缺失超过指间关节。
e) 一手示指和中指全部离断或者缺失。
f) 一手除拇指外的任何三指离断或者缺失均超过近侧指间关节。

5.10.3 轻伤一级

a) 手功能丧失累计达一手功能16%。
b) 一手拇指离断或者缺失未超过指间关节。
c) 一手除拇指外的示指和中指离断或者缺失均超过远侧指间关节。
d) 一手除拇指外的环指和小指离断或者缺失均超过近侧指间关节。

5.10.4 轻伤二级

a) 手功能丧失累计达一手功能4%。
b) 除拇指外的一个指节离断或者缺失。
c) 两节指骨线性骨折或者一节指骨粉碎性骨折(不含第2至5指末节)。
d) 舟骨骨折、月骨脱位或者掌骨完全性骨折。

5.10.5 轻微伤

a) 手擦伤面积10.0 cm² 以上或者挫伤面积6.0 cm² 以上。
b) 手一处创口或者瘢痕长度1.0 cm 以上;两处以上创口或者瘢痕长度累计1.5 cm 以上;刺伤深达肌层。
c) 手关节或者肌腱损伤。
d) 腕骨、掌骨或者指骨骨折。
e) 外伤致指甲脱落,甲床暴露;甲床出血。

5.11 体表损伤

5.11.1 重伤二级

a) 挫伤面积累计达体表面积30%。
b) 创口或者瘢痕长度累计200.0 cm 以上。

5.11.2 轻伤一级

a) 挫伤面积累计达体表面积10%。
b) 创口或者瘢痕长度累计40.0 cm 以上。
c) 撕脱伤面积100.0 cm² 以上。
d) 皮肤缺损30.0 cm² 以上。

附录 3

5.11.3 轻伤二级

a) 挫伤面积达体表面积 6%。

b) 单个创口或者瘢痕长度 10.0 cm 以上;多个创口或者瘢痕长度累计 15.0 cm 以上。

c) 撕脱伤面积 50.0 cm² 以上。

d) 皮肤缺损 6.0 cm² 以上。

5.11.4 轻微伤

a) 擦伤面积 20.0 cm² 以上或者挫伤面积 15.0 cm² 以上。

b) 一处创口或者瘢痕长度 1.0 cm 以上;两处以上创口或者瘢痕长度累计 1.5 cm 以上;刺创深达肌层。

c) 咬伤致皮肤破损。

5.12 其他损伤

5.12.1 重伤一级

a) 深二度以上烧烫伤面积达体表面积 70% 或者三度面积达 30%。

5.12.2 重伤二级

a) 二度以上烧烫伤面积达体表面积 30% 或者三度面积达 10%;面积低于上述程度但合并吸入有毒气体中毒或者严重呼吸道烧烫伤。

b) 枪弹创,创道长度累计 180.0 cm。

c) 各种损伤引起脑水肿(脑肿胀),脑疝形成。

d) 各种损伤引起休克(中度)。

e) 挤压综合征(Ⅱ级)。

f) 损伤引起脂肪栓塞综合征(完全型)。

g) 各种损伤致急性呼吸窘迫综合征(重度)。

h) 电击伤(二度)。

i) 溺水(中度)。

j) 脑内异物存留;心脏异物存留。

k) 器质性阴茎勃起障碍(重度)。

5.12.3 轻伤一级

a) 二度以上烧烫伤面积达体表面积 20% 或者三度面积达 5%。

b) 损伤引起脂肪栓塞综合征(不完全型)。

c) 器质性阴茎勃起障碍(中度)。

5.12.4 轻伤二级

a) 二度以上烧烫伤面积达体表面积 5% 或者三度面积达 0.5%。

b) 呼吸道烧伤。

c) 挤压综合征(Ⅰ级)。

d) 电击伤(一度)。

e) 溺水(轻度)。

f) 各种损伤引起休克(轻度)。

g) 呼吸功能障碍,出现窒息征象。

h) 面部异物存留;眶内异物存留;鼻窦异物存留。

i) 胸腔内异物存留;腹腔内异物存留;盆腔内异物存留。

j) 深部组织内异物存留。

k) 骨折内固定物损坏需要手术更换或者修复。

l) 各种置入式假体装置损坏需要手术更换或者修复。

m) 器质性阴茎勃起障碍(轻度)。

5.12.5 轻微伤

a) 身体各部位骨皮质的砍(刺)痕；轻微撕脱性骨折，无功能障碍。

b) 面部一度烧烫伤面积 10.0 cm² 以上；浅二度烧烫伤。

c) 颈部一度烧烫伤面积 15.0 cm² 以上；浅二度烧烫伤面积 2.0 cm² 以上。

d) 体表一度烧烫伤面积 20.0 cm² 以上；浅二度烧烫伤面积 4.0 cm² 以上；深二度烧烫伤。

6 附则

6.1 伤后因其他原因死亡的个体，其生前损伤比照本标准相关条款综合鉴定。

6.2 未列入本标准中的物理性、化学性和生物性等致伤因素造成的人体损伤，比照本标准中的相应条款综合鉴定。

6.3 本标准所称的损伤是指各种致伤因素所引起的人体组织器官结构破坏或者功能障碍。反应性精神病、癔症等，均为内源性疾病，不宜鉴定损伤程度。

6.4 本标准未作具体规定的损伤，可以遵循损伤程度等级划分原则，比照本标准相近条款进行损伤程度鉴定。

6.5 盲管创、贯通创，其创道长度可视为皮肤创口长度，并参照皮肤创口长度相应条款鉴定损伤程度。

6.6 牙折包括冠折、根折和根冠折，冠折需暴露髓腔。

6.7 骨皮质的砍(刺)痕或者轻微撕脱性骨折(无功能障碍)的，不构成本标准所指的轻伤。

6.8 本标准所称大血管是指胸主动脉、主动脉弓分支、肺动脉、肺静脉、上腔静脉和下腔静脉、腹主动脉、髂总动脉、髂外动脉、髂外静脉。

6.9 本标准四肢大关节是指肩、肘、腕、髋、膝、踝等六大关节。

6.10 本标准四肢重要神经是指臂丛及其分支神经(包括正中神经、尺神经、桡神经和肌皮神经等)和腰骶丛及其分支神经(包括坐骨神经、腓总神经、腓浅神经和胫神经等)。

6.11 本标准四肢重要血管是指与四肢重要神经伴行的同名动、静脉。

6.12 本标准幼女或者儿童是指年龄不满 14 周岁的个体。

6.13 本标准所称的假体是指植入体内替代组织器官功能的装置。如：颅骨修补材料、人工晶体、义眼座、固定义齿(种植牙)、阴茎假体、人工关节、起搏器、支架等，但可摘式义眼、义齿等除外。

6.14 移植器官损伤参照相应条款综合鉴定。

6.15 本标准所称组织器官包括再植或者再造成活的。

6.16 组织器官缺失是指损伤当时完全离体或者仅有少量皮肤和皮下组织相连，或者因损伤经手术切除的。器官离断(包括牙齿脱落)，经再植、再造手术成功的，按损伤当时情形鉴定损伤程度。

6.17 对于两个部位以上同类损伤可以累加，比照相关部位数值规定高的条款进行评定。

6.18 本标准所涉及的体表损伤数值，0～6 岁按 50% 计算，7～10 岁按 60% 计算，11～14 岁按 80% 计算。

6.19 本标准中出现的数字均含本数。

附录 A
（规范性附录）
损伤程度等级划分原则

A.1 重伤一级

各种致伤因素所致的原发性损伤或者由原发性损伤引起的并发症,严重危及生命;遗留肢体严重残废或者重度容貌毁损;严重丧失听觉、视觉或者其他重要器官功能。

A.2 重伤二级

各种致伤因素所致的原发性损伤或者由原发性损伤引起的并发症,危及生命;遗留肢体残废或者轻度容貌毁损;丧失听觉、视觉或者其他重要器官功能。

A.3 轻伤一级

各种致伤因素所致的原发性损伤或者由原发性损伤引起的并发症,未危及生命;遗留组织器官结构、功能中度损害或者明显影响容貌。

A.4 轻伤二级

各种致伤因素所致的原发性损伤或者由原发性损伤引起的并发症,未危及生命;遗留组织器官结构、功能轻度损害或者影响容貌。

A.5 轻微伤

各种致伤因素所致的原发性损伤,造成组织器官结构轻微损害或者轻微功能障碍。

A.6 等级限度

重伤二级是重伤的下限,与重伤一级相衔接,重伤一级的上限是致人死亡;轻伤二级是轻伤的下限,与轻伤一级相衔接,轻伤一级的上限与重伤二级相衔接;轻微伤的上限与轻伤二级相衔接,未达轻微伤标准的,不鉴定为轻微伤。

附录 B
（规范性附录）
功能损害判定基准和使用说明

B.1 颅脑损伤

B.1.1 智能(IQ)减退

极重度智能减退:IQ 低于 25;语言功能丧失;生活完全不能自理。

重度智能减退:IQ25～39 之间;语言功能严重受损,不能进行有效的语言交流;生活大部分不能自理。

中度智能减退:IQ40～54 之间;能掌握日常生活用语,但词汇贫乏,对周围环境辨别能力差,只能以简单的方式与人交往;生活部分不能自理,能做简单劳动。

轻度智能减退:IQ55～69 之间;无明显语言障碍,对周围环境有较好的辨别能力,能比较恰当的与人交往;生活能自理,能做一般非技术性工作。

边缘智能状态:IQ70～84 之间;抽象思维能力或者思维广度、深度机敏性显示不良;不能完成高级复杂的脑力劳动。

B.1.2 器质性精神障碍

有明确的颅脑损伤伴不同程度的意识障碍病史,并且精神障碍发生和病程与颅脑损伤相关。症状表现为：意识障碍；遗忘综合征；痴呆；器质性人格改变；精神病性症状；神经症样症状；现实检验能力或者社会功能减退。

B.1.3 生活自理能力

生活自理能力主要包括以下五项：

(1) 进食。

(2) 翻身。

(3) 大、小便。

(4) 穿衣、洗漱。

(5) 自主行动。

生活完全不能自理：是指上述五项均需依赖护理者。

生活大部分不能自理：是指上述五项中三项以上需依赖护理者。

生活部分不能自理：是指上述五项中一项以上需依赖护理者。

B.1.4 肌瘫（肌力）

0级：肌肉完全瘫痪，毫无收缩。

1级：可看到或者触及肌肉轻微收缩，但不能产生动作。

2级：肌肉在不受重力影响下，可进行运动，即肢体能在床面上移动，但不能抬高。

3级：在和地心引力相反的方向中尚能完成其动作，但不能对抗外加的阻力。

4级：能对抗一定的阻力，但较正常人为低。

5级：正常肌力。

B.1.5 非肢体瘫的运动障碍

非肢体瘫的运动障碍包括肌张力增高，共济失调，不自主运动或者震颤等。根据其对生活自理影响的程度划分为轻、中、重三度。

重度：不能自行进食，大小便，洗漱，翻身和穿衣，需要他人护理。

中度：上述动作困难，但在他人帮助下可以完成。

轻度：完成上述动作虽有一些困难，但基本可以自理。

B.1.6 外伤性迟发性癫痫应具备的条件

(1) 确证的头部外伤史。

(2) 头部外伤90日后仍被证实有癫痫的临床表现。

(3) 脑电图检查（包括常规清醒脑电图检查、睡眠脑电图检查或者较长时间连续同步录像脑电图检查等）显示异常脑电图。

(4) 影像学检查确证颅脑器质性损伤。

B.1.7 肛门失禁

重度：大便不能控制；肛门括约肌收缩力很弱或者丧失；肛门括约肌收缩反射很弱或者消失；直肠内压测定，肛门注水法<20 cmH$_2$O。

轻度：稀便不能控制；肛门括约肌收缩力较弱；肛门括约肌收缩反射较弱；直肠内压测定，肛门注水法 20～30 cmH$_2$O。

B.1.8 排尿障碍

重度：出现真性重度尿失禁或者尿潴留残余尿≥50 mL。

轻度：出现真性轻度尿失禁或者尿潴留残余尿<50 mL。

B.2 头面部损伤

B.2.1 眼睑外翻

重度外翻：睑结膜严重外翻,穹隆部消失。

中度外翻：睑结膜和睑板结膜外翻。

轻度外翻：睑结膜与眼球分离,泪点脱离泪阜。

B.2.2 容貌毁损

重度：面部瘢痕畸形,并有以下六项中四项者。(1)眉毛缺失；(2)双睑外翻或者缺失；(3)外耳缺失；(4)鼻缺失；(5)上、下唇外翻或者小口畸形；(6)颈颏粘连。

中度：具有以下六项中三项者。(1)眉毛部分缺失；(2)眼睑外翻或者部分缺失；(3)耳郭部分缺失；(4)鼻翼部分缺失；(5)唇外翻或者小口畸形；(6)颈部瘢痕畸形。

轻度：含中度畸形六项中二项者。

B.2.3 面部及中心区

面部的范围是指前额发际下,两耳屏前与下颌下缘之间的区域,包括额部、眶部、鼻部、口唇部、颏部、颧部、颊部、腮腺咬肌部。

面部中心区：以眉弓水平线为上横线,以下唇唇红缘中点处作水平线为下横线,以双侧外眦处作两条垂直线,上述4条线围绕的中央部分为中心区。

B.2.4 面瘫(面神经麻痹)

本标准涉及的面瘫主要是指外周性(核下性)面神经损伤所致。

完全性面瘫：是指面神经5个分支(颞支、颧支、颊支、下颌缘支和颈支)支配的全部颜面肌肉瘫痪,表现为：额纹消失,不能皱眉；眼睑不能充分闭合,鼻唇沟变浅；口角下垂,不能示齿,鼓腮,吹口哨,饮食时汤水流逸。

不完全性面瘫：是指面神经颧支、下颌支或者颞支和颊支损伤出现部分上述症状和体征。

B.2.5 张口困难分级

张口困难Ⅰ度：大张口时,只能垂直置入示指和中指。

张口困难Ⅱ度：大张口时,只能垂直置入示指。

张口困难Ⅲ度：大张口时,上、下切牙间距小于示指之横径。

B.3 听器听力损伤

听力损失计算应按照世界卫生组织推荐的听力减退分级的频率范围,取0.5、1、2、4 kHz 4个频率气导听阈级的平均值。如所得均值不是整数,则小数点后之尾数采用4舍5入法进为整数。

纯音听阈级测试时,如某一频率纯音气导最大声输出仍无反应时,以最大声输出值作为该频率听阈级。

听觉诱发电位测试时,若最大输出声强仍引不出反应波形的,以最大输出声强为反应阈值。在听阈评估时,听力学单位一律使用听力级(dB HL)。一般情况下,受试者听觉诱发电位反应阈要比其行为听阈高10～20 dB(该差值人又称"校正值"),即受试者的行为听阈等于其听觉诱发电位反应阈减去"校正值"。听觉诱发电位检测实验室应建立自己的"校正值",如果没有自己的"校正值",则取平均值(15 dB)作为"校正值"。

纯音气导听阈级应考虑年龄因素,按照《纯音气导阈的年龄修正值》(GB7582-87)听阈级偏差的中值(50%)进行修正,其中4 000Hz的修正值参考2 000Hz的数值(表-附录3-B-1)。

表-附录 3-B-1　纯音气导阈值的年龄修正值（GB7582-87）

年龄	男			女		
	500 Hz	1 000 Hz	2 000 Hz	500 Hz	1 000 Hz	2 000 Hz
30	1	1	1	1	1	1
40	2	2	3	2	2	3
50	4	4	7	4	4	6
60	6	7	12	6	7	11
70	10	11	19	10	11	16

B.4　视觉器官损伤

B.4.1　盲及视力损害分级（表-附录 3-B-2）

表-附录 3-B-2　盲及视力损害分级标准（2003 年，WHO）

分　类	远视力低于	远视力等于或优于
轻度或无视力损害		0.3
中度视力损害（视力损害 1 级）	0.3	0.1
重度视力损害（视力损害 2 级）	0.1	0.05
盲（盲目 3 级）	0.05	0.02
盲（盲目 4 级）	0.02	光感
盲（盲目 5 级）	无光感	

B.4.2　视野缺损（表-附录 3-B-3）

视野有效值计算公式：

$$\text{实测视野有效值}(\%) = \frac{8 \text{条子午线实测视野值}}{500}$$

表-附录 3-B-3　视野有效值与视野半径的换算

视野有效值（%）	视野度数（半径）	视野有效值（%）	视野度数（半径）
8	5°	56	35°
16	10°	64	40°
24	15°	72	45°
32	20°	80	50°
40	25°	88	55°
48	30°	96	60°

B.5　颈部损伤

B.5.1　甲状腺功能低下

重度：临床症状严重；T3、T4 或者 FT3、FT4 低于正常值，TSH>50 μU/L。

中度：临床症状较重；T3、T4 或者 FT3、FT4 正常，TSH>50 μU/L。

轻度：临床症状较轻；T3、T4 或者 FT3、FT4 正常，TSH 轻度增高但<50 μU/L。

B.5.2 甲状旁腺功能低下（以下分级需结合临床症状分析）

重度：空腹血钙<6 mg/dL。

中度：空腹血钙6~7 mg/dL。

轻度：空腹血钙7.1~8 mg/dL。

B.5.3 发声功能障碍

重度：声哑、不能出声。

轻度：发音过弱、声嘶、低调、粗糙、带鼻音。

B.5.4 构音障碍

严重构音障碍：表现为发音不分明，语不成句，难以听懂，甚至完全不能说话。

轻度构音障碍：表现为发音不准，吐字不清，语调速度、节律等异常，鼻音过重。

B.6 胸部损伤

B.6.1 心功能分级

Ⅰ级：体力活动不受限，日常活动不引起过度的乏力、呼吸困难或者心悸。即心功能代偿期。

Ⅱ级：体力活动轻度受限，休息时无症状，日常活动即可引起乏力、心悸、呼吸困难或者心绞痛。亦称Ⅰ度或者轻度心衰。

Ⅲ级：体力活动明显受限，休息时无症状，轻于日常的活动即可引起上述症状。亦称Ⅱ度或者中度心衰。

Ⅳ级：不能从事任何体力活动，休息时亦有充血性心衰或心绞痛症状，任何体力活动后加重。亦称Ⅲ度或者重度心衰。

B.6.2 呼吸困难

1级：与同年龄健康者在平地一同步行无气短，但登山或者上楼时呈气短。

2级：平路步行1 000 m无气短，但不能与同龄健康者保持同样速度，平路快步行走呈现气短，登山或者上楼时气短明显。

3级：平路步行100 m即有气短。

4级：稍活动（如穿衣、谈话）即气短。

B.6.3 窒息征象

临床表现为面、颈、上胸部皮肤出现针尖大小的出血点，以面部与眼眶部为明显；球睑结膜下出现出血斑点。

B.7 腹部损伤

B.7.1 肝功能损害（表-附录3-B-4）

表-附录3-B-4 肝功能损害分度

程度	血清蛋白	血清总胆红素	腹水	脑症	凝血酶原时间
重度	<2.5 g/dL	>3.0 mg/dL	顽固性	明显	明显延长（较对照组>9秒）
中度	2.5~3.0 g/dL	2.0~3.0 mg/dL	无或者少量，治疗后消失	无或者轻度	延长（较对照组>6秒）
轻度	3.1~3.5 g/dL	1.5~2.0 mg/dL	无	无	稍延长（较对照组>3秒）

B.7.2 肾功能不全(表-附录3-B-5)

表-附录3-B-5 肾功能不全分期

分期	内生肌酐清除率	血尿素氮浓度	血肌酐浓度	临床症状
代偿期	降至正常的50% 50~70 mL/min	正常	正常	通常无明显临床症状
失代偿期	25~49 mL/min		>177 μmol/L(2 mg/dL)但 <450 μmol/L(5 mg/dL)	无明显临床症状,可有轻度贫血;夜尿、多尿
尿毒症期	<25 mL/min	>21.4 mmol/L (60 mg/dL)	450~707 μmol/L (5~8 mg/dL)	常伴有酸中毒和严重尿毒症临床症状

B.7.3 会阴及阴道撕裂

Ⅰ度:会阴部黏膜、阴唇系带、前庭黏膜、阴道黏膜等处有撕裂,但未累及肌层及筋膜。

Ⅱ度:撕裂伤累及盆底肌肉筋膜,但未累及肛门括约肌。

Ⅲ度:肛门括约肌全部或者部分撕裂,甚至直肠前壁亦被撕裂。

B.8 其他损伤

B.8.1 烧烫伤分度(表-附录3-B-6)

表-附录3-B-6 烧烫伤深度分度

程度	损伤组织		烧烫伤部位特点	愈后情况
一度		表皮	皮肤红肿,有热、痛感,无水疱,干燥,局部温度稍有增高	不留瘢痕
二度	浅二度	真皮浅层	剧痛,表皮有大而薄的水疱,疱底有组织充血和明显水肿;组织坏死仅限于皮肤的真皮层,局部温度明显增高	不留瘢痕
	深二度	真皮深层	痛,损伤已达真皮深层,水疱较小,表皮和真皮层大部分凝固和坏死。将已分离的表皮揭去,可见基底微湿,色泽苍白上有红出血点,局部温度较低	可留下瘢痕
三度		全层皮肤或者皮下组织、肌肉、骨骼	不痛,皮肤全层坏死,干燥如皮革样,不起水疱,蜡白或者焦黄、炭化,知觉丧失,脂肪层的大静脉全部坏死,局部温度低,发凉	需自体皮肤移植,有瘢痕或者畸形

B.8.2 电击伤

一度:全身症状轻微,只有轻度心悸。触电肢体麻木,全身无力,如极短时间内脱离电源,稍休息可恢复正常。

二度:触电肢体麻木,面色苍白,心跳、呼吸增快,甚至昏厥、意识丧失,但瞳孔不散大。对光反射存在。

三度:呼吸浅而弱、不规则,甚至呼吸骤停。心律不齐,有室颤或者心搏骤停。

B.8.3 溺水

重度:落水后3~4 min,神志昏迷,呼吸不规则,上腹部膨胀,心音减弱或者心跳、呼吸停止。淹溺到死亡的时间一般为5~6 min。

中度:落水后 1~2 min,神志模糊,呼吸不规则或者表浅,血压下降,心跳减慢,反射减弱。

轻度:刚落水片刻,神志清,血压升高,心率、呼吸增快。

B.8.4 挤压综合征

系人体肌肉丰富的四肢与躯干部位因长时间受压(例如,暴力挤压)或者其他原因造成局部循环障碍,结果引起肌肉缺血性坏死,出现肢体明显肿胀、肌红蛋白尿及高血钾等为特征的急性肾衰竭。

Ⅰ级:肌红蛋白尿试验阳性,肌酸磷酸激酶(CPK)增高,而无肾衰竭等周身反应者。

Ⅱ级:肌红蛋白尿试验阳性,CPK 明显升高,血肌酐和尿素氮增高,少尿,有明显血浆渗入组织间隙,致有效血容量丢失,出现低血压者。

Ⅲ级:肌红蛋白尿试验阳性,CPK 显著升高,少尿或者尿闭,休克,代谢性酸中毒以及高血钾者。

B.8.5 急性呼吸窘迫综合征

急性呼吸窘迫综合征(ARDS)须具备以下条件:

(1) 有发病的高危因素。

(2) 急性起病,呼吸频率数和/或呼吸窘迫。

(3) 低氧血症,$PaO_2/FiO_2 \leq 200$ mmHg。

(4) 胸部 X 线检查两肺浸润影。

(5) 肺毛细血管楔压(PCWP)≤18 mmHg,或者临床上除外心源性肺水肿。

凡符合以上 5 项可诊断为 ARDS(表-附录 3-B-7)。

表-附录 3-B-7 急性呼吸窘迫综合征分度

程度	临床分级			血气分析分级	
	呼吸频率	临床表现	X 线示	吸空气	吸纯氧 15 分钟后
轻度	>35 次/分	无发绀	无异常或者纹理增多,边缘模糊	氧分压<8.0 kPa 二氧化碳分压<4.7 kPa	氧分压<46.7 kPa Q_s/Q_t>10%
中度	>40 次/分	发绀,肺部有异常体征	斑片状阴影或者呈磨玻璃样改变,可见支气管气相	氧分压<6.7 kPa 二氧化碳分压<5.3 kPa	氧分压<20.0 kPa Q_s/Q_t>20%
重度	呼吸极度窘迫	发绀进行性加重,肺广泛湿啰音或者实变	双肺大部分密度普遍增高,支气管气相明显	氧分压<5.3 kPa 二氧化碳分压>6.0 kPa	氧分压<13.3 kPa Q_s/Q_t>30%

B.8.6 脂肪栓塞综合征

不完全型(或者称部分症候群型):伤者骨折后出现胸部疼痛、咳呛震痛,胸闷气急,痰中带血,神疲身软,面色无华,皮肤出现瘀血点,上肢无力举伸,脉多细涩。实验室检查有明显低氧血症,预后一般良好。

完全型(或者称典型症候群型):伤者创伤骨折后出现神志恍惚,严重呼吸困难,口唇发绀,胸闷欲绝,脉细涩。本型初起表现为呼吸和心动过速、高热等非特异症状。此后出现呼吸窘迫、神志不清以至昏迷等神经系统症状,在眼结膜及肩、胸皮下可见散在瘀血点,实验室检查可见血色素降低,血小板减少,血沉增快以及出现低氧血症。肺部 X 线检查可见多变的进行性的肺部斑片状阴影改变和右心扩大。

B.8.7 休克分度(表-附录 3-B-8)

表-附录3-B-8 休克分度

程度	血压(收缩压)	脉搏(次/分)	全身状况
轻度	12~13.3 kPa(90~100 mmHg)	90~100	尚好
中度	10~12 kPa(75~90 mmHg)	110~130	抑制、苍白、皮肤冷
重度	<10 kPa(<75 mmHg)	120~160	明显抑制
垂危	0		呼吸障碍、意识模糊

B.8.8 器质性阴茎勃起障碍

重度：阴茎无勃起反应，阴茎硬度及周径均无改变。

中度：阴茎勃起时最大硬度>0,<40%，每次勃起持续时间<10 min。

轻度：阴茎勃起时最大硬度≥40%,<60%，每次勃起持续时间<10 min。

附录C
（资料性附录）
人体损伤程度鉴定常用技术

C.1 视力障碍检查

视力记录可采用小数记录或者5分记录两种方式。视力(指远距视力)经用镜片(包括接触镜，针孔镜等)，纠正达到正常视力范围(0.8以上)或者接近正常视力范围(0.4~0.8)的都不属视力障碍范围。

中心视力好而视野缩小，以注视点为中心，视野半径小于10度而大于5度者为盲目3级，如半径小于5度者为盲目4级。

周边视野检查：视野缩小系指因损伤致眼球注视前方而不转动所能看到的空间范围缩窄，以致难以从事正常工作、学习或者其他活动。

对视野检查要求，视标颜色：白色，视标大小：5 mm，检查距离330 mm，视野背景亮度：31.5asb。

周边视野缩小，鉴定以实测得八条子午线视野值的总和计算平均值，即有效视野值。

视力障碍检查具体方法参考《视觉功能障碍法医鉴定指南》(SF/Z JD0103004)。

C.2 听力障碍检查

听力障碍检查应符合《听力障碍的法医学评定》(GA/T914)。

C.3 前庭平衡功能检查

本标准所指的前庭平衡功能丧失及前庭平衡功能减退，是指外力作用颅脑或者耳部，造成前庭系统的损伤。伤后出现前庭平衡功能障碍的临床表现，自发性前庭体征检查法和诱发性前庭功能检查法等有阳性发现(如眼震电图、眼震视图、静、动态平衡仪、前庭诱发电位等检查)，结合听力检查和神经系统检查，以及影像学检查综合判定，确定前庭平衡功能是丧失，或者减退。

C.4 阴茎勃起功能检测

阴茎勃起功能检测应满足阴茎勃起障碍法医学鉴定的基本要求，具体方法参考《男子性功能障碍法医学鉴定规范》(SF/Z JD0103002)。

C.5 体表面积计算

九分估算法：成人体表面积视为100%，将总体表面积划分为11个9%等面积区域，即头(面)颈部占一个9%，双上肢占二个9%，躯干前后及会阴部占三个9%，臀部及双下肢占五个9%+1%(表-附录3-C-1)。

附录 3

表-附录 3-C-1 体表面积的九分估算法

部 位	面积(%)	按九分法面积(%)
头	6	(1×9)＝9
颈	3	
前躯	13	(3×9)＝27
后躯	13	
会阴	1	
双上臂	7	(2×9)＝18
双前臂	6	
双手	5	
臀	5	(5×9+1)＝46
双大腿	21	
双小腿	13	
双足	7	
全身合计	100	(11×9+1)＝100

注：12岁以下儿童体表面积：头颈部＝9+(12－年龄)，双下肢＝46－(12－年龄)
手掌法：受检者五指并拢，一掌面相当其自身体表面积的1%。
公式计算法：S(平方米)＝0.006 1×身长(cm)+0.012 8×体重(kg)－0.152 9

C.6 肢体关节功能丧失程度评价

肢体关节功能评价使用说明(适用于四肢大关节功能评定)：

1. 各关节功能丧失程度等于相应关节所有轴位(如腕关节有两个轴位)和所有方位(如腕关节有四个方位)功能丧失值之和再除以相应关节活动的方位数之和。例如：腕关节掌屈40度，背屈30度，桡屈15度，尺屈20度。查表得相应功能丧失值分别为30%、40%、60%和60%，求得腕关节功能丧失程度为47.5%。如果掌屈伴肌力下降(肌力3级)，查表得相应功能丧失值分别为65%、40%、60%、60%，求得腕关节功能丧失程度为56.25%。

2. 当关节活动受限于某一方位时，其同一轴位的另一方位功能丧失值以100%计。如腕关节掌屈和背屈轴位上的活动限制在掌屈10度与40度之间，则背屈功能丧失值以100%计，而掌屈以40度计，查表得功能丧失值为30%，背屈功能以100%计，则腕关节功能丧失程度为65%。

3. 对疑有关节病变(如退行性变)并影响关节功能时，伤侧关节功能丧失值应与对侧进行比较，即同时用查表法分别求出伤侧和对侧关节功能丧失值，并用伤侧关节功能丧失值减去对侧关节功能丧失值即为伤侧关节功能实际丧失值。

4. 由于本标准对于关节功能的评定已经考虑到肌力减退对于关节功能的影响，故在测量关节运动活动度时，应以关节被动活动度为准。

C.6.1 肩关节功能丧失程度评定(表-附录 3-C-2)

表-附录 3-C-2 肩关节功能丧失程度(%)

	关节运动活动度	肌 力				
		≤M1	M2	M3	M4	M5
前屈	≥171	100	75	50	25	0
	151～170	100	77	55	32	10
	131～150	100	80	60	40	20
	111～130	100	82	65	47	30

续 表

关节运动活动度		肌 力				
		≤M1	M2	M3	M4	M5
	91~110	100	85	70	55	40
	71~90	100	87	75	62	50
	51~70	100	90	80	70	60
	31~50	100	92	85	77	70
	≤30	100	95	90	85	80
后伸	≥41	100	75	50	25	0
	31~40	100	80	60	40	20
	21~30	100	85	70	55	40
	11~20	100	90	80	70	60
	≤10	100	95	90	85	80
外展	≥171	100	75	50	25	0
	151~170	100	77	55	32	10
	131~150	100	80	60	40	20
	111~130	100	82	65	47	30
	91~110	100	85	70	55	40
	71~90	100	87	75	62	50
	51~70	100	90	80	70	60
	31~50	100	92	85	77	70
	≤30	100	95	90	85	80
内收	≥41	100	75	50	25	0
	31~40	100	80	60	40	20
	21~30	100	85	70	55	40
	11~20	100	90	80	70	60
	≤10	100	95	90	85	80
内旋	≥81	100	75	50	25	0
	71~80	100	77	55	32	10
	61~70	100	80	60	40	20
	51~60	100	82	65	47	30
	41~50	100	85	70	55	40
	31~40	100	87	75	62	50
	21~30	100	90	80	70	60
	11~20	100	92	85	77	70
	≤10	100	95	90	85	80
外旋	≥81	100	75	50	25	0
	71~80	100	77	55	32	10
	61~70	100	80	60	40	20
	51~60	100	82	65	47	30
	41~50	100	85	70	55	40
	31~40	100	87	75	62	50
	21~30	100	90	80	70	60
	11~20	100	92	85	77	70
	≤10	100	95	90	85	80

C.6.2 肘关节功能丧失程度评定(表-附录3－C－3)

表-附录3－C－3　肘关节功能丧失程度(%)

关节运动活动度		肌　力				
		≤M1	M2	M3	M4	M5
屈曲	≥41	100	75	50	25	0
	36～40	100	77	55	32	10
	31～35	100	80	60	40	20
	26～30	100	82	65	47	30
	21～25	100	85	70	55	40
	16～20	100	87	75	62	50
	11～15	100	90	80	70	60
	6～10	100	92	85	77	70
	≤5	100	95	90	85	80
伸展	81～90	100	75	50	25	0
	71～80	100	77	55	30	10
	61～70	100	80	60	40	20
	51～60	100	82	65	47	30
	41～50	100	85	70	55	40
	31～40	100	87	75	62	50
	21～30	100	90	80	70	60
	11～20	100	92	85	77	70
	≤10	100	95	90	85	80

注：为方便肘关节功能计算，此处规定肘关节以屈曲90°为中立位0°

C.6.3 腕关节功能丧失程度评定(表-附录3－C－4)

表-附录3－C－4　腕关节功能丧失程度(%)

关节运动活动度		肌　力				
		≤M1	M2	M3	M4	M5
掌屈	≥61	100	75	50	25	0
	51～60	100	77	55	32	10
	41～50	100	80	60	40	20
	31～40	100	82	65	47	30
	26～30	100	85	70	55	40
	21～25	100	87	75	62	50
	16～20	100	90	80	70	60
	11～15	100	92	85	77	70
	≤10	100	95	90	85	80
背屈	≥61	100	75	50	25	0
	51～60	100	77	55	32	10
	41～50	100	80	60	40	20
	31～40	100	82	65	47	30

续 表

关节运动活动度		肌　力				
		≤M1	M2	M3	M4	M5
	26~30	100	85	70	55	40
	21~25	100	87	75	62	50
	16~20	100	90	80	70	60
	11~15	100	92	85	77	70
	≤10	100	95	90	85	80
桡屈	≥21	100	75	50	25	0
	16~20	100	80	60	40	20
	11~15	100	85	70	55	40
	6~10	100	90	80	70	60
	≤5	100	95	90	85	80
尺屈	≥41	100	75	50	25	0
	31~40	100	80	60	40	20
	21~30	100	85	70	55	40
	11~20	100	90	80	70	60
	≤10	100	95	90	85	80

C.6.4　髋关节功能丧失程度评定(表-附录3-C-5)

表-附录3-C-5　髋关节功能丧失程度(%)

关节运动活动度		肌　力				
		≤M1	M2	M3	M4	M5
前屈	≥121	100	75	50	25	0
	106~120	100	77	55	32	10
	91~105	100	80	60	40	20
	76~90	100	82	65	47	30
	61~75	100	85	70	55	40
	46~60	100	87	75	62	50
	31~45	100	90	80	70	60
	16~30	100	92	85	77	70
	≤15	100	95	90	85	80
后伸	≥11	100	75	50	25	0
	6~10	100	85	70	55	20
	1~5	100	90	80	70	50
	0	100	95	90	85	80
外展	≥41	100	75	50	25	0
	31~40	100	80	60	40	20
	21~30	100	85	70	55	40
	11~20	100	90	80	70	60
	≤10	100	95	90	85	80

续 表

关节运动活动度		肌 力				
		≤M1	M2	M3	M4	M5
内收	≥16	100	75	50	25	0
	11~15	100	80	60	40	20
	6~10	100	85	70	55	40
	1~5	100	90	80	70	60
	0	100	95	90	85	80
外旋	≥41	100	75	50	25	0
	31~40	100	80	60	40	20
	21~30	100	85	70	55	40
	11~20	100	90	80	70	60
	≤10	100	95	90	85	80
内旋	≥41	100	75	50	25	0
	31~40	100	80	60	40	20
	21~30	100	85	70	55	40
	11~20	100	90	80	70	60
	≤10	100	95	90	85	80

注：表中前屈指屈膝位前屈

C.6.5 膝关节功能丧失程度评定(表-附录 3－C－6)

表-附录 3－C－6 膝关节功能丧失程度(%)

关节运动活动度		肌 力				
		≤M1	M2	M3	M4	M5
屈曲	≥130	100	75	50	25	0
	116~129	100	77	55	32	10
	101~115	100	80	60	40	20
	86~100	100	82	65	47	30
	71~85	100	85	70	55	40
	61~70	100	87	75	62	50
	46~60	100	90	80	70	60
	31~45	100	92	85	77	70
	≤30	100	95	90	85	80
伸展	≤－5	100	75	50	25	0
	－6~－10	100	77	55	32	10
	－11~－20	100	80	60	40	20
	－21~－25	100	82	65	47	30
	－26~－30	100	85	70	55	40
	－31~－35	100	87	75	62	50

续 表

关节运动活动度	肌 力				
	≤M1	M2	M3	M4	M5
-36～-40	100	90	80	70	60
-41～-45	100	92	85	77	70
≥46	100	95	90	85	80

注：表中负值表示膝关节伸展时到达功能位（直立位）所差的度数。

使用说明：考虑到膝关节同一轴位屈伸活动相互重叠，膝关节功能丧失程度的计算方法与其他关节略有不同，即根据关节屈曲与伸展运动活动度查表得出相应功能丧失程度，再求和即为膝关节功能丧失程度。当两者之和大于100%时，以100%计算。

C.6.6 踝关节功能丧失程度评定（表-附录3-C-7）

表-附录3-C-7 踝关节功能丧失程度（%）

	关节运动活动度	肌 力				
		≤M1	M2	M3	M4	M5
背屈	≥16	100	75	50	25	0
	11～15	100	80	60	40	20
	6～10	100	85	70	55	40
	1～5	100	90	80	70	60
	0	100	95	90	85	80
跖屈	≥41	100	75	50	25	0
	31～40	100	80	60	40	20
	21～30	100	85	70	55	40
	11～20	100	90	80	70	60
	≤10	100	95	90	85	80

C.7 手功能计算

C.7.1 手缺失和丧失功能的计算

一手拇指占该手功能的36%，其中末节和近节指节各占18%；食指、中指各占一手功能的18%，其中末节指节占8%，中节指节占7%，近节指节占3%；无名指和小指各占一手功能的9%，其中末节指节占4%，中节指节占3%，近节指节占2%。一手掌占一手功能的10%，其中第一掌骨占4%，第二、第三掌骨各占2%，第四、第五掌骨各占1%。本标准中，双手缺失或丧失功能的程度是按前面方法累加计算的结果。

C.7.2 手感觉丧失功能的计算

手感觉丧失功能是指因事故损伤所致手的掌侧感觉功能的丧失。手感觉丧失功能的计算按相应手功能丧失程度的50%计算。

附录4

最高人民法院 最高人民检察院
公安部 国家安全部 司法部
关于发布《人体损伤致残程度分级》的公告

为进一步规范人体损伤致残程度鉴定,现公布《人体损伤致残程度分级》,自2017年1月1日起施行。司法鉴定机构和司法鉴定人进行人体损伤致残程度鉴定统一适用《人体损伤致残程度分级》。

最高人民法院 最高人民检察院 公安部 国家安全部 司法部
2016年4月18日

人体损伤致残程度分级

1 范围

本标准规定了人体损伤致残程度分级的原则、方法、内容和等级划分。

本标准适用于人身损害致残程度等级鉴定。

2 规范性引用文件

下列文件对本标准的应用是必不可少的。凡是注日期的引用文件,仅注日期的版本适用于本标准;凡是不注日期的引用文件,其最新版本(包括所有的修改单)适用于本标准。

最高人民法院、最高人民检察院、公安部、国家安全部、司法部发布人体损伤程度鉴定标准

GB/T16180-2014 劳动能力鉴定职工工伤与职业病致残等级

GB/T 31147 人身损害护理依赖程度评定

3 术语和定义

3.1 损伤

各种因素造成的人体组织器官结构破坏和/或功能障碍。

3.2 残疾

人体组织器官结构破坏或者功能障碍,以及个体在现代临床医疗条件下难以恢复的生活、工作、社会活动能力不同程度的降低或者丧失。

4 总则

4.1 鉴定原则

应以损伤治疗后果或者结局为依据,客观评价组织器官缺失和/或功能障碍程度,科学分析损伤与残疾之间的因果关系,实事求是地进行鉴定。

受伤人员符合两处以上致残程度等级者,鉴定意见中应该分别写明各处的致残程度等级。

4.2 鉴定时机

应在原发性损伤及其与之确有关联的并发症治疗终结或者临床治疗效果稳定后进行鉴定。

4.3 伤病关系处理

当损伤与原有伤、病共存时,应分析损伤与残疾后果之间的因果关系。根据损伤在残疾后果中的作用

力大小确定因果关系的不同形式,可依次分别表述为:完全作用、主要作用、同等作用、次要作用、轻微作用、没有作用。

除损伤"没有作用"以外,均应按照实际残情鉴定致残程度等级,同时说明损伤与残疾后果之间的因果关系;判定损伤"没有作用"的,不应进行致残程度鉴定。

4.4 致残等级划分

本标准将人体损伤致残程度划分为10个等级,从一级(人体致残率100%)到十级(人体致残率10%),每级致残率相差10%。致残程度等级划分依据见附录A。

4.5 判断依据

依据人体组织器官结构破坏、功能障碍及其对医疗、护理的依赖程度,适当考虑由于残疾引起的社会交往和心理因素影响,综合判定致残程度等级。

5 致残程度分级

5.1 一级

5.1.1 颅脑、脊髓及周围神经损伤

1) 持续性植物生存状态;

2) 精神障碍或者极重度智能减退,日常生活完全不能自理;

3) 四肢瘫(肌力3级以下)或者三肢瘫(肌力2级以下);

4) 截瘫(肌力2级以下)伴重度排便功能障碍与重度排尿功能障碍。

5.1.2 颈部及胸部损伤

1) 心功能不全,心功能Ⅳ级;

2) 严重器质性心律失常,心功能Ⅲ级;

3) 心脏移植术后,心功能Ⅲ级;

4) 心肺联合移植术后;

5) 肺移植术后呼吸困难(极重度)。

5.1.3 腹部损伤

1) 原位肝移植术后肝衰竭晚期;

2) 双肾切除术后或者孤肾切除术后,需透析治疗维持生命;肾移植术后肾衰竭。

5.1.4 脊柱、骨盆及四肢损伤

1) 三肢缺失(上肢肘关节以上,下肢膝关节以上);

2) 二肢缺失(上肢肘关节以上,下肢膝关节以上),第三肢各大关节功能丧失均达75%;

3) 二肢缺失(上肢肘关节以上,下肢膝关节以上),第三肢任二大关节均强直固定或者功能丧失均达90%。

5.2 二级

5.2.1 颅脑、脊髓及周围神经损伤

1) 精神障碍或者重度智能减退,日常生活随时需有人帮助;

2) 三肢瘫(肌力3级以下);

3) 偏瘫(肌力2级以下);

4) 截瘫(肌力2级以下);

5) 非肢体瘫运动障碍(重度)。

5.2.2 头面部损伤

1) 容貌毁损(重度);

2）上颌骨或者下颌骨完全缺损；

3）双眼球缺失或者萎缩；

4）双眼盲目5级；

5）双侧眼睑严重畸形（或者眼睑重度下垂,遮盖全部瞳孔）,伴双眼盲目3级以上。

5.2.3 颈部及胸部损伤

1）呼吸困难（极重度）；

2）心脏移植术后；

3）肺移植术后。

5.2.4 腹部损伤

1）肝衰竭晚期；

2）肾衰竭；

3）小肠大部分切除术后,消化吸收功能丧失,完全依赖肠外营养。

5.2.5 脊柱、骨盆及四肢损伤

1）双上肢肘关节以上缺失,或者一上肢肘关节以上缺失伴一下肢膝关节以上缺失；

2）一肢缺失（上肢肘关节以上,下肢膝关节以上）,其余任二肢体各有二大关节功能丧失均达75%；

3）双上肢各大关节均强直固定或者功能丧失均达90%。

5.2.6 体表及其他损伤

1）皮肤瘢痕形成达体表面积90%；

2）重型再生障碍性贫血。

5.3 三级

5.3.1 颅脑、脊髓及周围神经损伤

1）精神障碍或者重度智能减退,不能完全独立生活,需经常有人监护；

2）完全感觉性失语或者混合性失语；

3）截瘫（肌力3级以下）伴排便或者排尿功能障碍；

4）双手全肌瘫（肌力2级以下）,伴双腕关节功能丧失均达75%；

5）重度排便功能障碍伴重度排尿功能障碍。

5.3.2 头面部损伤

1）一眼球缺失、萎缩或者盲目5级,另一眼盲目3级；

2）双眼盲目4级；

3）双眼视野接近完全缺损,视野有效值≤4%（直径≤5°）；

4）吞咽功能障碍,完全依赖胃管进食。

5.3.3 颈部及胸部损伤

1）食管闭锁或者切除术后,摄食依赖胃造口或者空肠造口；

2）心功能不全,心功能Ⅲ级。

5.3.4 腹部损伤

1）全胰缺失；

2）一侧肾切除术后,另一侧肾功能重度下降；

3）小肠大部分切除术后,消化吸收功能严重障碍,大部分依赖肠外营养。

5.3.5 盆部及会阴部损伤

1）未成年人双侧卵巢缺失或者萎缩,完全丧失功能；

2) 未成年人双侧睾丸缺失或者萎缩,完全丧失功能;
3) 阴茎接近完全缺失(残留长度≤1.0 cm)。

5.3.6 脊柱、骨盆及四肢损伤
1) 二肢缺失(上肢腕关节以上,下肢膝关节以上);
2) 一肢缺失(上肢腕关节以上,下肢膝关节以上),另一肢各大关节均强直固定或者功能丧失均达90%;
3) 双上肢各大关节功能丧失均达75%;双下肢各大关节均强直固定或者功能丧失均达90%;一上肢与一下肢各大关节均强直固定或者功能丧失均达90%。

5.4 四级

5.4.1 颅脑、脊髓及周围神经损伤
1) 精神障碍或者中度智能减退,日常生活能力严重受限,间或需要帮助;
2) 外伤性癫痫(重度);
3) 偏瘫(肌力3级以下);
4) 截瘫(肌力3级以下);
5) 阴茎器质性勃起障碍(重度)。

5.4.2 头面部损伤
1) 符合容貌毁损(重度)标准之三项者;
2) 上颌骨或者下颌骨缺损达1/2;
3) 一眼球缺失、萎缩或者盲目5级,另一眼重度视力损害;
4) 双眼盲目3级;
5) 双眼视野极度缺损,视野有效值≤8%(直径≤10°);
6) 双耳听力障碍≥91 dB HL。

5.4.3 颈部及胸部损伤
1) 严重器质性心律失常,心功能Ⅱ级;
2) 一侧全肺切除术后;
3) 呼吸困难(重度)。

5.4.4 腹部损伤
1) 肝切除2/3以上;
2) 肝衰竭中期;
3) 胰腺大部分切除,胰岛素依赖;
4) 肾功能重度下降;
5) 双侧肾上腺缺失;
6) 永久性回肠造口。

5.4.5 盆部及会阴部损伤
膀胱完全缺失或者切除术后,行永久性输尿管腹壁造瘘或者肠代膀胱并永久性造口。

5.4.6 脊柱、骨盆及四肢损伤
1) 一上肢腕关节以上缺失伴一下肢踝关节以上缺失,或者双下肢踝关节以上缺失;
2) 双下肢各大关节功能丧失均达75%;一上肢与一下肢各大关节功能丧失均达75%;
3) 手功能丧失分值达150分。

5.4.7 体表及其他损伤
1) 皮肤瘢痕形成达体表面积70%;

2) 放射性皮肤癌。

5.5　五级

5.5.1　颅脑、脊髓及周围神经损伤

1) 精神障碍或者中度智能减退,日常生活能力明显受限,需要指导;
2) 完全运动性失语;
3) 完全性失用、失写、失读或者失认等;
4) 双侧完全性面瘫;
5) 四肢瘫(肌力4级以下);
6) 单肢瘫(肌力2级以下);
7) 非肢体瘫运动障碍(中度);
8) 双手大部分肌瘫(肌力2级以下);
9) 双足全肌瘫(肌力2级以下);
10) 排便伴排尿功能障碍,其中一项达重度。

5.5.2　头面部损伤

1) 符合容貌毁损(重度)标准之二项者;
2) 一眼球缺失、萎缩或者盲目5级,另一眼中度视力损害;
3) 双眼重度视力损害;
4) 双眼视野重度缺损,视野有效值≤16%(直径≤20°);
5) 一侧眼睑严重畸形(或者眼睑重度下垂,遮盖全部瞳孔),伴另一眼盲目3级以上;
6) 双耳听力障碍≥81 dB HL;
7) 一耳听力障碍≥91 dB HL,另一耳听力障碍≥61 dB HL;
8) 舌根大部分缺损;
9) 咽或者咽后区损伤遗留吞咽功能障碍,只能吞咽流质食物。

5.5.3　颈部及胸部损伤

1) 未成年人甲状腺损伤致功能减退,药物依赖;
2) 甲状旁腺功能损害(重度);
3) 食管狭窄,仅能进流质食物;
4) 食管损伤,肠代食管术后。

5.5.4　腹部损伤

1) 胰头合并十二指肠切除术后;
2) 一侧肾切除术后,另一侧肾功能中度下降;
3) 肾移植后,肾功能基本正常;
4) 肾上腺皮质功能明显减退;
5) 全胃切除术后;
6) 小肠部分切除术后,消化吸收功能障碍,部分依赖肠外营养;
7) 全结肠缺失。

5.5.5　盆部及会阴部损伤

1) 永久性输尿管腹壁造口;
2) 尿瘘难以修复;
3) 直肠阴道瘘难以修复;

4) 阴道严重狭窄(仅可容纳一中指);
5) 双侧睾丸缺失或者完全萎缩,丧失生殖功能;
6) 阴茎大部分缺失(残留长度≤3.0 cm)。

5.5.6 脊柱、骨盆及四肢损伤
1) 一上肢肘关节以上缺失;
2) 一肢缺失(上肢腕关节以上,下肢膝关节以上),另一肢各大关节功能丧失均达50%或者其余肢体任二大关节功能丧失均达75%;
3) 手功能丧失分值≥120分。

5.6 六级

5.6.1 颅脑、脊髓及周围神经损伤
1) 精神障碍或者中度智能减退,日常生活能力部分受限,但能部分代偿,部分日常生活需要帮助;
2) 外伤性癫痫(中度);
3) 尿崩症(重度);
4) 一侧完全性面瘫;
5) 三肢瘫(肌力4级以下);
6) 截瘫(肌力4级以下)伴排便或者排尿功能障碍;
7) 双手部分肌瘫(肌力3级以下);
8) 一手全肌瘫(肌力2级以下),伴相应腕关节功能丧失75%以上;
9) 双足全肌瘫(肌力3级以下);
10) 阴茎器质性勃起障碍(中度)。

5.6.2 头面部损伤
1) 符合容貌毁损(中度)标准之四项者;
2) 面部中心区条状瘢痕形成(宽度达0.3 cm),累计长度达20.0 cm;
3) 面部片状细小瘢痕形成或者色素显著异常,累计达面部面积的80%;
4) 双侧眼睑严重畸形;
5) 一眼球缺失、萎缩或者盲目5级,另一眼视力≤0.5;
6) 一眼重度视力损害,另一眼中度视力损害;
7) 双眼视野中度缺损,视野有效值≤48%(直径≤60°);
8) 双侧前庭平衡功能丧失,睁眼行走困难,不能并足站立;
9) 唇缺损或者畸形,累计相当于上唇2/3以上。

5.6.3 颈部及胸部损伤
1) 双侧喉返神经损伤,影响功能;
2) 一侧胸廓成形术后,切除6根以上肋骨;
3) 女性双侧乳房完全缺失;
4) 心脏瓣膜置换术后,心功能不全;
5) 心功能不全,心功能Ⅱ级;
6) 器质性心律失常安装永久性起搏器后;
7) 严重器质性心律失常;
8) 两肺叶切除术后。

5.6.4 腹部损伤

1) 肝切除 1/2 以上；
2) 肝衰竭早期；
3) 胰腺部分切除术后伴功能障碍,需药物治疗；
4) 肾功能中度下降；
5) 小肠部分切除术后,影响消化吸收功能,完全依赖肠内营养。

5.6.5 盆部及会阴部损伤

1) 双侧卵巢缺失或者萎缩,完全丧失功能；
2) 未成年人双侧卵巢萎缩,部分丧失功能；
3) 未成年人双侧睾丸萎缩,部分丧失功能；
4) 会阴部瘢痕挛缩伴阴道狭窄；
5) 睾丸或者附睾损伤,生殖功能重度损害；
6) 双侧输精管损伤难以修复；
7) 阴茎严重畸形,不能实施性交行为。

5.6.6 脊柱、骨盆及四肢损伤

1) 脊柱骨折后遗留 30°以上侧弯或者后凸畸形；
2) 一肢缺失(上肢腕关节以上,下肢膝关节以上)；
3) 双足跖跗关节以上缺失；
4) 手或者足功能丧失分值≥90 分。

5.6.7 体表及其他损伤

1) 皮肤瘢痕形成达体表面积 50%；
2) 非重型再生障碍性贫血。

5.7 七级

5.7.1 颅脑、脊髓及周围神经损伤

1) 精神障碍或者轻度智能减退,日常生活有关的活动能力极重度受限；
2) 不完全感觉性失语；
3) 双侧大部分面瘫；
4) 偏瘫(肌力 4 级以下)；
5) 截瘫(肌力 4 级以下)；
6) 单肢瘫(肌力 3 级以下)；
7) 一手大部分肌瘫(肌力 2 级以下)；
8) 一足全肌瘫(肌力 2 级以下)；
9) 重度排便功能障碍或者重度排尿功能障碍。

5.7.2 头面部损伤

1) 面部中心区条状瘢痕形成(宽度达 0.3 cm),累计长度达 15.0 cm；
2) 面部片状细小瘢痕形成或者色素显著异常,累计达面部面积的 50%；
3) 双侧眼睑重度下垂,遮盖全部瞳孔；
4) 一眼球缺失或者萎缩；
5) 双眼中度视力损害；
6) 一眼盲目 3 级,另一眼视力≤0.5；

7）双眼偏盲；

8）一侧眼睑严重畸形（或者眼睑重度下垂，遮盖全部瞳孔）合并该眼盲目3级以上；

9）一耳听力障碍≥81 dB HL，另一耳听力障碍≥61 dB HL；

10）咽或者咽后区损伤遗留吞咽功能障碍，只能吞咽半流质食物；

11）上颌骨或者下颌骨缺损达1/4；

12）上颌骨或者下颌骨部分缺损伴牙齿缺失14枚以上；

13）颌面部软组织缺损，伴发涎漏。

5.7.3 颈部及胸部损伤

1）甲状腺功能损害（重度）；

2）甲状旁腺功能损害（中度）；

3）食管狭窄，仅能进半流质食物；食管重建术后并发反流性食管炎；

4）颏颈粘连（中度）；

5）女性双侧乳房大部分缺失或者严重畸形；

6）未成年或者育龄女性双侧乳头完全缺失；

7）胸廓畸形，胸式呼吸受限；

8）一肺叶切除，并肺段或者肺组织楔形切除术后。

5.7.4 腹部损伤

1）肝切除1/3以上；

2）一侧肾切除术后；

3）胆道损伤胆肠吻合术后，反复发作逆行性胆道感染；

4）未成年人脾切除术后；

5）小肠部分（包括回盲部）切除术后；

6）永久性结肠造口；

7）肠瘘长期不愈（1年以上）。

5.7.5 盆部及会阴部损伤

1）永久性膀胱造口；

2）膀胱部分切除术后合并轻度排尿功能障碍；

3）原位肠代膀胱术后；

4）子宫大部分切除术后；

5）睾丸损伤，血睾酮降低，需药物替代治疗；

6）未成年人一侧睾丸缺失或者严重萎缩；

7）阴茎畸形，难以实施性交行为；

8）尿道狭窄（重度）或者成形术后；

9）肛管或者直肠损伤，排便功能重度障碍或者肛门失禁（重度）；

10）会阴部瘢痕挛缩致肛门闭锁，结肠造口术后。

5.7.6 脊柱、骨盆及四肢损伤

1）双下肢长度相差8.0 cm以上；

2）一下肢踝关节以上缺失；

3）四肢任一大关节（踝关节除外）强直固定于非功能位；

4）四肢任二大关节（踝关节除外）功能丧失均达75%；

5) 一手除拇指外,余四指完全缺失;
6) 双足足弓结构完全破坏;
7) 手或者足功能丧失分值≥60分。

5.8 八级

5.8.1 颅脑、脊髓及周围神经损伤

1) 精神障碍或者轻度智能减退,日常生活有关的活动能力重度受限;
2) 不完全运动性失语;不完全性失用、失写、失读或者失认;
3) 尿崩症(中度);
4) 一侧大部分面瘫,遗留眼睑闭合不全和口角歪斜;
5) 单肢瘫(肌力4级以下);
6) 非肢体瘫运动障碍(轻度);
7) 一手大部分肌瘫(肌力3级以下);
8) 一足全肌瘫(肌力3级以下);
9) 阴茎器质性勃起障碍(轻度)。

5.8.2 头面部损伤

1) 容貌毁损(中度);
2) 符合容貌毁损(重度)标准之一项者;
3) 头皮完全缺损,难以修复;
4) 面部条状瘢痕形成,累计长度达30.0 cm;面部中心区条状瘢痕形成(宽度达0.2 cm),累计长度达15.0 cm;
5) 面部块状增生性瘢痕形成,累计面积达15.0 cm²;面部中心区块状增生性瘢痕形成,单块面积达7.0 cm²或者多块累计面积达9.0 cm²;
6) 面部片状细小瘢痕形成或者色素异常,累计面积达100.0 cm²;
7) 一眼盲目4级;
8) 一眼视野接近完全缺损,视野有效值≤4%(直径≤5°);
9) 双眼外伤性青光眼,经手术治疗;
10) 一侧眼睑严重畸形(或者眼睑重度下垂,遮盖全部瞳孔)合并该眼重度视力损害;
11) 一耳听力障碍≥91 dB HL;
12) 双耳听力障碍≥61 dB HL;
13) 双侧鼻翼大部分缺损,或者鼻尖大部分缺损合并一侧鼻翼大部分缺损;
14) 舌体缺损达舌系带;
15) 唇缺损或者畸形,累计相当于上唇1/2以上;
16) 脑脊液漏经手术治疗后持续不愈;
17) 张口受限Ⅲ度;
18) 发声功能或者构音功能障碍(重度);
19) 咽成形术后咽下运动异常。

5.8.3 颈部及胸部损伤

1) 甲状腺功能损害(中度);
2) 颈总动脉或者颈内动脉严重狭窄支架置入或者血管移植术后;
3) 食管部分切除术后,并后遗胸腔胃;
4) 女性一侧乳房完全缺失;女性双侧乳房缺失或者毁损,累计范围相当于一侧乳房3/4以上;

5) 女性双侧乳头完全缺失；

6) 肋骨骨折12根以上并后遗6处畸形愈合；

7) 心脏或者大血管修补术后；

8) 一肺叶切除术后；

9) 胸廓成形术后,影响呼吸功能；

10) 呼吸困难(中度)。

5.8.4 腹部损伤

1) 腹壁缺损≥腹壁的1/4；

2) 成年人脾切除术后；

3) 胰腺部分切除术后；

4) 胃大部分切除术后；

5) 肠部分切除术后,影响消化吸收功能；

6) 胆道损伤,胆肠吻合术后；

7) 损伤致肾性高血压；

8) 肾功能轻度下降；

9) 一侧肾上腺缺失；

10) 肾上腺皮质功能轻度减退。

5.8.5 盆部及会阴部损伤

1) 输尿管损伤行代替术或者改道术后；

2) 膀胱大部分切除术后；

3) 一侧输卵管和卵巢缺失；

4) 阴道狭窄；

5) 一侧睾丸缺失；

6) 睾丸或者附睾损伤,生殖功能轻度损害；

7) 阴茎冠状沟以上缺失；

8) 阴茎皮肤瘢痕形成,严重影响性交行为。

5.8.6 脊柱、骨盆及四肢损伤

1) 二椎体压缩性骨折(压缩程度均达1/3)；

2) 3个以上椎体骨折,经手术治疗后；

3) 女性骨盆骨折致骨产道变形,不能自然分娩；

4) 股骨头缺血性坏死,难以行关节假体置换术；

5) 四肢长骨开放性骨折并发慢性骨髓炎、大块死骨形成,长期不愈(1年以上)；

6) 双上肢长度相差8.0 cm以上；

7) 双下肢长度相差6.0 cm以上；

8) 四肢任一大关节(踝关节除外)功能丧失75%以上；

9) 一踝关节强直固定于非功能位；

10) 一肢体各大关节功能丧失均达50%；

11) 一手拇指缺失达近节指骨1/2以上并相应掌指关节强直固定；

12) 一足足弓结构完全破坏,另一足足弓结构部分破坏；

13) 手或者足功能丧失分值≥40分。

5.8.7 体表及其他损伤

皮肤瘢痕形成达体表面积30%。

5.9 九级

5.9.1 颅脑、脊髓及周围神经损伤

1）精神障碍或者轻度智能减退，日常生活有关的活动能力中度受限；

2）外伤性癫痫（轻度）；

3）脑叶部分切除术后；

4）一侧部分面瘫，遗留眼睑闭合不全或者口角歪斜；

5）一手部分肌瘫（肌力3级以下）；

6）一足大部分肌瘫（肌力3级以下）；

7）四肢重要神经损伤（上肢肘关节以上，下肢膝关节以上），遗留相应肌群肌力3级以下；

8）严重影响阴茎勃起功能；

9）轻度排便或者排尿功能障碍。

5.9.2 头面部损伤

1）头皮瘢痕形成或者无毛发，达头皮面积50%；

2）颅骨缺损25.0 cm² 以上，不宜或者无法手术修补；

3）容貌毁损（轻度）；

4）面部条状瘢痕形成，累计长度达20.0 cm；面部条状瘢痕形成（宽度达0.2 cm），累计长度达10.0 cm，其中至少5.0 cm 以上位于面部中心区；

5）面部块状瘢痕形成，单块面积达7.0 cm²，或者多块累计面积达9.0 cm²；

6）面部片状细小瘢痕形成或者色素异常，累计面积达30.0 cm²；

7）一侧眼睑严重畸形；一侧眼睑重度下垂，遮盖全部瞳孔；双侧眼睑轻度畸形；双侧眼睑下垂，遮盖部分瞳孔；

8）双眼泪器损伤均后遗溢泪；

9）双眼角膜斑翳或者血管翳，累及瞳孔区；双眼角膜移植术后；

10）双眼外伤性白内障；儿童人工晶体植入术后；

11）一眼盲目3级；

12）一眼重度视力损害，另一眼视力≤0.5；

13）一眼视野极度缺损，视野有效值≤8%（直径≤10°）；

14）双眼象限性视野缺损；

15）一侧眼睑轻度畸形（或者眼睑下垂，遮盖部分瞳孔）合并该眼中度视力损害；

16）一眼眶骨折后遗眼球内陷5 mm 以上；

17）耳郭缺损或者畸形，累计相当于一侧耳郭；

18）一耳听力障碍≥81 dB HL；

19）一耳听力障碍≥61 dB HL，另一耳听力障碍≥41 dB HL；

20）一侧鼻翼或者鼻尖大部分缺损或者严重畸形；

21）唇缺损或者畸形，露齿3枚以上（其中1枚露齿达1/2）；

22）颌骨骨折，经牵引或者固定治疗后遗留功能障碍；

23）上颌骨或者下颌骨部分缺损伴牙齿缺失或者折断7枚以上；

24）张口受限Ⅱ度；

25) 发声功能或者构音功能障碍(轻度)。

5.9.3 颈部及胸部损伤

1) 颈前三角区瘢痕形成,累计面积达 50.0 cm²;
2) 甲状腺功能损害(轻度);
3) 甲状旁腺功能损害(轻度);
4) 气管或者支气管成形术后;
5) 食管吻合术后;
6) 食管腔内支架置入术后;
7) 食管损伤,影响吞咽功能;
8) 女性双侧乳房缺失或者毁损,累计范围相当于一侧乳房 1/2 以上;
9) 女性一侧乳房大部分缺失或者严重畸形;
10) 女性一侧乳头完全缺失或者双侧乳头部分缺失(或者畸形);
11) 肋骨骨折 12 根以上,或者肋骨部分缺失 4 根以上;肋骨骨折 8 根以上并后遗 4 处畸形愈合;
12) 心功能不全,心功能Ⅰ级;
13) 冠状动脉移植术后;
14) 心脏室壁瘤;
15) 心脏异物存留或者取出术后;
16) 缩窄性心包炎;
17) 胸导管损伤;
18) 肺段或者肺组织楔形切除术后;
19) 肺脏异物存留或者取出术后。

5.9.4 腹部损伤

1) 肝部分切除术后;
2) 脾部分切除术后;
3) 外伤性胰腺假性囊肿术后;
4) 一侧肾部分切除术后;
5) 胃部分切除术后;
6) 肠部分切除术后;
7) 胆道损伤胆管外引流术后;
8) 胆囊切除术后;
9) 肠梗阻反复发作;
10) 膈肌修补术后遗留功能障碍(如膈肌麻痹或者膈疝)。

5.9.5 盆部及会阴部损伤

1) 膀胱部分切除术后;
2) 输尿管狭窄成形术后;
3) 输尿管狭窄行腔内扩张术或者腔内支架置入术后;
4) 一侧卵巢缺失或者丧失功能;
5) 一侧输卵管缺失或者丧失功能;
6) 子宫部分切除术后;
7) 一侧附睾缺失;

8) 一侧输精管损伤难以修复;
9) 尿道狭窄(轻度);
10) 肛管或者直肠损伤,排便功能轻度障碍或者肛门失禁(轻度)。

5.9.6 脊柱、骨盆及四肢损伤
1) 一椎体粉碎性骨折,椎管内骨性占位;
2) 一椎体并相应附件骨折,经手术治疗后;二椎体压缩性骨折;
3) 骨盆两处以上骨折或者粉碎性骨折,严重畸形愈合;
4) 青少年四肢长骨骨骺粉碎性或者压缩性骨折;
5) 四肢任一大关节行关节假体置换术后;
6) 双上肢前臂旋转功能丧失均达75%;
7) 双上肢长度相差6.0 cm以上;
8) 双下肢长度相差4.0 cm以上;
9) 四肢任一大关节(踝关节除外)功能丧失50%以上;
10) 一踝关节功能丧失75%以上;
11) 一肢体各大关节功能丧失均达25%;
12) 双足拇趾功能丧失均达75%;一足5趾功能均完全丧失;
13) 双足跟骨粉碎性骨折畸形愈合;
14) 双足足弓结构部分破坏;一足足弓结构完全破坏;
15) 手或者足功能丧失分值≥25分。

5.9.7 体表及其他损伤
皮肤瘢痕形成达体表面积10%。

5.10 十级

5.10.1 颅脑、脊髓及周围神经损伤
1) 精神障碍或者轻度智能减退,日常生活有关的活动能力轻度受限;
2) 颅脑损伤后遗脑软化灶形成,伴有神经系统症状或者体征;
3) 一侧部分面瘫;
4) 嗅觉功能完全丧失;
5) 尿崩症(轻度);
6) 四肢重要神经损伤,遗留相应肌群肌力4级以下;
7) 影响阴茎勃起功能;
8) 开颅术后。

5.10.2 头面部损伤
1) 面颅骨部分缺损或者畸形,影响面容;
2) 头皮瘢痕形成或者无毛发,面积达40.0 cm²;
3) 面部条状瘢痕形成(宽度达0.2 cm),累计长度达6.0 cm,其中至少3.0 cm位于面部中心区;
4) 面部条状瘢痕形成,累计长度达10.0 cm;
5) 面部块状瘢痕形成,单块面积3.0 cm²,或者多块累计面积达5.0 cm²;
6) 面部片状细小瘢痕形成或者色素异常,累计面积达10.0 cm²;
7) 一侧眼睑下垂,遮盖部分瞳孔;一侧眼睑轻度畸形;一侧睑球粘连影响眼球运动;
8) 一眼泪器损伤后遗溢泪;

9) 一眼眶骨折后遗眼球内陷 2 mm 以上；

10) 复视或者斜视；

11) 一眼角膜斑翳或者血管翳，累及瞳孔区；一眼角膜移植术后；

12) 一眼外伤性青光眼，经手术治疗；一眼外伤性低眼压；

13) 一眼外伤后无虹膜；

14) 一眼外伤性白内障；一眼无晶体或者人工晶体植入术后；

15) 一眼中度视力损害；

16) 双眼视力≤0.5；

17) 一眼视野中度缺损，视野有效值≤48%（直径≤60°）；

18) 一耳听力障碍≥61 dB HL；

19) 双耳听力障碍≥41 dB HL；

20) 一侧前庭平衡功能丧失，伴听力减退；

21) 耳郭缺损或者畸形，累计相当于一侧耳郭的 30%；

22) 鼻尖或者鼻翼部分缺损深达软骨；

23) 唇外翻或者小口畸形；

24) 唇缺损或者畸形，致露齿；

25) 舌部分缺损；

26) 牙齿缺失或者折断 7 枚以上；牙槽骨部分缺损，合并牙齿缺失或者折断 4 枚以上；

27) 张口受限Ⅰ度；

28) 咽或者咽后区损伤影响吞咽功能。

5.10.3　颈部及胸部损伤

1) 颏颈粘连畸形松解术后；

2) 颈前三角区瘢痕形成，累计面积达 25.0 cm²；

3) 一侧喉返神经损伤，影响功能；

4) 器质性声音嘶哑；

5) 食管修补术后；

6) 女性一侧乳房部分缺失或者畸形；

7) 肋骨骨折 6 根以上，或者肋骨部分缺失 2 根以上；肋骨骨折 4 根以上并后遗 2 处畸形愈合；

8) 肺修补术后；

9) 呼吸困难（轻度）。

5.10.4　腹部损伤

1) 腹壁疝，难以手术修补；

2) 肝、脾或者胰腺修补术后；

3) 胃、肠或者胆道修补术后；

4) 膈肌修补术后。

5.10.5　盆部及会阴部损伤

1) 肾、输尿管或者膀胱修补术后；

2) 子宫或者卵巢修补术后；

3) 外阴或者阴道修补术后；

4) 睾丸破裂修补术后；

5) 一侧输精管破裂修复术后;
6) 尿道修补术后;
7) 会阴部瘢痕挛缩,肛管狭窄;
8) 阴茎头部分缺失。

5.10.6 脊柱、骨盆及四肢损伤

1) 枢椎齿状突骨折,影响功能;
2) 一椎体压缩性骨折(压缩程度达1/3)或者粉碎性骨折;一椎体骨折经手术治疗后;
3) 4处以上横突、棘突或者椎弓根骨折,影响功能;
4) 骨盆两处以上骨折或者粉碎性骨折,畸形愈合;
5) 一侧髌骨切除;
6) 一侧膝关节交叉韧带、半月板伴侧副韧带撕裂伤经手术治疗后,影响功能;
7) 青少年四肢长骨骨折累及骨骺;
8) 一上肢前臂旋转功能丧失75%以上;
9) 双上肢长度相差4.0 cm以上;
10) 双下肢长度相差2.0 cm以上;
11) 四肢任一大关节(踝关节除外)功能丧失25%以上;
12) 一踝关节功能丧失50%以上;
13) 下肢任一大关节骨折后遗创伤性关节炎;
14) 肢体重要血管循环障碍,影响功能;
15) 一手小指完全缺失并第5掌骨部分缺损;
16) 一足拇趾功能丧失75%以上;一足5趾功能丧失均达50%;双足拇趾功能丧失均达50%;双足除拇趾外任何4趾功能均完全丧失;
17) 一足跟骨粉碎性骨折畸形愈合;
18) 一足足弓结构部分破坏;
19) 手或者足功能丧失分值≥10分。

5.10.7 体表及其他损伤

1) 手部皮肤瘢痕形成或者植皮术后,范围达一手掌面积50%;
2) 皮肤瘢痕形成达体表面积4%;
3) 皮肤创面长期不愈超过1年,范围达体表面积1%。

6 附则

6.1 遇有本标准致残程度分级系列中未列入的致残情形,可根据残疾的实际情况,依据本标准附录A的规定,并比照最相似等级的条款,确定其致残程度等级。

6.2 同一部位和性质的残疾,不应采用本标准条款两条以上或者同一条款两次以上进行鉴定。

6.3 本标准中四肢大关节是指肩、肘、腕、髋、膝、踝等六大关节。

6.4 本标准中牙齿折断是指冠折1/2以上,或者牙齿部分缺失致牙髓腔暴露。

6.5 移植、再植或者再造成活组织器官的损伤应根据实际后遗功能障碍程度参照相应分级条款进行致残程度等级鉴定。

6.6 永久性植入式假体(如颅骨修补材料、种植牙、人工支架等)损坏引起的功能障碍可参照相应分级条款进行致残程度等级鉴定。

6.7 本标准中四肢重要神经是指臂丛及其分支神经(包括正中神经、尺神经、桡神经和肌皮神经等)

和腰骶丛及其分支神经(包括坐骨神经、腓总神经和胫神经等)。

6.8 本标准中四肢重要血管是指与四肢重要神经伴行的同名动、静脉。

6.9 精神分裂症或者心境障碍等内源性疾病不是外界致伤因素直接作用所致,不宜作为致残程度等级鉴定的依据,但应对外界致伤因素与疾病之间的因果关系进行说明。

6.10 本标准所指未成年人是指年龄未满18周岁者。

6.11 本标准中涉及面部瘢痕致残程度需测量长度或者面积的数值时,0~6周岁者按标准规定值50%计,7~14周岁者按80%计。

6.12 本标准中凡涉及数量、部位规定时,注明"以上""以下"者,均包含本数(有特别说明的除外)。

附录 A
(规范性附录)
致残程度等级划分依据

A.1 一级残疾的划分依据

a) 组织器官缺失或者功能完全丧失,其他器官不能代偿;
b) 存在特殊医疗依赖;
c) 意识丧失;
d) 日常生活完全不能自理;
e) 社会交往完全丧失。

A.2 二级残疾的划分依据

a) 组织器官严重缺损或者畸形,有严重功能障碍,其他器官难以代偿;
b) 存在特殊医疗依赖;
c) 日常生活大部分不能自理;
d) 各种活动严重受限,仅限于床上或者椅子上的活动;
e) 社会交往基本丧失。

A.3 三级残疾的划分依据

a) 组织器官严重缺损或者畸形,有严重功能障碍;
b) 存在特殊医疗依赖;
c) 日常生活大部分或者部分不能自理;
d) 各种活动严重受限,仅限于室内的活动;
e) 社会交往极度困难。

A.4 四级残疾的划分依据

a) 组织器官严重缺损或者畸形,有重度功能障碍;
b) 存在特殊医疗依赖或者一般医疗依赖;
c) 日常生活能力严重受限,间或需要帮助;
d) 各种活动严重受限,仅限于居住范围内的活动;
e) 社会交往困难。

A.5 五级残疾的划分依据

a) 组织器官大部分缺损或者明显畸形,有中度(偏重)功能障碍;
b) 存在一般医疗依赖;
c) 日常生活能力部分受限,偶尔需要帮助;

d) 各种活动中度受限,仅限于就近的活动;
e) 社会交往严重受限。

A.6 六级残疾的划分依据

a) 组织器官大部分缺损或者明显畸形,有中度功能障碍;
b) 存在一般医疗依赖;
c) 日常生活能力部分受限,但能部分代偿,条件性需要帮助;
d) 各种活动中度受限,活动能力降低;
e) 社会交往贫乏或者狭窄。

A.7 七级残疾的划分依据

a) 组织器官大部分缺损或者明显畸形,有中度(偏轻)功能障碍;
b) 存在一般医疗依赖,无护理依赖;
c) 日常生活有关的活动能力极重度受限;
d) 各种活动中度受限,短暂活动不受限,长时间活动受限;
e) 社会交往能力降低。

A.8 八级残疾的划分依据

a) 组织器官部分缺损或者畸形,有轻度功能障碍,并造成明显影响;
b) 存在一般医疗依赖,无护理依赖;
c) 日常生活有关的活动能力重度受限;
d) 各种活动轻度受限,远距离活动受限;
e) 社会交往受约束。

A.9 九级残疾的划分依据

a) 组织器官部分缺损或者畸形,有轻度功能障碍,并造成较明显影响;
b) 无医疗依赖或者存在一般医疗依赖,无护理依赖;
c) 日常生活有关的活动能力中度受限;
d) 工作与学习能力下降;
e) 社会交往能力部分受限。

A.10 十级残疾的划分依据

a) 组织器官部分缺损或者畸形,有轻度功能障碍,并造成一定影响;
b) 无医疗依赖或者存在一般医疗依赖,无护理依赖;
c) 日常生活有关的活动能力轻度受限;
d) 工作与学习能力受到一定影响;
e) 社会交往能力轻度受限。

附录 B
(资料性附录)
器官功能分级判定基准及使用说明

B.1 持续性植物生存状态

植物生存状态可以是暂时的,也可以呈持续性。持续性植物生存状态是指严重颅脑损伤经治疗及必要的康复后仍缺乏意识活动,丧失语言,而仅保留无意识的姿态调整和运动功能的状态。机体虽能维持基本生命体征,但无意识和思维,缺乏对自身和周围环境的感知能力的生存状态。伤者有睡眠—觉醒周期,部分或全部保存下丘脑和脑干功能,但是缺乏任何适应性反应,缺乏任何接受和反映信息的功能性思维。

植物生存状态诊断标准:①认知功能丧失,无意识活动,不能执行指令;②保持自主呼吸和血压;③有睡眠—觉醒周期;④不能理解或表达语言;⑤自动睁眼或刺激下睁眼;⑥可有无目的性眼球跟踪运动;⑦丘脑下部及脑干功能基本保存。

持续性植物生存状态指脑损伤后上述表现至少持续6个月以上,且难以恢复。

注:反复发作性意识障碍,作为癫痫的一组症状或癫痫发作的一种形式时,不单独鉴定其致残程度。

B.2 精神障碍

B.2.1 症状标准

有下列表现之一者:

a) 智能损害综合征;

b) 遗忘综合征;

c) 人格改变;

d) 意识障碍;

e) 精神病性症状(如幻觉、妄想、紧张综合征等);

f) 情感障碍综合征(如躁狂综合征、抑郁综合征等);

g) 解离(转换)综合征;

h) 神经症样综合征(如焦虑综合征、情感脆弱综合征等)。

B.2.2 精神障碍的认定

a) 精神障碍的发病基础需有颅脑损伤的存在;

b) 精神障碍的起病时间需与颅脑损伤的发生相吻合;

c) 精神障碍应随着颅脑损伤的改善而缓解;

d) 无证据提示精神障碍的发病存在其他原因(如强阳性家族史)。

精神分裂症和躁郁症均为内源性疾病,发病主要决定于病人自身的生物学素质,不属于人身损害所致的精神障碍。

B.3 智能损害

B.3.1 智能损害的症状

a) 记忆减退,最明显的是学习新事物的能力受损;

b) 以思维和信息处理过程减退为特征的智能损害,如抽象概括能力减退,难以解释成语、谚语,掌握词汇量减少,不能理解抽象意义的语汇,难以概括同类事物的共同特征,或判断力减退;

c) 情感障碍,如抑郁、淡漠,或敌意增加等;

d) 意志减退,如懒散、主动性降低;

e) 其他高级皮层功能受损,如失语、失认、失用或者人格改变等;

f) 无意识障碍。

注:符合上述症状标准至少满6个月方可诊断。

B.3.2 智能损害分级

a) 极重度智能减退:智商(IQ)<20;语言功能丧失;生活完全不能自理。

b) 重度智能减退:IQ20~34;语言功能严重受损,不能进行有效的交流;生活大部分不能自理。

c) 中度智能减退:IQ35~49;能掌握日常生活用语,但词汇贫乏,对周围环境辨别能力差,只能以简单的方式与人交往;生活部分不能自理,能做简单劳动。

d) 轻度智能减退:IQ50～69;无明显语言障碍,对周围环境有较好的辨别能力,能比较恰当的与人交往;生活能自理,能做一般非技术性工作。

e) 边缘智能状态:IQ70～84;抽象思维能力或者思维广度、深度及机敏性显示不良;不能完成高级或者复杂的脑力劳动。

B.4 生活自理能力

具体评价方法参考《人身损害护理依赖程度评定》(GB/T31147)。

B.5 失语症

失语症是指由于中枢神经损伤导致抽象信号思维障碍而丧失口语、文字的表达和理解能力的临床症候群,失语症不包括由于意识障碍和普通的智力减退造成的语言症状,也不包括听觉、视觉、书写、发音等感觉和运动器官损害引起的语言、阅读和书写障碍。

失语症又可分为:完全运动性失语,不完全运动性失语;完全感觉性失语,不完全感觉性失语;混合性失语;完全性失用,不完全性失用;完全性失写,不完全性失写;完全性失读,不完全性失读;完全性失认,不完全性失认等。

注:脑外伤后失语的认定应该符合以下几个方面的要求:①脑损伤的部位应该与语言功能有关;②病史材料应该有就诊记录并且有关于失语的描述;③有明确的临床诊断或者专家咨询意见。

B.6 外伤性癫痫分度

外伤性癫痫通常是指颅脑损伤3个月后发生的癫痫,可分为以下3度。

a) 轻度:各种类型的癫痫发作,经系统服药治疗1年后能控制的。

b) 中度:各种类型的癫痫发作,经系统服药治疗1年后,全身性强直—阵挛发作、单纯或复杂部分发作,伴自动症或精神症状(相当于大发作、精神运动性发作)平均每月1次或1次以下,失神发作和其他类型发作平均每周1次以下。

c) 重度:各种类型的癫痫发作,经系统服药治疗1年后,全身性强直—阵挛发作、单纯或复杂部分发作,伴自动症或精神症状(相当于大发作、精神运动性发作)平均每月2次以上,失神发作和其他类型发作平均每周2次以上。

注:外伤性癫痫致残程度鉴定时应根据以下信息综合判断:①应有脑器质性损伤或中毒性脑病的病史;②应有一年来系统治疗的临床病史资料;③可能时,应提供其他有效资料,如脑电图检查、血药浓度测定结果等。其中,前两项是癫痫致残程度鉴定的必要条件。

B.7 肌力分级

肌力是指肌肉收缩时的力量,在临床上分为以下6级。

a) 0级:肌肉完全瘫痪,毫无收缩。

b) 1级:可看到或者触及肌肉轻微收缩,但不能产生动作。

c) 2级:肌肉在不受重力影响下,可进行运动,即肢体能在床面上移动,但不能抬高。

d) 3级:在和地心引力相反的方向中尚能完成其动作,但不能对抗外加阻力。

e) 4级:能对抗一定的阻力,但较正常人降低。

f) 5级:正常肌力。

注:肌力检查时应注意以下几点综合判断:①肌力减退多见于神经源性和肌源性,如神经系统损伤所致肌力减退,则应有相应的损伤基础;②肌力检查结果是否可靠依赖于检查者正确的检查方法和受检者的理解与配合,肌力检查结果的可靠性要结合伤者的配合程度而定;③必要时,应进行神经电生理等客观检查。

B.8 非肢体瘫运动障碍分度

非肢体瘫的运动障碍,包括肌张力增高、深感觉障碍和(或)小脑性共济失调、不自主运动或者震颤等。

根据其对生活自理的影响程度划分为轻、中、重三度：

a) 重度：不能自行进食、大小便、洗漱、翻身和穿衣，需要他人护理；

b) 中度：完成上述动作困难，但在他人帮助下可以完成；

c) 轻度：完成上述动作虽有一定困难，但基本可以自理。

注：非肢体运动障碍程度的评定应注意以下几点综合判断：①有引起非肢体瘫运动障碍的损伤基础；②病史材料中有非肢体瘫运动障碍的诊疗记录和症状描述；③有相关生活自理能力受限的检查记录；④家属或者近亲属的代诉仅作为参考。

B.9 尿崩症分度

a) 重度：每日尿量在 10 000 ml 以上；

b) 中度：每日尿量在 5 001～9 999 ml；

c) 轻度：每日尿量在 2 500～5 000 ml。

B.10 排便功能障碍（大便失禁）分度

a) 重度：大便不能控制，肛门括约肌收缩力很弱或者丧失，肛门括约肌收缩反射很弱或者消失，肛门注水法测定直肠内压<500 pxH_2O。

b) 轻度：稀便不能控制，肛门括约肌收缩力较弱，肛门括约肌收缩反射较弱，肛门注水法测定直肠内压 20～750 pxH_2O。

注：此处排便功能障碍是指脑、脊髓或者自主神经损伤致肛门括约肌功能障碍所引起的大便失禁。而肛门或者直肠损伤既可以遗留大便失禁，也可以遗留排便困难，应依据相应条款评定致残程度等级。

B.11 排尿功能障碍分度

a) 重度：出现真性重度尿失禁或者排尿困难且尿潴留残余尿≥50 ml 者；

b) 轻度：出现真性轻度尿失禁或者排尿困难且尿潴留残余尿≥10 ml 但<50 ml 者。

注：此处排尿功能障碍是指脑、脊髓或者自主神经损伤致膀胱括约肌功能障碍所引起的小便失禁或者尿潴留。当膀胱括约肌损伤遗留尿失禁或者尿潴留时，也可依据排尿功能障碍程度评定致残程度等级。

B.12 器质性阴茎勃起障碍分度

a) 重度：阴茎无勃起反应，阴茎硬度及周径均无改变；

b) 中度：阴茎勃起时最大硬度>0%，<40%；

c) 轻度：阴茎勃起时最大硬度≥40%，<60%，或者阴茎勃起时最大硬度虽达 60%，但持续时间<10 min。

注1：阴茎勃起正常值范围 最大硬度≥60%，持续时间≥10 min。

注2：器质性阴茎勃起障碍是指脑、脊髓或者周围神经（躯体神经或者自主神经）损伤所引起的。其他致伤因素所致的血管性、内分泌性或者药物性阴茎勃起障碍也可依此分度评定致残程度等级。

B.13 阴茎勃起功能影响程度分级

a) 严重影响阴茎勃起功能：连续监测 3 晚，阴茎夜间勃起平均每晚≤1 次；

b) 影响阴茎勃起功能：连续监测 3 晚，阴茎夜间勃起平均每晚≤3 次。

B.14 面部瘢痕分类

本标准规定的面部包括前额发际下，两耳根前与下颌下缘之间的区域，包括额部、眶部、鼻部、口唇部、颏部、颧部、颊部和腮腺咬肌部，不包括耳郭。以眉弓水平线为上横线，以下唇唇红缘中点处作水平线为下横线，以双侧外眦处作两条垂直线，上述四条线围绕的中央部分为面部中心区。

本标准将面部瘢痕分为以下几类：

a) 面部块状瘢痕：是指增生性瘢痕、瘢痕疙瘩、蹼状瘢痕等，不包括浅表瘢痕（外观多平坦，与四周皮肤表面平齐或者稍低，平滑光亮，色素减退，一般不引起功能障碍）；

附录 4

b) 面部细小瘢痕(或者色素明显改变):是指面部较密集散在瘢痕或者色素沉着(或者脱失),瘢痕呈网状或者斑片状,其间可见正常皮肤。

B.15 容貌毁损分度

B.15.1 重度

面部瘢痕畸形,并有以下 6 项中 4 项者:

a) 双侧眉毛完全缺失;

b) 双睑外翻或者完全缺失;

c) 双侧耳郭完全缺失;

d) 外鼻完全缺失;

e) 上、下唇外翻或者小口畸形;

f) 颏颈粘连(中度以上)。

B.15.2 中度

面部瘢痕畸形,并有以下 6 项中 3 项者:

a) 眉毛部分缺失(累计达一侧眉毛 1/2);

b) 眼睑外翻或者部分缺失;

c) 耳郭部分缺损(累计达一侧耳郭 15%);

d) 鼻部分缺损(鼻尖或者鼻翼缺损深达软骨);

e) 唇外翻或者小口畸形;

f) 颏颈粘连(轻度)。

B.15.3 轻度

含中度畸形 6 项中 2 项者。

B.16 眼睑畸形分度

B.16.1 眼睑轻度畸形

a) 轻度眼睑外翻:睑结膜与眼球分离,泪点脱离泪阜;

b) 眼睑闭合不全:自然闭合及用力闭合时均不能使睑裂完全消失;

c) 轻度眼睑缺损:上睑和/或下睑软组织缺损,范围<一侧上睑的 1/2。

B.16.2 眼睑严重畸形

a) 重度眼睑外翻:睑结膜严重外翻,穹隆部消失;

b) 重度眼睑缺损:上睑和(或)下睑软组织缺损,范围≥一侧上睑的 1/2。

B.17 张口受限分度

a) 张口受限Ⅰ度:尽力张口时,上、下切牙间仅可勉强置入垂直并列之示指和中指;

b) 张口受限Ⅱ度:尽力张口时,上、下切牙间仅可置入垂直之示指;

c) 张口受限Ⅲ度:尽力张口时,上、下切牙间距小于示指之横径。

B.18 面瘫(面神经麻痹)分级

a) 完全性面瘫:是指面神经 5 个分支(颞支、颧支、颊支、下颌缘支和颈支)支配的全部肌肉(包括颈部的颈阔肌)瘫痪;

b) 大部分面瘫:是指面神经 5 个分支中有 3 个分支支配的肌肉瘫痪;

c) 部分面瘫:是指面神经 5 个分支中有 1 个分支支配的肌肉瘫痪。

B.19 视力损害分级

盲及视力损害分级标准见表-附录 4-B-1。

表-附录 4-B-1　盲及视力损害分级标准

分　类	远视力低于	远视力等于或优于
轻度或无视力损害		0.3
中度视力损害（视力损害 1 级）	0.3	0.1
重度视力损害（视力损害 2 级）	0.1	0.05
盲（盲目 3 级）	0.05	0.02
盲（盲目 4 级）	0.02	光感
盲（盲目 5 级）	无光感	

B.20　颏颈粘连分度

a）轻度：单纯的颈部瘢痕或者颈胸瘢痕。瘢痕位于颌颈角平面以下的颈胸部，颈部活动基本不受限制，饮食、吞咽等均无影响；

b）中度：颏颈瘢痕粘连或者颏颈胸瘢痕粘连。颈部后仰及旋转受到限制，饮食、吞咽有所影响，不流涎，下唇前庭沟并不消失，能闭口；

c）重度：唇颏颈瘢痕粘连。自下唇至颈前均为牵缩瘢痕，下唇、颏部和颈前区均粘连在一起，颈部处于强迫低头姿势。

B.21　甲状腺功能低下分度

a）重度：临床症状严重，T3、T4 或者 FT3、FT4 低于正常值，TSH>50 μU/L；

b）中度：临床症状较重，T3、T4 或者 FT3、FT4 正常，TSH>50 μU/L；

c）轻度：临床症状较轻，T3、T4 或者 FT3、FT4 正常，TSH 轻度增高但<50 μU/L。

B.22　甲状旁腺功能低下分度

a）重度：空腹血钙质量浓度<6 mg/dL；

b）中度：空腹血钙质量浓度 6~7 mg/dL；

c）轻度：空腹血钙质量浓度 7.1~8 mg/dL。

注：以上分级均需结合临床症状，必要时参考甲状旁腺激素水平综合判定。

B.23　发声功能障碍分度

a）重度：声哑、不能出声；

b）轻度：发音过弱、声嘶、低调、粗糙、带鼻音。

B.24　构音功能障碍分度

a）重度：音不分明，语不成句，难以听懂，甚至完全不能说话；

b）轻度：发音不准，吐字不清，语调速度、节律等异常，以及鼻音过重等。

B.25　呼吸困难分度（表-附录 4-B-2）

表-附录 4-B-2　呼吸困难分度

程度	临　床　表　现	阻塞性通气功能减退：1 秒钟用力呼气量占预计值百分比	限制性通气功能减退：肺活量	血氧分压（MMHG）
极重度	稍活动（如穿衣、谈话）即气短。	<30%	<50%	<60
重度	平地步行 100 m 即有气短。	30%~49%	50%~59%	60~87
中度	平地步行 1 000 m 无气短，但不能与同龄健康者保持相同速度，快步行走出现气短，登山或上楼时气短明显。	50%~79%	60%~69%	—

续 表

程度	临 床 表 现	阻塞性通气功能减退：1秒钟用力呼气量占预计值百分比	限制性通气功能减退：肺活量	血氧分压（MMHG）
轻度	与同龄健康者在平地一同步行无气短，但登山或上楼时呈现气短。	≥80%	70%	—

注：动脉血氧分压在60~87 mmHg时，需参考其他肺功能检验结果

B.26 心功能分级

a) Ⅰ级：体力活动无明显受限，日常活动不易引起过度乏力、呼吸困难或者心悸等不适。亦称心功能代偿期；

b) Ⅱ级：体力活动轻度受限，休息时无明显不适症状，但日常活动即可引起乏力、心悸、呼吸困难或者心绞痛。亦称Ⅰ度或者轻度心衰；

c) Ⅲ级：体力活动明显受限，休息时无症状，轻于日常的活动即可引起上述症状。亦称Ⅱ度或者中度心衰；

d) Ⅳ级：不能从事任何体力活动，休息时亦有充血性心衰或心绞痛症状，任何体力活动后加重。亦称Ⅲ度或者重度心衰。

注：心功能评残时机应以损伤后心功能稳定6个月以上为宜，结合心功能客观检查结果，如EF值等。

B.27 肝衰竭分期

a) 早期：①极度疲乏，并有厌食、呕吐和腹胀等严重消化道症状；②黄疸进行性加重（血清总胆红素≥171μmol/L或每日上升17.1μmol/L）；③有出血倾向，30%＜凝血酶原活动度(PTA)≤40%；未出现肝性脑病或明显腹水。

b) 中期：在肝衰竭早期表现的基础上，病情进一步进展，并出现以下情况之一者：①出现Ⅱ度以上肝性脑病和(或)明显腹水；②出血倾向明显（出血点或瘀斑），且20%＜凝血酶原活动度(PTA)≤30%。

c) 晚期：在肝衰竭中期表现的基础上，病情进一步进展，并出现以下情况之一者：①有难治性并发症，例如肝肾综合征、上消化道出血、严重感染和难以纠正的电解质紊乱；②出现Ⅲ度以上肝性脑病；③有严重出血倾向（注射部位瘀斑等），凝血酶原活动度(PTA)≤20%。

B.28 肾功能损害分期

肾功能损害是指：①肾脏损伤（肾脏结构或功能异常）≥3个月，可以有或无肾小球滤过率（GFR）下降，临床上表现为病理学检查异常或者肾损伤（包括血、尿成分异常或影像学检查异常）；②GFR＜60 ml/(min·1.73 m²)达3个月，有或无肾脏损伤证据。

慢性肾脏病(CKD)肾功能损害分期见表-附录4-B-3。

表-附录4-B-3 肾功能损害分期

CKD分期	名称	诊 断 标 准
1期	肾功能正常	GFR≥90 ml/(min·1.73 m²)
2期	肾功能轻度下降	GFR60~89 ml/(min·1.73 m²)≥3个月，有或无肾脏损伤证据
3期	肾功能中度下降	GFR30~59 ml/(min·1.73 m²)
4期	肾功能重度下降	GFR15~29 ml/(min·1.73 m²)
5期	肾衰竭	GFR＜15 ml/(min·1.73 m²)

B.29 肾上腺皮质功能减退分度

B.29.1 功能明显减退

a) 乏力,消瘦,皮肤、黏膜色素沉着,白癜风,血压降低,食欲缺乏;

b) 24 h 尿中 17-羟类固醇<4 mg,17-酮类固醇<10 mg;

c) 血浆皮质醇含量:早上 8 时,<9 mg/100 ml;下午 4 时,<3 mg/100 ml;

d) 尿中皮质醇<5 mg/24 h。

B.29.2 功能轻度减退

a) 具有功能明显减退之 b)、c)两项者;

b) 无典型临床症状。

B.30 生殖功能损害分度

a) 重度:精液中精子缺如;

b) 轻度:精液中精子数<500 万/ml,或者异常精子>30%,或者死精子与运动能力很弱的精子>30%。

B.31 尿道狭窄分度

B.31.1 尿道重度狭窄

a) 临床表现为尿不成线、滴沥,伴有尿急、尿不尽或者遗尿等症状;

b) 尿道造影检查显示尿道明显狭窄,狭窄部位尿道内径小于正常管径的 1/3;

c) 超声检查示膀胱残余尿阳性;

d) 尿流动力学检查示严重排尿功能障碍;

e) 经常行尿道扩张效果不佳,有尿道成形术适应证。

B.31.2 尿道轻度狭窄

a) 临床表现为尿流变细、尿不尽等;

b) 尿道造影检查示尿道狭窄,狭窄部位尿道内径小于正常管径的 2/3;

c) 超声检查示膀胱残余尿阳性;

d) 尿流动力学检查示排尿功能障碍;

e) 有尿道扩张治疗适应证。

注:尿道狭窄应以尿道造影等客观检查为主,结合临床表现综合评判。

B.32 股骨头坏死分期

a) 股骨头坏死 1 期(超微结构变异期):X 线片显示股骨头承载系统中的骨小梁结构排列紊乱、断裂,出现股骨头边缘毛糙。临床上伴有或不伴有局限性轻微疼痛;

b) 股骨头坏死 2 期(有感期):X 线片显示股骨头内部出现小的囊变影,囊变区周围的环区密度不均,骨小梁结构紊乱、稀疏或模糊,也可出现细小的塌陷,塌陷面积可达 10%～30%。临床伴有疼痛明显、活动轻微受限等;

c) 股骨头坏死 3 期(坏死期):X 线片显示股骨头形态改变,可出现边缘不完整、虫蚀状或扁平等形状,部分骨小梁结构消失,骨密度很不均匀,髋臼与股骨头间隙增宽或变窄,也可有骨赘形成。临床表现为疼痛、间歇性跛行、关节活动受限以及患肢出现不同程度的缩短等;

d) 股骨头坏死 4 期(致残期):股骨头的形态、结构明显改变,出现大面积不规则塌陷或变平,骨小梁结构变异,髋臼与股骨头间隙消失等。临床表现为疼痛、功能障碍、僵直不能行走,出现髋关节脱位或半脱位,可致相应膝关节活动部分受限。

注:本标准股骨头坏死是指股骨头坏死 3 期或者 4 期。若股骨头坏死影像学表现尚未达股骨头坏死

3期,但临床已行股骨头置换手术,则按四肢大关节人工关节置换术后鉴定致残程度等级。

B.33 再生障碍性贫血

B.33.1 再生障碍性贫血诊断标准

a) 血常规检查:全血细胞减少,校正后的网织红细胞比例<1%,淋巴细胞比例增高。至少符合以下3项中的2项:Hb<100g/L;BPC<$50×10^9$/L;中性粒细胞绝对值(ANC)<$1.5×10^9$/L。

b) 骨髓穿刺:多部位(不同平面)骨髓增生减低或重度减低;小粒空虚,非造血细胞(淋巴细胞、网状细胞、浆细胞、肥大细胞等)比例增高;巨核细胞明显减少或缺如;红系、粒系细胞均明显减少。

c) 骨髓活检(髂骨):全切片增生减低,造血组织减少,脂肪组织和(或)非造血细胞增多,网硬蛋白不增加,无异常细胞。

d) 除外检查:必须除外先天性和其他获得性、继发性骨髓衰竭性疾病。

B.33.2 重型再生障碍性贫血

a) 骨髓细胞增生程度<25%正常值;若≥25%但<50%,则残存造血细胞应<30%。

b) 血常规需具备下列三项中的两项:ANC<$0.5×10^9$/L;校正的网织红细胞<1%或绝对值<$20×10^9$/L;BPC<$20×10^9$/L。

注:若ANC<$0.2×10^9$/L为极重型再生障碍性贫血。

B.33.3 非重型再生障碍性贫血

未达到重型标准的再生障碍性贫血。

附录 C
(资料性附录)
常用鉴定技术和方法

C.1 视力障碍检查

本标准所指的视力均指"矫正视力"。视力记录可采用小数记录或者5分记录两种方式。正常视力是指远距视力经矫正(包括接触镜、针孔镜等)达到0.8以上。

中心视力好而视野缩小,以注视点为中心,如视野半径小于10度而大于5度者相当于盲目3级,半径小于5度者相当于盲目4级。

周边视野检查要求:直径5 mm的白色视标,检查距离330 mm,视野背景亮度为31.5asb。

视力障碍检查具体方法参考《视觉功能障碍法医鉴定指南》(SF/Z JD0103004)。

C.2 视野有效值计算

视野有效值计算公式:

$$实测视野有效值(\%) = \frac{8条子午线实测视野值的总和}{500}$$

视野有效值换算见表-附录4-C-1。

表-附录 4-C-1　视野有效值与视野半径的换算

视野有效值(%)	视野度数(半径)
8	5°
16	10°
24	15°
32	20°
40	25°
48	30°
56	35°
64	40°
72	45

C.3　听力评估方法

听力障碍检查应符合《听力障碍的法医学评定》(GA/T914)。听力损失计算应按照世界卫生组织推荐的听力减退分级的频率范围，取 0.5、1、2、4 kHz 四个频率气导听阈级的平均值。如所得均值不是整数，则小数点后之尾数采用 4 舍 5 入法修为整数。

纯音听阈级测试时，如某一频率纯音气导最大声输出仍无反应时，以最大声输出值作为该频率听阈级。

听觉诱发电位测试时，若最大输出声强仍引不出反应波形的，以最大输出声强为反应阈值。在听阈评估时，听力学单位一律使用听力级(dB HL)。一般情况下，受试者听觉诱发电位反应阈要比其行为听阈高 10~20 dB(该差值又称"校正值")，即受试者的行为听阈等于其听觉诱发电位反应阈减去"校正值"。实施听觉诱发电位检测的机构应建立本实验室的"校正值"，若尚未建立，建议取参考平均值(15 dB)作为"校正值"。

纯音气导听阈级应考虑年龄因素，按照《声学　听阈与年龄关系的统计分布》(GB/T7582)听阈级偏差的中值(50%)进行修正(表-附录 4-C-2)。

表-附录 4-C-2　耳科正常人随年龄增长超过的听阈偏差中值(GB/T7582)

年龄	男				女			
	500	1 000	2 000	4 000	500	1 000	2 000	4 000
30~39	1	1	1	2	1	1	1	1
40~49	2	2	3	8	2	2	3	4
50~59	4	4	7	16	4	4	6	9
60~69	6	7	12	28	6	7	11	16
70~	9	11	19	43	9	11	16	24

C.4　前庭功能检查

本标准所指的前庭功能丧失及减退，是指外力作用于颅脑或者耳部，造成前庭系统的损伤，伤后出现前庭平衡功能障碍的临床表现，自发性前庭体征检查法和诱发性前庭功能检查法等有阳性发现(如眼震电图/眼震视图，静、动态平衡仪，前庭诱发电位等检查)。应结合听力检查与神经系统检查，以及影像学检查综合判定前庭功能障碍程度。

C.5　阴茎勃起功能评定

阴茎勃起功能应符合 GA/T1188《男性性功能障碍法医学鉴定》的要求。

C.6 体表面积计算

九分估算法:成人体表面积视为100%,将总体表面积划分为11个9%等面积区域。即:头(面)部与颈部共占1个9%,双上肢共占2个9%,躯干前后及会阴部共占3个9%,臀部及双下肢共占5个9%+1%(参见表-附录3-C-1)。

C.7 肢体关节功能评定

先根据受损关节活动度大小及关节肌群肌力等级直接查表(参见表-附录3-C-2~表-附录3-C-7)得出受损关节各方位功能丧失值,再将受损关节各方位功能丧失值累计求和后除以该关节活动方位数(如肩关节活动方位为6)即可得出受损关节功能丧失值。

注:表-附录3-C-2~表-附录3-C-7仅适用于四肢大关节骨关节损伤后遗关节运动活动度受限合并周围神经损伤后遗相关肌群肌力下降所致关节功能障碍的情形。单纯中枢神经或者周围神经损伤所致关节功能障碍的情形应适用专门性条款。②当关节活动受限于某一方位时,其同一轴位的另一方位功能丧失值以100%计。如腕关节掌屈和背屈,轴位相同,但方位不同。当腕关节活动限制在掌屈10度与50度之间,则掌屈以40度计(查表求得功能丧失值为30%),而背屈功能丧失值以100%计。③伤侧关节功能丧失值应与对(健)侧进行比较,即同时用查表法分别求出伤侧和对侧关节功能丧失值,并用伤侧关节功能丧失值减去对侧关节功能丧失值,其差值即为伤侧关节功能实际丧失值。④由于本方法对于关节功能的评定已经考虑到肌力减退对于关节功能的影响,故在测量关节运动活动度时,应以关节被动活动度为准。

C.7.1　肩关节功能丧失程度评定(参见表-附录3-C-2)

C.7.2　肘关节功能丧失程度评定(参见表-附录3-C-3)

C.7.3　腕关节功能丧失程度评定(参见表-附录3-C-4)

C.7.4　髋关节功能丧失程度评定(参见表-附录3-C-5)

C.7.5　膝关节功能丧失程度评定(参见表-附录3-C-6)

C.7.6　踝关节功能丧失程度评定(参见表-附录3-C-7)

C.8　手、足功能丧失程度评定

C.8.1　手、足缺失评分(图-附录4-C-1和图-附录4-C-2)

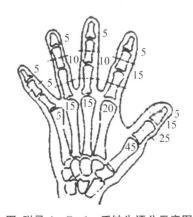

图-附录4-C-1　手缺失评分示意图

图中数字示手指缺失平面
相当于手功能丧失的分值

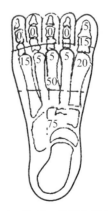

图-附录4-C-2　足缺失评分示意图

图中数字示足缺失平面
相当于足功能丧失的分值

C.8.2 手指关节功能障碍评分(表-附录 4-C-3)

表-附录 4-C-3 手指关节功能障碍相当于手功能丧失分值的评定

受累部位及情形		功能障碍程度及手功能丧失分值		
		非功能位强直	功能位强直或关节活动度≤1/2 参考值	关节活动度＞1/2、但≤3/4 参考值
拇指	第一掌腕/掌指/指间关节均受累	40	25	15
	掌指、指间关节均受累	30	20	10
	掌指、指间单一关节受累	20	15	5
食指	掌指、指间关节均受累	20	15	5
	掌指或近侧指间关节受累	15	10	0
	远侧指间关节受累	5	5	0
中指	掌指、指间关节均受累	15	5	5
	掌指或近侧指间关节受累	10	5	0
	远侧指间关节受累	5	0	0
环指	掌指、指间关节均受累	10	5	5
	掌指或近侧指间关节受累	5	5	0
	远侧指间关节受累	5	0	0
小指	掌指、指间关节均受累	5	5	0
	掌指或近侧指间关节受累	5	5	0
	远侧指间关节受累	0	0	0
腕关节	手功能大部分丧失时腕关节受累	10	5	0

注1：单手、单足部分缺失及功能障碍定级说明：(1)手、足缺失及功能障碍量化图表不能代替标准具体残级条款，条款中有列举的伤情应优先依据相应条款确定残级，只有在现有残级条款未能列举具体致残程度等级的情况下，可以参照本图表量化评估定级；(2)图 C-1 中将每一手指划分为远、中、近三个区域，依据各部位功能重要性赋予不同分值。手部分缺失离断的各种情形可按不同区域分值累计相加，参考定级。图 C-2 使用方法同图 C-1；(3)表 C-10 按手指各关节及腕关节功能障碍的不同程度分别赋予不同分值，各种手功能障碍的情形或合并手部分缺失的致残程度情形均可按对应分值累计相加

注2：双手部分缺失及功能障碍定级说明：双手功能损伤，按双手分值加权累计定级。设一手功能为 100 分，双手总分为 200 分。设分值较高一手分值为 A，分值较低一手分值为 B，最终双手计分为：$A+B\times(200-A)/200$

注3：双足部分缺失定级说明：双足功能损伤，按双足分值加权累计定级。设一足功能为 75 分，双足总分为 150 分。设分值较高一足分值为 A，分值较低一足分值为 B，最终双足计分为：$A+B\times(150-A)/150$

附录5

《侵权责任法》第七章　医疗损害责任

第五十四条　患者在诊疗活动中受到损害,医疗机构及其医务人员有过错的,由医疗机构承担赔偿责任。

第五十五条　医务人员在诊疗活动中应当向患者说明病情和医疗措施。需要实施手术、特殊检查、特殊治疗的,医务人员应当及时向患者说明医疗风险、替代医疗方案等情况,并取得其书面同意;不宜向患者说明的,应当向患者的近亲属说明,并取得其书面同意。

医务人员未尽到前款义务,造成患者损害的,医疗机构应当承担赔偿责任。

第五十六条　因抢救生命垂危的患者等紧急情况,不能取得患者或者其近亲属意见的,经医疗机构负责人或者授权的负责人批准,可以立即实施相应的医疗措施。

第五十七条　医务人员在诊疗活动中未尽到与当时的医疗水平相应的诊疗义务,造成患者损害的,医疗机构应当承担赔偿责任。

第五十八条　患者有损害,因下列情形之一的,推定医疗机构有过错:

(一)违反法律、行政法规、规章以及其他有关诊疗规范的规定;

(二)隐匿或者拒绝提供与纠纷有关的病历资料;

(三)伪造、篡改或者销毁病历资料。

第五十九条　因药品、消毒药剂、医疗器械的缺陷,或者输入不合格的血液造成患者损害的,患者可以向生产者或者血液提供机构请求赔偿,也可以向医疗机构请求赔偿。患者向医疗机构请求赔偿的,医疗机构赔偿后,有权向负有责任的生产者或者血液提供机构追偿。

第六十条　患者有损害,因下列情形之一的,医疗机构不承担赔偿责任:

(一)患者或者其近亲属不配合医疗机构进行符合诊疗规范的诊疗;

(二)医务人员在抢救生命垂危的患者等紧急情况下已经尽到合理诊疗义务;

(三)限于当时的医疗水平难以诊疗。

前款第一项情形中,医疗机构及其医务人员也有过错的,应当承担相应的赔偿责任。

第六十一条　医疗机构及其医务人员应当按照规定填写并妥善保管住院志、医嘱单、检验报告、手术及麻醉记录、病理资料、护理记录、医疗费用等病历资料。患者要求查阅、复制前款规定的病历资料的,医疗机构应当提供。

第六十二条　医疗机构及其医务人员应当对患者的隐私保密。泄露患者隐私或者未经患者同意公开其病历资料,造成患者损害的,应当承担侵权责任。

第六十三条　医疗机构及其医务人员不得违反诊疗规范实施不必要的检查。

第六十四条　医疗机构及其医务人员的合法权益受法律保护。干扰医疗秩序,妨害医务人员工作、生活的,应当依法承担法律责任。

图书在版编目(CIP)数据

人身伤害的法医学鉴定/沈忆文主编. —2 版. —上海：复旦大学出版社，2017.12
ISBN 978-7-309-13479-7

Ⅰ.人… Ⅱ.沈… Ⅲ.人身权-侵权行为-法医学鉴定-中国 Ⅳ.①D923.15②D919.4

中国版本图书馆 CIP 数据核字(2018)第 019460 号

人身伤害的法医学鉴定(第二版)
沈忆文　主编
责任编辑/肖　芬

复旦大学出版社有限公司出版发行
上海市国权路 579 号　邮编：200433
网址：fupnet@fudanpress.com　http://www.fudanpress.com
门市零售：86-21-65642857　　团体订购：86-21-65118853
外埠邮购：86-21-65109143　　出版部电话：86-21-65642845
常熟市华顺印刷有限公司

开本 787×1092　1/16　印张 13.5　字数 288 千
2017 年 12 月第 2 版第 1 次印刷

ISBN 978-7-309-13479-7/D·921
定价：50.00 元

如有印装质量问题,请向复旦大学出版社有限公司出版部调换。
版权所有　　侵权必究

图 1 左大腿外侧大片擦伤

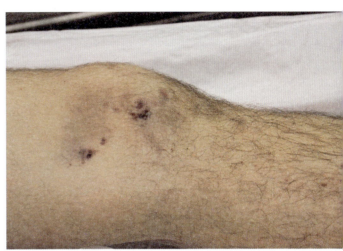

图 2 左膝前内侧挫伤伴擦伤

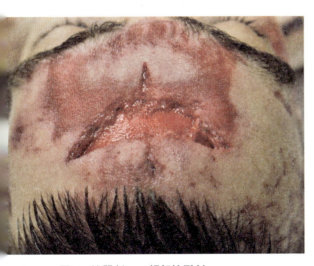

图 3 钝器创——额部挫裂创

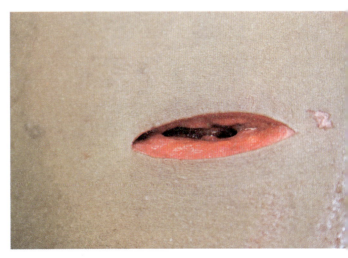

图 4 锐器创——刺创

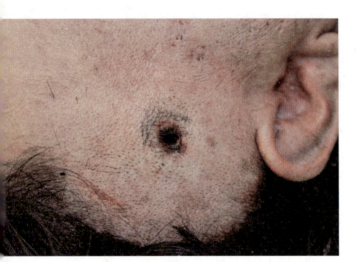

图5 右额部枪弹伤——射入口

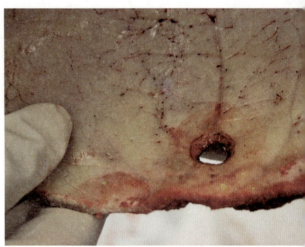

图6 颅骨骨折——孔状骨折

图7 肝破裂——枪弹伤

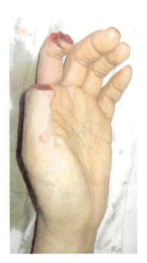

图8 左手食指残端近端可见一皮瓣